大家自述史
008

>>>

DAJIA ZISHUSHI

天崩地裂，
地动山摇：
你们抖掉
身上的泥土，
把我们推进
阳光也界！

于 蓝 自 传　苦乐无边读人生

北京大学出版社
PEKING UNIVERSITY PRESS

图书在版编目(CIP)数据

苦乐无边读人生/于蓝著.—北京:北京大学出版社,2011.1
(大家自述史系列)
ISBN 978-7-301-18251-2

Ⅰ.①苦… Ⅱ.①于… Ⅲ.①于蓝一自传 Ⅳ.①K825.78

中国版本图书馆 CIP 数据核字(2010)第 246381 号

书　　　名:苦乐无边读人生
著作责任者:于　蓝　著
策划组稿:王炜烨
责任编辑:王炜烨
标准书号:ISBN 978-7-301-18251-2/K·0740
出版发行:北京大学出版社
地　　　址:北京市海淀区成府路 205 号　100871
网　　　址:http://www.pup.cn　电子信箱:zpup@pup.pku.edu.cn
电　　　话:邮购部 62752015　发行部 62750672　编辑部 62750673
　　　　　　出版部 62754962
印　刷　者:三河市北燕印装有限公司
经　销　者:新华书店
　　　　　　650 毫米×980 毫米　16 开本　22.5 印张　238 千字
　　　　　　2011 年 1 月第 1 版　2011 年 1 月第 1 次印刷
定　　　价:46.00 元

未经许可,不得以任何方式复制或抄袭本书之部分或全部内容。
版权所有,侵权必究
举报电话:(010)62752024　电子信箱:fd@pup.pku.edu.cn

主要作品:《革命家庭》、《在烈火中永生》、《龙须沟》……

目 录

001 / 一 年少时光

009 / 二 走向革命

032 / 三 延安岁月

073 / 四 爱情与家庭

115 / 五 又回黑土地

141 / 六 银幕生涯

259 / 七 关爱与坎坷

294 / 八 彩虹事业

一 年少时光

难忘的松花江畔

我的祖籍是辽宁岫岩,那里盛产岫玉。岫玉是我国玉石雕刻中的一种名玉。家乡的景色还算秀丽,但却是一个交通不便的穷乡僻壤。我两岁的时候就随父母移居到松花江畔的大都市哈尔滨,在那里生活了八年,读了四年小学。我特别喜欢那里的冬季。

苍茫大地和起伏的山冈覆盖着厚厚的冰雪。苍穹是那样低沉、昏暗,雪花纷纷扬扬。黄昏时一片灰白之中,只有几个孩子在那里跳动,显得那么渺小,但又那么活跃,像是这大地的主人,不畏严寒,稚趣高昂,尽情地在冰雪上滚爬。这是我的哥哥于亚伦带着我和他的小伙伴们在哈尔滨南岗的陡坡上玩耍。除了我,都是男孩子,他们伏在爬犁上,借着起伏的山冈顺坡滑下,玩得那么开心!我当时只有六七岁,对哥哥们来说真是一条多余的小尾巴。他们一点也不管我,总是想把我丢在一边,可是我却执拗地不让他们把我甩掉,跑上跑下地跟着他们。哥哥是我的好哥哥(后来我们在革命队伍中,他一直无微不至地爱护我)。他觉得无论如何也得让妹妹滑一下爬犁。这样偶尔我也有机会尝试那种冒险的游戏。我不断地摔跌在冰雪上,但我不哭,马上再扑到爬犁上继续滑下去。哥哥倒因此更喜欢我,不再感到这个小尾巴是个累赘了。我还记得舅舅在世时,经常带我们到松花江上去坐冰床。撑冰床的人有一根带铁矛头的长杆,矛头一扎江上的冰面,冰床就滑出很

于蓝7岁时与母亲(右五)、妹妹(右四)等在一起。

远很远。寒风中我傍在舅舅身旁,尽情地领略大自然广袤开阔的风光。北国冰雪,凛冽朔风,在我稚弱的心灵中,历月经年地埋下了对自己家乡、对祖国辽阔大地无限爱恋的种子。

我的父亲是一个学习优良的大学生,他毕业于江苏吴县一所大学(现早已更名了)的法律系,毕业后考上哈尔滨地方法院的书记官,后晋升为推事和庭长。母亲病重常年卧床,哥哥承担了母亲的责任,几乎每天都带着我出去玩。而我又是那么浑浑噩噩,什么忧虑、家愁都不懂。八周岁时,妈妈离开了我们。我长大后才知道她患的是骨结核。当年结核就和今天的癌症一样可怕。可我什么也不懂,对于这场死别意味着什么全然不悟。

妈妈死后,更没有人管理我的生活了。记得在学校时我很淘气,打秋千、爬杆,一会儿就能爬上三四米高的木杆。有一天,我不知道木杆已有裂开的茬口,当我滑下来的时候,自己的上衣被挂在茬口上,于是胸部、腹部全袒露出来了。而胸部和腹部很久未洗,又黑又脏,上面全是鱼鳞一样的斑斑污垢。这让我第一次懂得了害臊,当时真是无地自容啊。可别人怎么会知道我没有妈妈了,再没有人带我去洗澡了!

在学校里,我虽不是穷孩子,可是那么多的同学都比我富有。她们衣着鲜丽、整洁,特别是两个军阀的女儿,每天汽车送到学校,保姆等在学校。每堂课下来保姆替她们更换一次衣服。这种特殊的学生,使我小小的心灵中埋下了对人世间不平的疑问。她们为什么那么富有?在学校中为什么还会有贵贱之分?记得一次上体育课,老师忽然发现我的鼻子大,叫大家来看,同学们又看又笑,我第一次体会到被别人戏弄和嘲讽的耻辱！我没有跑掉，瞪大了眼睛看着他们，以示我的愤怒和抗议！

第二年父亲娶了继母。她也是自幼丧母，跟着哥嫂长大，在家中读了好几年书。继母从未虐待过我们，我们像朋友一样相处。因为供养人口过多，父亲不满足于小小的官职，经过努力升迁到张家口任地方法院的院长去了。我和继母等全家便只好搬到沈阳祖父家中。一切还没有习惯，1931年的"九一八"事变就发生了。只记得一天深夜里有隆隆的炮声，第二天清晨人们便惊恐相告，日本人炮轰北大营，占领了沈阳城。从大人的惶恐中我开始知道日本人侵占中国的野心，知道东三省即将沦亡。

"九一八"事变后不久，我随继母逃往关内，到张家口去找父亲。火车上人挤人、人压人，一片混乱仓皇的逃亡景象。日本人的铁蹄使我第一次经历了意想不到的颠簸，我的命运和祖国的命运紧紧地连在了一起。尽管当时我还不太理解亡国之忧，但是，我知道自己美好的家乡被敌寇占领了，政府没有抵抗，才使我们离乱逃亡。

塞外的景色

在张家口和父亲见面了。这里是塞外，从城内就可望到高高的山峰，驼群随着铃声络绎不绝地从城内穿过。我常常望着远远的青山出神，希望大人马上带我去爬山。大人们却说："望山跑死马，离这儿远得很哪!"后来在学校的远足活动中我到了令人向往的青山——赐儿山。那里除了许多寺庙以外,最吸引我的是:依山盛满山泉水的两个大石槽内,工人不畏春寒地用双脚踩洗着羊皮,洗好的羊皮在水上像朵朵白云漂浮,真是好看极了。

离我们住处不远的娘娘庙,有百级的台阶高高耸立,每当端阳佳节就有盛大的庙会。烧香、求子和购买珠宝玉器的游客,摩肩接踵,人山人海,给我留下了很深的印象。祖国的山水、人民的风俗不知不觉刻印在自己生活的宝库之中,使我爱恋。

在那塞外斗室,我和姑姑同住,那是我积累文学知识的开始。因为姑姑和我的继母都是读书人,她们逃亡在这座小城镇里找不到自己的去处,因此,买了许多我国的古典名著来消愁解闷。我这个十来岁的女孩子精力充沛,常常在放学之后,躲于小小斗室之内,饱览名著。像《镜花缘》、《红楼梦》、《三国演义》、《水浒》、《儒林外史》、《聊斋志异》……由于文化水平所限,虽然看懂了故事,但其内涵却不大懂。自幼丧母的我,对《红楼梦》有很大的共鸣,林黛玉的悲惨命运使我流了不少眼泪,这时我开始懂得了人间有不平、有争夺、有悲欢离

十三四岁时的于蓝。

合……我才懂得为自己失去了母亲而深深感伤。这些古典名著在我的心中朦胧地划定了一些衡量美丑、善恶、真假的尺度。

做平津的流亡学生

1933年父亲忽然弃官不做,跑到北平沦为失业者。当时家中生活困难,全靠继母卖首饰过活。父亲从未对我们讲过弃官的原因,我分析可能是战事的缘故。我这个东北女孩儿便又成为平津的流亡学生了。

在文化首府的北平学生中,我显得十分土气。先在翊教女中读初一,后因父亲南下求职,把我托付给表姐。表姐早已成为北平小姐,在贝满读高中,我听说这是贵族学校,心中就有些害怕。当她把我带到她的宿舍时,真让我眼花缭乱了,满室脂粉香气,花旗袍、高筒丝袜挂满了门后。而我只有蓝布大褂,唯恐遭受歧视。好在该校的初中学生还比较质朴,但与众相比我仍显得十分寒酸。那里的学生在冬季都有滑冰鞋,我中午只好躲在教室内不出去。谁知大家玩够了,回到教室竟把我包围起来,放肆地对我品头论足,取笑不已。我忍受不了,感到人格被侮。再加上这是一所教会学校,外国修女更是傲慢异常,随意斥责学生。我在父亲面前哭着表示:宁可不读书,再不到那里去了。在这著名的贵族学校,我只呆了二十几天就离开了。

1934年春天,因为姑姑在天津河北女师学院读书,我便也考进了这所学校的中学部,上初中一年级第二学期。这是我难忘的一所学校,并不是它给我留下来什么特殊好感,而是因为这段学校生活是我人生的重要阶段。我在初中十一乙班,先后有两位国文教师,她们截然不同。第一位姓李,是蒋介石"新生活运动"的忠实追随者,主张复旧,女子衣着不能露肘,更不能露腿,她自己就穿着民国初期样式的服装,袖长至肘下四五寸,喇叭口,衣长至膝下一尺左右,下摆肥大,为的是不能露出女子的曲线。课堂上她喋喋不休地鼓吹"攘外必先安内"。后来换了一个何(或贺)老师,她的相貌并不惊人,但朴实精干。课堂上,她从不讲什么政治信条,她以介绍文学作品的形式推荐了《萍踪寄语》,她说这是作者邹韬奋先生赴苏的亲身经历。她不动声色地启迪我们放眼世界,从不同的角度求索人生。记得我有位堂叔悄悄讲过:"苏联人人有书读,人人有工作,人人有饭吃。"通过韬奋先生的著作证实了堂叔讲的苏联是令人向往的国家。

于蓝在天津女师学院中学部读书时。

这位老师又教会我怎样写作文。当我写了《我的祖母》一文后,她批示:"就要这样写自己熟悉的生活,才能感人。"她还介绍了许多世界古典名著,要我们阅读。我是住校生,时间比较充裕,就贪婪地读了许多中外名著。像托尔斯泰、屠格涅夫、莎士比亚、哈代、歌德、狄更斯等作家的著作,凡能借到的都粗粗地读了一遍,使我十分迷恋。为此,我的眼睛都看得近视了,初入学时坐在教室最后一排,初中毕业时却坐在前边第一排。这些作品陶冶了我的思想感情,也初步培养了我的艺术鉴赏力,形成了我对人生的美丑观念。我酷爱真实、善良、正直和富有自我牺牲精神的高尚情操,深深同情在社会底层受侮辱被压迫的人民。这些文学的启蒙,使我日后能够热情、执著地追求与接受共产主义这更高境界的思想体系。

1935年,日本军队竟又闯入关内威胁平津。国民党亲日派的头子何应钦同日本驻屯军华北司令梅津美治郎秘密签订了卖国的"何梅协定",答应在华北撤退中国军队,取缔一切抗日组织和活动,还策动华北五省自治,使河北、山东、山西、察哈尔、绥远变为日本的殖民地。这一秘密协定使举国震动,更激怒了平津的学生。12月9日北平学生走上街头,喊出了"打倒日本帝国主义"、"反对华北五省自治"的口号。他们的正义行动受到反动当局的镇压,许多学生遭到殴打和逮捕。天津学生为配合北平学生也在12月18日举行了全市学生罢课游行。在这场爱国运动中,学校、家长一再劝阻不让同学参加,我毅然决然和同学们走上街头。我们手挽着手,肩靠着肩,下定决心不怕牺牲要和反动政府对抗到底。现在回想起来,我们那些十四五岁的少年,为了国家民族存亡的大事,勇敢、执著、虔诚,真是可爱!我虽然勇敢地参加了游行,但在政治上还是很幼稚的,自命清高,不参加任何政党。我们几个持同一观点的同学悄悄议论：苏联是好的,中国共产党也可能是好的,但我们不参加政治党派,不搞政治斗争(其实已经参加了),还要好好读书。反动当局很快又采取停课的办法企图瓦解这场运动。在党领导下的进步同学把运动深入到工农群众中去,宣传抗日救国的革命道理。而我们几个同学平时没有鲜明的政治倾向因而没有被组织起来。当时学校反动势力很嚣张,诬骂进步同学是拿了苏联津贴等等,我们虽对这些诬陷不相信,并十分反感,但也无所作为。

二 走向革命

日寇侵占北平

　　这一年我刚满 16 周岁,对生活充满美好的憧憬。谁知 1937 年 7 月 7 日夜至第二天清晨,断续的炮声震撼了北平。我正在北平的家中度暑假,日军又侵占了北平。我忧心如焚,又不知如何是好,每夜把被子堵在窗口,倾听中央电台的消息。我们天天希望"国军"能早日收复失地,而"国军"却节节败退,总是"浴血奋战后撤退……"的词句。

　　我好多天不敢出门,7 月 29 日我在新街口前公用库胡同口,看到街上行人凝滞不动,都在默默注视远处,远处传来轰轰的铁甲车声,一辆辆巨大的铁甲车上站满了身着黄绿色军装的日本鬼子,杀气腾腾地驶过来。这车轮碾在我们的大路上,就像碾在我的胸膛。平津失守,华北大部分城市相继陷落。我怎么办?难道从流亡学生变成真正的亡国奴吗?即使读书,毕业之后又干什么?给日本人做事?那不就是汉奸吗?难道不做事去结婚当太太?这绝对不行!"国军"已经退到很远很远的地方去了,我们被抛到日本侵略者的铁蹄下,我们怎么办?找不到生存下去的道路,真是悲观极了,每日陷入极度痛苦的深渊之中!

1938年春,我的好友王淑源来到北平,在敌人占领的土地上我们能相会真是太兴奋了。她很理解我的痛苦,悄悄说:"知道吗,在你身边的平西就有抗日游击队!"我高兴得跳起来!她又说:"别急,我的家乡文安县也有抗日的队伍,许多地方都有!中国不会亡!"我好像绝处逢生,要求她马上把我带出去,只要抗日,到哪都行。她说她自己也在找人设法出去,要我等她的信,并告诉了联系的方法。

时间一天天地过去了,却没有她任何消息。人们常说戏剧来源于生活,而生活却常常那么富有戏剧性。当我又在绝望的时刻,忽然收到一封署名黄锦文的来信。淑源走时曾告诉我,如果来信用这个署名,信的背后就另有内容,擦些碘酒就看清了。我惊喜若狂,如法去做。原来她叫我立即到天津,找到赵书凤(我的同桌同学),会有人带我们出去!于是我骗继母,说王淑源就要结婚了,一定要我去参加婚礼。继母只给了五块钱。钱太少了,但我顾不了许多,深夜写了一封长信,藏在箱底,第二天一早就奔向天津去了。

我匆匆而行,不知道这一天是几月几日,只希望火车快快奔驰,把我带到想去的地方。谁知兴冲冲下了火车,刚要踏上电车的时候,人们被禁止通行了。干什么? 又是日军对行人挨个搜身! 只听见身旁的老者悄声说:"明天七七了……"原来敌人害怕了,怕在他们罪行一周年的时候,中国人民起来收拾他们! 这是愤怒的一天,也是难忘的一天,这是我决心投身到民族解放斗争中起步的第一天。直到如今,我已到耄耋之年,仍然清晰地记得1938年7月6日这一天的情景。

第二天,在一家比较高级的饭店,王淑源带着我和赵书凤在一间会客室里会见了两位负责人,一位身着西服的中年男子,一位身穿旗袍的妇女。他们倾听了我们要求抗日的申述,向我们介绍了在座的另一位黄秋萍先生,说他是从平西来的,将带赵书凤于近日动身;我和王淑源被分配到冀东,由于冀东有暴动,需要等几日再出发。我们三人虽然很不愿分开,但他们说,一个月后大家就会会合。并且,为了抗日也没有理由反对。当我们和黄先生一起离开饭店的时候,黄先生对我和王淑源说:"欢迎你们也到我们那儿去,我们那里青年人多,和八路军关系密切。"当时我政治上很幼稚,根本不懂这是他的提示。因为我不知道八路军就是共产党领导的军队,更不知在饭店和我们谈话的人就是地下党的领导同志。后来,我每次写自己的历史材料都把这两个人说成国民党,直到"文革"后,再次见到黄秋萍,才知道他们就是地下党的领导人,那位中年男子就是姚依林同志。

那天,当我们踌躇满志地走回赵书凤家的附近,远远看到赵的小妹书香跑来,她喘息未定地说:"于姐,你妈妈来找你了!"真是晴天霹雳! 怎么办? 我以为继母是看到了我的告别信来津找我,我想,如果见到继母是绝对再也走不成了。当机立断,我要求赵书凤当夜陪我逃出天津。

到哪去？冀东尚在暴动，只有黄秋萍所说的平西了。这对赵书凤来说太突然了，太没有准备了。但她还是答应了。她满怀离情告诉她妈妈说工作找好了，今夜就得动身，她妈妈信以为真。为了家庭的安全，赵书凤请妈妈帮助改个名字，妈妈富有诗意地说："希望你们能走上一条平坦大路，凤儿就叫路吧！"我也请老人家给我想一个名字，她望着窗外说："你就叫蓝吧！万里无云的蓝天啊！"不识字的妈妈竟然想出这样充满美好意境的名字！参加革命后我们一直用着老人家给起的名字。她的祝愿实现了，我们找到了党，踏上了革命的道路！

当夜我们乘末班的平津火车上路，因为敌人的占领，几乎没有人乘车，一节车厢只有我和赵路两个人，真是有些害怕。她见没有人，就悄悄哼起《松花江上》。在这忐忑不安的行程里，这歌声似乎可以驱散她的离愁别绪！而我的内心极其纷乱，只是默默祷念能逃过险阻。在北平站上我们又遭到蛮横的检查，但也闯了过来。路上行人极其稀少，高耸的城墙矗立在黑暗之中。我和赵路前后各坐一辆人力车，沿着德胜门前的银锭桥往前走。在昏暗的路灯下四周显得那么凄凉、可怕。积水潭湖岸没有一个行人，十分荒凉，偶尔几声蛙鸣更增加恐怖感。我们的心急切地跳着，睁大了双眼一声不响地注视着前方，随时准备迎接可能来临的危险。我们终于找到了黄秋萍指定的地点。经过联络对暗语，我们被引进一个院内。

这是一个联络点，在德胜门附近，积水潭东岸，是已参加平西抗日根据地革命队伍的杨学咏同志（后名郭岚，现已逝世）的家。她的母亲杨老太太一直为抗日事业做联络员，经历过许多危险。老人家刚毅勇敢，经常化装成各种不同身份的妇女，如尼姑、商人……赶着大车为抗日根据地运送各种物资。新中国成立后,她在60年代逝世了。当时她家中还住着黄秋萍的一位姓崔的好友,因为肺病在她家休息。崔与黄是在狱中相识的,也为革命工作出过力。院内还有养牛人家,虽是个大杂院,但由于地处偏僻,住的人家少,联络点又是在外院偏房,也没有人注意。我们怀着兴奋与神秘的心情等待着黄秋萍的到来。

过了两天王淑源和黄秋萍也聚集到这里,我们就要开始新的征程。考虑到三个女孩子和黄秋萍同志一起上路容易暴露,黄决定带赵路先行至阳坊等候,我和王淑源第二天赶去。翌日清晨,黄、赵先走了。当天的夜晚,王淑源的好友章巍(即乌兰同志,"文革"前为内蒙古妇联主席,后为总工会女工部顾问,已故)、林炎(改名黄淼,新中国成立后在兰州工作,已故)前来接我们到新街口长途汽车站附近的平民小学去住,以便第二天清晨就近上车。当时的积水潭古槐参天,野草丛生,十分荒凉,没有行人。漆黑的夜晚,伸手不见掌,偶尔的闪电、霹雳更令人感到阴森恐怖。我们四个人紧紧靠在一起,乌兰为鼓舞我们,大声领唱:"我们手挽着手,肩靠着肩……","我们不怕风,不怕雨……","跌倒了爬起来……"一支歌接一支歌地唱着。她的歌声使我们产生自豪,好像我们正冲破黑暗走向光明。这是一个难忘的夜晚。

不测风云

真是天有不测风云,这天夜里下起了瓢泼大雨。"无风三尺土,有雨满街泥",这是北平当年的街道状况。柏油马路很少,至于长途汽车,更是一下大雨就要停驶,接连不断的雨天使我们没有走成。

于蓝和同桌同学赵路参加革命前在一起。

两三天过去了,天天打听长途汽车都不行驶,我们只好在小学校内住等。此时正放暑假,学校里没有学生上课。由于我的家离新街口不远,每天都担心被家里人发现,我就天天戴着近视眼镜,以便万一有情况可以早点看清。住在学校里,每天吃饭都很简单,大多是白水煮面加点油盐凑合过去。那天中午,大家想改善一下,就在门口买油豆腐细粉,忽然发现远处有两个人,很像我的哥哥和妹妹,我马上对王淑源说:"不好,我家来人了!怎么办?往哪躲?"这个学校只有一间教室,我没有思考的余地,回身跑进小学校躲进教室。教师的讲台很高,外边看不见,我马上钻进讲台,藏在里面,屏住呼吸。后来果然听到哥哥和妹妹走进他们的宿舍。因为院子小,我可以隐隐约约听到一些争辩。好容易捱到哥哥和妹妹走了，我仍不敢出来。过了一阵，林、王才跑来叫我。大家都不知怎么办好，我坚决不肯回家，当然也不敢再回到联络点去，以免暴露他们。我希望再另躲一个地方。林炎想起温泉香山慈幼院有她们的好友杨英华，可以在她那儿躲避几天，于是我们沿着西直门的城墙走出城，到了杨英华那里，准备等到汽车一能行驶，我们就走。谁知第二天，乌兰跑到慈幼院，动员我一定要回家一趟，以保平民小学的安全。我不肯回去，她把我拉到苞米地里苦苦劝说，并保证我一定能走成功。

为了她们的安全，我回去了，见到了父亲。他没有责备我，只说我们去的地方他不了解，他可以通过吕正操（是我叔父的同事，1937年吕正操在冀中高举抗日大旗）介绍我们去找真正的八路军。我当然对父亲不寄希望。只等乌兰和王淑源的消息。但是好几天过去了，没有任何消息。这时负责监视我的哥哥，看我每日愁眉苦脸，唉声叹气，知我抗日决心已定，他悄悄告诉我："父亲在骗你，他要我监视你，不许你走。"我一听这话，就哭了起来。哥哥决心帮助我。但由于雨季，到阳坊的长途汽车仍然不通，他又去和王淑源商量，说我们不妨先到香山（有柏油公路），再从香山转阳坊。

第二天，天色阴沉，我和哥哥到了西直门汽车站，王淑源已在那里等我。大家默默无言，心情复杂。车开了，哥哥挥手祝愿我一切顺利。我很感谢哥哥，泪水蒙住了我的眼睛，我不肯把目光离开他。不知何时才能再见？也许永别了！

一次特殊的考验

　　到了香山,住在乌兰的舅舅家中,这是一个贫穷的农民家庭。我们佯称来香山游玩,实际是打听去阳坊的通路。这一夜也令人难忘,香山附近农民住房都是大块石头砌盖的,矮小黑暗,闷热难忍,夜间又是滂沱大雨,睡在简陋的土炕上,浑身又痒又痛,不能入眠,我只好站立在炕上,用手电一照,原来那么多的臭虫把我包围起来,实在不能再躺下去。这时,"轰隆"之声又不断响起,原来是大雨使附近房屋连续倒塌。这是我第一次体会到旧中国农民生活的情景,心中有说不出的滋味。

　　第二天,我们在雨停之后出去"游览",打听汽车情况,结果大失所望,原来这里根本没有通向阳坊的公路。怎么办?我们想起曾去过的香山慈幼院,决定在那里躲两天,等阳坊能通车时再进城。谁知我们在香山温泉慈幼院下了汽车,杨英华却不在学校。学校守门人说:"接到当局通知,任何外人不得留宿院内。"我俩只能踯躅街头。天色已近黄昏,怎么办?忽然一位黄衣警察走来,我心头一惊,怕受盘查。谁知他竟认识王淑源。原来他是乌兰的表亲,正好下班回家,看到了我们,前来招呼。我们佯说去香山玩,回来看杨,杨却不在,而此时进城已太晚了。他热情挽留我们住宿他家,我们也确实没有别的住处,于是欣然同意。后来我们才知道这一夜的借宿,真是使我们化险为夷,否则就会大难难逃了。

　　第二天早晨,告别了警察夫妇,正准备搭车进城,却见一卡车又一卡车的日本兵从城内开出来,急急匆匆,杀气腾腾。又出了什么事?我们不敢停留，匆匆赶路。快到西直门了，我们在哪落脚？我想住到平西联络点杨老太太家中，因为离我家较远，不至于再被找回去。可是王淑源却认为住到平民小学离长途车站近，更方便些。我在同学中算年幼的一个，把她们都看成大姐姐，很愿听从她们的话，就按王淑源的决定去做了。

我们穿过许多小胡同，终于走到了平民小学校附近。可是我们一同停住脚步。只见小学校门口竟坐着一个手持大蒲扇的警察！尽管学校斜对面有一个小警亭，但他们平日与学校没有任何来往，今日为什么坐在这里？出了事吗？不像，因为警察上身并未着警服，只穿一件中式对襟小褂，手中的扇子还在优哉游哉地扇着呀！但，我们要小心，决定暂不到学校去，就走向旁边一家，准备打听一下。谁知刚一进院，几个警察扑向我们："你们被捕了！"抗议、争辩都不行，马上被带到小学校内来审问。当然，小学校出事了。出了什么事？与我们有关还是无关？这都无法判断。

"你们叫什么名字？"警察问。

"余××。"王淑源立即说了一个假名字。

"你叫什么名字？"警察用嘴巴指了一下我。我心中一急，知道得学王淑源，不能讲真名，顺口把王淑源用过的假名"黄锦文"说了出来。王淑源怎样回答，我就怎样回答。王说她是天津的小学教员，暑假来平游览，香山归来太累了，带我到与她有一面之交的林炎处歇歇脚。我不敢说出自己真实住址，急忙之中我就把赵路家在天津的住址说上。后来得知赵路家为此遭到搜查，幸好未发生其他不幸。日军监视她家一整天，幸亏赵路已婚的二妹回娘家，顶替了赵书凤的户口。我很内疚由于我的无知，几乎造成赵家落入敌手。

在小学校内我们要求警察看在中国同胞的面上，放我们走。警察说："我们愿意放你们走，但外边都是日本的便衣侦探，放了你们，你们也走不出去。"警察搜查了我们全部东西（其实只有一个小书包），里面有两双运动鞋和两本社会言情小说，一本日语会话。警察因我们带有言情小说，露出了猥亵表情。我们假做难为情的样子说："别带这书了！"这样，两本书被警察扔掉了，其实书中行距间有书写的密码，我们暗喜书中密码不会落在日寇手中了。但，我旗袍袖内仍封有密码。怎么办？我想起来可以上厕所，王淑源怕警察疑心却说："我不去！"但是，警察嫌麻烦了，不耐烦地说，"唉，两个都快点去，咱们好快点走！"我得救了。在厕所里王淑源帮我撕开袖口，把密码撕碎，扔进厕所的深坑。再把我袖口上的线头迅速摘净，学着北平女学生卷毛边短袖那样把袖子卷好。经过这些努力，把可被查出的东西全部销毁干净后，我们随着警察到了丰盛胡同警察分局的看守所。

在这里我看到和舞台上丑化的妓院老鸨一样凶恶的女看守员，也看到被拘捕的各种犯人蓬头垢面蜷缩在墙角。只有一个学生模样的青年，她说："希望你们千万别被送到日本宪兵队，一般地说那里是进去就出不来了……"但是，我俩恰恰在午后被送到铁狮子胡同的日本宪兵队！我们为什么会被捕？难道敌人知道我们要去参加平西的抗日队伍？那么我们的事情暴露了？我们带着一大串疑问被关在宪兵队门口的一间小房内。没有旁人，只有我们俩人。王淑源和我商定了刚刚被捕说过的口供，总之，千万别暴露去平西的秘密。不久，我们被送进一间大厅后分别押开，搜查登记。我偷偷望着王淑源，看她怎么应付敌人的审问，因为我是一无所知，不知会遇到什么问题。一个日本人拿着一张照片给王看，我只见王淑源摇着头，表示不认识。我在想：相片上是谁？我怎么办？很快那个人把照片拿到我的眼前。天哪！我当然认识了，还是王淑源介绍我认识的！她们称他为"大特"（外号）。王为何摇头？闪电般的思维使我立即也摇起头来，肯定地说："不认识！"因为我相信王淑源比我有经验，我也绝不能承认和他相识。因此，敌人再也没有追问"大特"。"大特"后来也幸运脱险逃到了延安。

敌人问过口供，在傍晚时刻把我们关进了宪兵队后面的牢房。在两大排牢房的尽头，一间昏暗的牢内只关着我和王淑源，大概敌人一时的疏忽，忘了我们可能串供。但，我们没有想什么供词，因为早已说好了，而此时折腾了一整天，我们将会遇到什么呢？那位女青年说过进了宪兵队就难以出去了，肯定会是这样！我紧紧靠在王淑源身边，我不怕死，可是我想黄秋萍、赵路还不知道我们在哪里。我哭了。王淑源劝着我说："别难过，咱们俩在一起！"我们互相依靠着不愿躺下去。由于太疲倦了，后来慢慢地睡着了。我听见飞机轰鸣的声音，我看到国军的飞机俯冲下来，轰炸这座监牢，我兴奋地跳着，我们有出去的希望了！一阵轰隆的爆炸声把我惊醒了。原来是霹雳闪电把我的希望之梦惊醒了。此时一阵脚步声，牢门打开，王淑源被拉走了。剩下我一个人留在牢内，更难以入睡了。把她拉到哪去了呢？长长的夜晚，只有远处一声声的惨叫伴随着我。

第二天的上午，我被拉出去，穿过一条极长的甬道和一个极大房间，被带到一间极小的审讯室内。一个日本人，一个翻译开始审问我。我按商定的口供回答了一遍。日本人双目盯视我，凶神恶煞一般怒斥我。翻译说："你这个小孩坏了坏了的！"然后又逼问我的姓名。我一口咬定原供词中的姓名——黄锦文。日本人生气了，把皮鞭挥动起来，骂我心坏了，撒谎的有！我没有改口，又平静地说一遍供词。日本人转换口气劝我说：说真话，可以马上放你走。我还是没有改变。日本人气坏了，用皮鞭狠狠地抽打我。尽管疼痛，但我坚信自己的信条，不能出卖，不能泄露！这是我从文学作品中得到的精神教养。我抱着双肩任敌人斥骂抽打。日本人忽然双腿分开站立在我面前望着我，这一刹那，静极了。突然间敌人在纸上写了三个字送到我的面前。我震惊极了，原来就是我的真名"于佩文"三个大字！敌人怎么这样准确地知道我的名字？尽管许多疑问像闪电一样快速地在脑际活动，但我极力控制自己的情绪，沉住气，摇摇头，表示不理解这三个字是什么意思！因为我绝不能给王淑源带来任何不利，我坚守自己的信条，宁可死，不能由于自己的软弱让敌人攻破我们的防守。此时确实不再恐慌，因为早已准备了自己的最坏命运：死或者永远监禁。敌人毫无办法了，他把门一摔跑出去了。翻译官用不理解和不屑的眼光瞪着我，时间一分、两分地过去了，我反而更冷静下来，准备迎接更大的风暴。

门打开了，日本人把王淑源推了进来。难道她？我警惕起来。但她以非常平和的神态说："你就都说了吧。你妈妈不会打你的。咱们从香山回来，没回家告诉一声，才碰上这事，说清楚了，你妈妈不会打你。……说吧！"她的话已暗示我：我们的事并未暴露，只说去香山玩，要说真实姓名和住址。我怎么转这个弯子呢？我马上哇的一声哭了起来，用哭来掩饰自己，有个思考的时间，并可显出自己年纪幼小。王淑源又假装劝哄一遍，我边哭边说："怕继母，她不能原谅，会打骂的。"王淑源又在旁边重复地劝导着，我才说出自己的真名。日本人怒不可遏地说："不要再不老实了。"便把王淑源带走了。

审讯进行着，敌人认为有三个关键性问题要和王淑源核实：第一，为什么我们的口供一致说假名？这口供在哪商定的？我回答：你们把我们放在门口等的时候商量的。第二，我们到香山住在什么地方？我认为香山的地址无关紧要，我说了那个农民的真实地点。第三，为什么要编假口供？刚才我已经回答过了，我害怕去找我的继母。审问中，他跑出去三次。幸好我和王淑源的回答是一致的，这场审问才顺利过去了。

当我被送回牢房时，已是下午三四点钟了。看守监牢的日本宪兵，听翻译说我撒了谎、挨了打……那个家伙把他腰间的大刀抽出来，在我面前晃动着吓唬我，然后又用皮鞭狠狠抽打我一下。这种侵略者的凶暴和凌辱，更燃烧起我的仇恨之火。那种凶残的目光，我至今不忘。

当我被推进另一间已关了十几个男女犯人的牢房时，他们看见我蓬乱的头发和身上的伤痕，很关心地问这问那。我一句话也不愿多说。他们又劝我吃一口饭，说这才能撑得住。可我哪里能吃得下？半卧在一席之地上，仇恨、疼痛、委屈……思绪烦乱。这些犯人的谈论，使我知道他们都是贩毒品的犯人……我感慨自己的厄运，沦落在敌人手中，和毒贩子为伍……短短两天的遭遇，接触了那么复杂的人和事！（这些在日后又成为我创作上难得的生活积累。）

后半夜了，又是一阵骚乱。敌人把我拉了出来，我自然不会往好处去想，虽是夏夜，也凉气袭人，当然毫无困意了。谁知又把我推进另一间牢房。里面住了一位年轻幼稚的天主教徒，她不断地絮叨，我明白了原来她就是我们前两天想去暂住而未住进去的香山慈幼院的老师。她大骂我们要去找的朋友杨英华如何赤化，如何害得她们的学校被抄……我真的吓坏了，她能否认出我来？因为去香山前，我也曾在杨英华宿舍躲住过几天，幸好我的发式早已剪短，她未认出。

原来，那天我们从香山归来，当夜因慈幼院不许我们住进，而在警察家中借住一宿，竟使我们幸免更大的劫难。就是那天夜里，杨英华在北平城里出了事，第二天一清早，几大卡车的日军包围了慈幼院。这些卡车正是那天清晨我们看到杀气腾腾地从城内开出的卡车。多危险呀！那天夜里如果住在慈幼院，真是永远不会出去了。

又是一天的上午，我被拉了出去。我不知是审讯还是枪决。刚出牢门，看见王淑源已经站在牢门外，我上去紧紧握了她的手，心想："我们一块去死！"王淑源是怎样想的呢？我当时并不知道。后来，她告诉我，那时她也握紧我的手，是叫我："口供千万不能再变了！"我真是幼稚极了，心里想着只有一死的结局了。我们被带着走了很长的路，才到了一间小客厅式的房屋。里面坐了两个人，一个年纪大些的日本鬼子，又问了一遍口供，然后说："我们是大东亚共荣，抓错了人，就要释放的。"之后竟然把没收我们的小包拿来，真的释放了我们。我糊涂了，日本人怎么会释放我们呢？有什么诡计？但，事不宜迟，我们快快地离开了宪兵队，心中庆幸敌人没有发现我们要去平西抗日的秘密，特别是没有暴露平西的联络点——积水潭东河沿的杨老太太家。

王淑源和我回到我的家中，她才告诉我，那天深夜，敌人把她从我们牢内拉出去，是把她关进了另一间牢房。牢房内只有一个受伤很重的妇女，她靠近那妇女细看，原来竟是我们要找的杨英华。当然敌人并不知道我们认识香山慈幼院的人，只是为了把王和我分开而已，她不敢高兴，也不敢大声说话，只是悄悄靠近杨英华，躺在杨的身边。伤痛的杨英华也大吃一惊："怎么，你们还没走成？怎么被抓进来的？"王在她的耳边把我们去香山的经过诉说了一遍。杨英华经过认真的分析后说："我们是放爆炸物，不小心暴露了。林炎跑掉了，我被捕了。林晶未去放爆炸物，她被我们的事情惊吓得神经错乱了。没有人知道你们的事。你们要说真实的住址，敌人通讯极快，你们要争取快出去，不要把案情搞复杂了。"所以，第二天当敌人按我们说的地址去查问，人名、地点都对不上头的时候，就向王淑源发火了。王当机立断地说："因为害怕，瞎编了姓名、地址。"这就是那天敌人审讯我的一段缘由。我们分析，敌人之所以释放我们，是因为他们侵华尚未站稳脚跟，企图笼络人心，宣扬"大东亚共荣"的良好秩序来掩盖他们的侵略暴行。为了不再惹起敌人的注意，第二天一清早由我和哥哥把王淑源送上火车，她先回天津去了。

　　这一事件当然震动了我的全家，父母亲叫哥哥妹妹监视我，我也明白暂时走不了，因为敌人会在周围暗中监视着我。我深居简出一个月，像困兽关在笼内，几乎要疯了！我从哪里才能再找到黄秋萍他们呢？！

老崔带来的希望

　　8月下旬的天气是那样炎热，我躲在门洞内，关着大门，边看书边乘凉,心情万分烦躁。咚、咚、咚一阵叩门声,我警惕地前去开门。天哪,真是天无绝人之路,原来是平西联络点的老崔(他还不是党员),他患着严重的肺病竟然前来找我。我快活得都要跳起来了,抓住他不许他走。他喘息未定就说:"他们调查了两三次,知道你们俩人表现很好,这次黄秋萍来,他约你明天在北京图书馆白石桥栏杆旁和他会面。"

哥哥是我的监护人,父亲叫他监视我,他却同情我,支持我。第二天他陪我到约会的地点,并在一旁等着我。黄秋萍问我:"你还去不去平西?""当然去!不去就活不下去了!"他详细地问了我一些情况,并说他自己要到天津去办事,回来时可能带一批人到延安抗日军政大学学习,还说延安就是东方的"莫斯科"。我兴奋地问他:"可以叫王淑源同去吗?"他点头:"当然可以。"回家后我就给王淑源写了信,并约定了我和她会面的时间地点,但直到我们离开,她也没有再来。至今,也没有找到她的下落。

黄秋萍离去时给我留下钱,让我一周后去找他。离家的那天早上继母带妹妹出去了,正是溜走的好时机。二弟一人在院中玩耍。他只有11岁,什么也不懂。外边小雨淅淅沥沥落了下来,我把弟弟喊过来,骗他:"我给你去买咖啡豆吃。你把伞拿到大门口等我。"他没吃过咖啡豆,当然高兴,按着我的嘱咐在门口石墩上等我。弟弟和我一母同生,他不到两周岁就失去母亲,此刻我眼睛潮湿了,真不知道哪年哪月才会再见到他。我忍住眼泪马上转身走开。他在石墩上傻傻地喊着:"姐姐,快回来,我等着你!"我头也不回地答应着。后来二弟高中学习时,也为了抗日逃出北平,历尽艰辛当了空军,北平刚一解放,他就在地下党的帮助下从上海驾机起义了。见面时,他笑着说:"姐姐,还欠我一包咖啡豆呢!"

我家住在新街口前公用库内的八道湾。和弟弟分手后,我穿过八道湾的后巷,急急奔向西直门,出了城就坐上一辆黄包车,直奔温泉镇,去找黄秋萍指定的地点。原来那里是老崔养病的地方。看来他的病已经很重了,可是他还拖着重病之躯去城内找我。我当时无言地看着他,内心十分酸楚。院内只有一大一小两间房,极小的院内,蒿草有一人高,很是荒凉。他的大嫂也住在镇上,每天给他送两次饭。我来了,就住在他隔壁的小房间内,好像不到三平方米。夜晚总像有什么东西敲着纸窗,发出"笃"、"笃"的声音,我害怕极了,用被单蒙起头来,这是我有生以来第一次失眠。第二天,老崔说那是蚊子撞在窗纸上的声音。他睁着两只大大的眼睛,是一双深深塌陷而又无神的眼睛,却充满长兄般的关怀。他嘱我去买点酸枣仁泡水喝,说喝了可以睡觉。他并不是党员,但为党、为朋友做了许多好事。1935年他和黄秋萍一同关在北平监狱,七七事变后,东北大学学生吴敬宇等化装成日本人,砸开监狱,他和黄秋萍才一起被解救了。他们在狱中结成了生死之交的好友。后来杨学咏告诉我,不久老崔就被病魔和贫困夺去了生命。

不平静的道路

1938年的8月下旬,黄秋萍终于带着我离开了温泉,我们分别乘坐人力车,准备到红山口附近再步行上山。路上静得怕人,见不到行人和车辆,忽然一辆崭新的自行车迎面驶来戛然而止,一个男人从车上跳下,喝令我们停车站住。他掏出一张卡片在黄的面前一晃,黄马上明白,张开双手任他搜查。原来是便衣汉奸,他用脚踢开人力车的车座,可能怕我们有军火。此时,我虽然表面平静,但心中忐忑不安,因为身上藏着一封重要的信。谁知道这家伙还有点封建意识,不搜查女身。他记下我们在温泉的住址后,骑上车就走了。可是人力车夫吓坏了,死活不肯拉我们了。我们只得步行。

黄秋萍是从敌人监狱里逃出来的。行前他曾告诉我,阳坊的联络点饭馆已经暴露不能再去了,这次走另外一条路,路上以表兄妹相称。他的名字已经上了黑名单,敌人随时可能追捕,路上要小心。

我是第一次步行这么远的路程。他看我有些走不动,说:"大约再走八里路才能上山,行吗?再稍走快一点!"我哪里能走得快,回头看看,没有任何行人,我就跑了起来。他又不许我跑。我说:"不跑走不快啊!"就这样跑跑走走,终于到了山脚下。上了山路就更难走了。黄秋萍却说:"那个便衣回去,日本人也许很快会赶来,因为他们有卡车。如果日本人来了,你要捡些石头和他们拼!"这时我才看到他手中早已把五寸长的水果刀打开了。他的英勇气概感染了我,我坚信自己是会拼死战斗的,因为我也是被日本人抓进过宪兵队的。很快我们爬到了半山,敌人并没有来追我们,看来就要闯过险境了。谁知半山里忽然冒出两个农民装束的壮汉,他们问:"你们找康司令吗?"我正不知所措,老黄马上点头:"对!司令在吧?"那两个人说:"你们认识路吗?"老黄热情地说:"认识,认识!"这两个壮汉可能急于下山,就放过我们了。

原来,日寇侵入,一些骚扰百姓的土匪也自称抗日司令,当时有"司令多如牛毛"的说法。所谓的康司令大约就是其中之一。黄秋萍更加快了脚步,领着我左拐右拐地穿山爬岭。当我们爬到山顶,看到在那郁郁葱葱的山林中露出一座寺庙的后墙,在墙脚下,流淌着山泉水,贮满山泉水的小小石槽上放着一只木瓢。这是佛家专为香客准备解渴的吧!我迫不及待地奔向前去,舀起满满一瓢水咕嘟咕嘟地喝了个干净。

老黄说:"这是妙峰山的后身。"我喝足了水,层峦叠翠的妙峰山景色尽收眼底。我多么爱恋这山山水水!老黄说:"这里可以坐下歇歇了,你如果走不动,我们可以到庙里住上一宿,明天再翻过山去。"我疑惑地望着他。他笑了:"真的,过去我带人也在这里住过,当然,最好是不住。"他又指着我们身后更高处的山顶巨石:"翻过它就安全了,敌人就无法追到我们了。"我虽然很累,两条腿沉得抬不起来,但我愿意早一点脱离危险到达渴望已久的抗日根据地。他为我的勇气高兴,为了让我省点力,他在陡峭的地方用手拉着我。我们很快爬过了山顶的巨石,迅速下了山。巨石掩盖了山坳,在一个小水洼边,黄秋萍叫我休息一下,我两条腿上的肌肉不住颤抖,疼极了,但我还是忍住了要落下的眼泪。黄秋萍笑了,"你真不错,你是我所带的人中第一个一口气走过来的女孩子!"他巧妙的鼓励取得了成功,我好像不再疲劳了。

沿着崎岖的山路又走了一阵子,我们拐进山坳,面前出现了孤零零一座土房,黄秋萍带我走进去。外边是两间连通在一起的一间大房,里边还有一间小房。外间只有一个老乡坐在灶旁,不断地拉着风箱,锅里煮着粥,上边还有屉,蒸着两样面的馒头。我也没听见黄秋萍和他说什么,只见他把炕桌一拉,指着炕,让我们坐上去。接着热腾腾的馒头和大碗粥端了上来。一路上又惊又累,饿极了,这顿饭我吃得好香啊!吃过饭,黄秋萍指着炕的另一头,叫我休息一会儿。他说:"你睡吧,这儿可没有日本鬼子了。"我竟真的睡着了,因为从离开家的那一天起,我就开始了又惊又怕的日子。

奔向革命圣地延安

午后,老黄不知从哪里牵来了两条毛驴。小的时候随父亲去游览白云观时我骑过毛驴,但它身上有坐鞍,又是在平路上走,而这里山路陡峭,又没有坐鞍,我很不想骑,说:"咱们步行可以不?"老黄说:"路还远哪!这样走快些。"他看出我为难之处,穿着旗袍,两条腿如何叉开?他教我侧身坐在光光的驴背上,双腿可以垂在一个方向。当然我心里还是很紧张,可能由于我原来体育课不错,很快就掌握了重心,骑得很稳。毛驴在山路上小跑,确实比步行快得多,又不疲劳,我心中十分高兴。我问老黄:"刚才那是什么地方?"他说:"这是咱们在敌我边境上的联络站。"我想,在咱们的土地上抗日的队伍真是神通广大,到处都有我们的联络点!

很快走出了山地,我们沿着一条小河往前走。黄秋萍说:"该吃晚饭了,我带你到赵同那儿去吃吧!"在天津时,黄说过他是从赵同处来的。我问:"到了目的地?"他摇摇头说:"去年赵同参加了咱们八路军。后来,因为他部下不愿学习,怕整编,怂恿赵同脱离八路军,这样,今年就分开了。但关系没有僵,互相还有来往,所以我在天津仍用赵同部下的身份,这样在敌占区接触面可以更广泛些。"他看我有些不理解,又说:"他是你的老乡(辽宁岫岩人),见见面不是很好吗?"经他一说,我倒怀着好奇心愿意看看我家乡的"抗日英雄"(在东北人中流传过他抗日的故事)。

赵同中等身材,方脸膛,是典型的东北人。他为我们炒了鸡蛋和韭菜,并跟老黄喝了一点酒。他因为喝了点酒,话多起来。他说:"咱们是老乡,你去那儿很好,要好好学习,不要乱搞男女关系!"我一点也听不懂,因为"搞"字我是第一次听到(这是南方人常用的字),"男女关系"又是什么?到延安后我才明白,赵同可能比较封建,很反感那些自由谈恋爱的人!可能这算是他对老乡的一种关心吧!对他,我没有恶感,只是奇怪他为什么要离开八路军。后来听说他在1940年去重庆投靠了蒋介石,回来搞摩擦,向我抗日根据地开火,并实行封锁,在摩擦中他送了命。多么遗憾,有始无终的"抗日英雄"。

接着,赵同用马送我们到平西抗日根据地的指挥中心,当时是平西地方工作委员会的所在地——斋堂。毛驴换了马,谁把毛驴送回给老乡?到了目的地,马又由谁送回来?我都要问。黄秋萍说:"有人送,你不要操心。"这说明我抗日根据地的军民关系是多么密切啊!夏日的傍晚,马轻快地奔驰着,我感觉着一切是那么新奇而又神秘啊!

当我们走到一条芦苇丛生、杂草掩盖的小河边,草丛中突然有一只小船划过来,上边站着一个十二三岁的农村男孩子。"同志,路条!"听到这声"同志",我的眼睛潮湿了,我明白到了我久已渴望的抗日根据地了!很快我就和我的同学、好朋友赵路见面了,我们拥抱、我们欢叫!我终于踩在自由的土地上了!在这里,我也见到了北平联络点杨老太太的女儿杨学咏。我还随着她们到山里动员群众做军鞋,虽然自己插不上话,却看到了她们和群众亲密无间的关系。

我们住的老乡家,是一对无儿无女的老夫妇。老头儿的眼睛失明了,但是他说他能从声音里判断出我的样子,他说我比赵路矮,比赵路白……真的,他的感觉很对。老夫妇对我们好极了,总给我们吃最新鲜的饭菜,新下来的豆角和新下来的小米蒸在一起,那种新鲜味至今还能感觉到。在我们离开的时候,老夫妇连夜用新小米磨成面,再发起来,摊成软软的小米面烙饼,让我们吃饱后,还带一些上路。令人难过的是,50年代我回到北京却没有去斋堂探望二位老人,后来当我们再去斋堂放映儿童电影时,我多么想看他们一眼呀,但连住的地方都找不到了,当然再也看不到老人家了。我曾深深地谴责自己50年代时年轻幼稚,一点不懂得恩与爱!

在这里,晋察冀抗日根据地一战区的司令员杨成武同志接见了我们。他嘱咐我们:"要和群众结合,好好学习,不久我们要派你们到革命圣地延安去学习!"他穿着灰色军装,高高的个子,充满军人气概,却平易近人,使人感到亲切。后来才知道他就是长征中强渡大渡河铁索桥的英雄。真是一个久经考验的常胜将军!他的爱人赵子贞同志也在斋堂工作,我对他们十分崇敬。日后,他们夫妇也都十分关心我的成长。

9月初,我们组成一支精干的队伍出发,奔向革命的心脏——延安。

离开平西,我们继续用两条腿跋山涉水,在人民群众和八路军的帮助下渡过了许多难以克服的危险。敌人重兵封锁着各个根据地,我们却要穿过这些封锁,机智地钻过敌人占领区的缝隙。但是,再怎样机智也难以穿过那无情的铁轨——同蒲铁路。两条坚硬的铁轨,横在那里无隙可钻,只能硬碰硬地冲过去!在漆黑的夜里,伸手不见掌,每人臂上缠着洗脸毛巾。靠着它,一个一个地紧跟着,不能掉队,抓紧火车通过的间歇时间,以跑步的速度爬上路基,大步地跨过铁轨,再继续快速跑出敌人火力封锁的范围。从傍晚开始行动,直到第二天清晨才结束这场危险的奋斗。

可是,我们刚刚歇脚小憩,和衣而卧,却听到砰的一声枪响。人们迅速地集合起来,有的人还困得昏昏沉沉,爬起来竟向敌人的方向跑去,惹得同志们又是喊又是叫。结果却原来是有战士的枪走了火,引起一场虚惊。但是人们也不再歇息了,嬉笑怒骂着继续前进了。我和同伴赵路是最年轻的女性,在混乱中镇定不慌,受到同志们的称赞。我们心中微微荡起自豪感,因为没有给妇女丢脸。

最难忘的是渡黄河!在渡口有两条大船,是巨大而简单的木船,却可以装载几十个人和数匹骡马同时渡过这汹涌澎湃的黄河激流。大船在波浪滔天的激流中显得那么渺小,一会儿,它被大浪吞噬,什么也看不见了;一会儿,又露出了船头在浪中漂晃。我们在岸边瞠目惊望,这种险观,使我的心突突地跳着,确实有些害怕。当我们这支小分队随着队伍上船后,开始还算平稳,慢慢离开岸边。很快我感到心慌难以适应,就像打秋千一样,一会儿被抛到天空,一会儿又落了下来。落差之大,绝不像儿时荡秋千的高度,可以优哉自悦,而是十分可怕!我时时怀疑自己是否会被抛到船外,尽管我的身体还紧贴着船底,但仍不时有被抛出去的感觉。终于,像《黄河大合唱》唱的那样——我们胜利地渡过了奔腾咆哮的黄河!

这坚硬的铁轨和咆哮的黄河,记载了多少抗日儿女的壮志悲歌! 我虽不能一一叙述,但却永远不会忘记!

这一年,我刚满 17 周岁。

三 延安岁月

这就是东方的莫斯科吗?

1938 年 10 月 24 日,就要到延安了,我心里十分快活,总算走到头了! 清晨吃饱了南瓜小米饭就起程,队长说中午不再吃饭了,到延安再吃。大家一致赞成,兴冲冲地出发了。但是,80 里的路程呀! 终归腿是只有一定的能量,走到后来我感觉有点抬不起腿了,它太沉重了!

当我们筋疲力尽地拐过一个山峁时,"啊! 宝塔!"不知是谁喊了一声。真的! 我的眼睛一亮:远远地在黄土高原之巅,竖立着一座宝塔。这是延安的标志,也就是后来延安的人们昵称的宝塔山啊! 年长的同志欢呼着:"到了,到了!"说也奇怪,我的腿立刻有劲了! 大家像跑步一样,边欢叫,边急走,很快进了延安城。

当时日寇尚未轰炸延安,所以延安还有完整的城门。因为战争的原因,从平西到延安,我们走的都是山野之路,经过的是农村乡镇,即使经过一两个县,也未进城观览过。这时,一进城,城内一派和平景象,人们熙熙攘攘,好不热闹!我们很年轻也很调皮,到了招待所,放下背包,让队长去办理报到的手续,而我们则轻松地跑出去玩了。

于蓝和赵路一同参加革命,这是她们到延安后在一起。

赵路和我一起参加革命,共患过难,是我最要好的同学与朋友,我们一块去逛城,有说不出的欢快和新鲜感。街上很多人穿着灰色、蓝色军装式的制服,老乡们卖着火烧、枣饼、油饼和肉食等食品,也有枣子、粗梨之类的水果,看起来品种是太少了,人们都视为珍品,买卖十分兴隆。忽然一座洋味十足的教堂建筑映入眼帘,在这偏僻的小县城里好像很不协调。但,不断有人拥进。我俩怀着好奇的心理,也跟着拥进去了。只见里边黑乎乎地坐满了人,歌声沸腾着,台上有两盏灯,后来才知道它叫汽灯,要打足了气才能燃着。灯上边挂着一条红布大横幅,横幅上贴有白色美术体的大字："干部联欢晚会"。醒目的横幅再加上"干部"、"晚会"这两个词语，在我的人生中是第一次看到，好不新奇啊！一位穿着灰色军大衣的女同志在台上动情地挥舞着双臂，原来她在指挥台下一队人唱歌，歌声嘹亮热情。我们被这火热的情景吸引住了，就站在最后边翘首观望。歌声刚停，一位男同志站起来高声喊着："唱得好不好？"众口一声："好！"他又喊："再来一个要不要？""要！"接着，"再来一个，×大队！""再来一个，×大队！"其他的队伍也似乎赞同。台上指挥的女同志却在指挥呼叫着："该谁唱？"唱过歌子的队伍马上呼应："第×队来一个！"群众性的拉歌声响成一片，歌声此起彼伏，好热闹啊！我的心和他们一起跳了起来！不久正式的演出开始了，剧目是鲁艺演出的三幕话剧《团圆》，剧情是在中秋之夜，一个家庭对怎样才能"团圆"有分歧，并通过他们的不同观点展开矛盾，最后主人公争取了更多的亲友支持，说服了父亲同意他（刚从监狱释放归来）再去参加抗日工作，父亲终于明白只有把日本鬼子赶出去才能真正团圆。日后，我才知道剧本是鲁艺的院长沙可夫同志所写，而且许多有名的明星都参加了演出，像左明、欧阳山尊、李丽莲、袁牧之等。我被演出感动了，戏中似乎就有我们自己。在国家危亡的关头每个人应何去何从？我感到与自己的生活那么贴近，所以特别亲切。我们站在最后一排一条板凳上，如醉如痴地一直站着看完。当大家都走散了，我才想起，还不知自己将在哪里睡觉呢！我们赶紧跑回招待所。

招待所内静悄悄，大家都已入睡，只有我俩迟迟而归。领队的同志看我们那么兴奋，似乎不忍多加批评，只说了两句，就叫我们到女生宿舍去。谁知我们真的太迟了，炕上已挤得满满的，都是今天刚刚来到延安的新兵。地下铺了一领大炕席，席上已有两位女同志睡熟了，只留下半席之地给我俩。此时我傻了，睡在地下？真是有生以来第一次。我撅起嘴十分不高兴，但也无奈。领队的同志比较年长，一看光光的炕席，西北的10月，地下寒气难当，一床夹被怎能入睡？领队同志是营级干部，有毛毯，他一看光光的炕席，就悄悄地把自己的毛毯送来，并替我们铺在地上："一条当褥子，一条当被子，两人合盖快睡吧，不早了！"领队同志体贴感人，我们也只得睡下。他们走后，冰冷的硬席使我一时难以入睡。记得在北平时黄秋萍曾说延安是东方的莫斯科，心想："这还算是东方莫斯科呢，实在不像！"

　　大概太累，倒也很快就睡得香香的，当起床号声催醒我时才睁开双眼，因为很冷，两肩和两腿都很疼痛。但是新的一天就要开始了，我也无心去在意那些疼痛了。走进热气腾腾的伙房，开水、馍馍、小米粥（只有在招待所才能吃到招待新兵的馍馍，以后就都是小米饭了，只有等到会餐的时候，才能吃到白面馍馍）。一切都是那么简陋，一切又都那么热乎乎的！不久，领队把我们带到一个院内，每人发一张纸，要填上自己的姓名、年龄、籍贯和简历。当我拿起这张表格时，首先映入眼帘的是两边各有一行醒目的铅印字，一边是"中华民族优秀儿女"，另一边是"对革命无限忠诚"。一下子我的眼睛热了起来，一切不愉快瞬间消失了，一股高尚的感情激荡着我的热血，我们是中华民族的优秀儿女！我们仅仅是走了一千多里路，仅仅受了一点点苦，可是，我们却被视为祖国的优秀儿女。我感到自豪，人格受到尊重，我感到自己第一次成为真正的人！我决心迎着一切艰苦，不辱没这优秀儿女的称号。日后这誓言使我永远铭记不忘，并一生努力去这样做。

这是世界上最艰苦也是世界上最快乐的地方

来到延安的青年是那么多,真是难以数计,第二天我们编了班就离开了招待所,因为那里又有新来的伙伴。我们搬到城里,谁知这个城里的新宿舍更为奇特,就是城边的旧鼓楼,由于历史的变迁,鼓楼早已没有了,只有四根柱架还保留着而已。我们一班同学登上鼓楼,上边原来的框架中间用席子在四周钉上,就是墙壁了,这样睡在里边可以有个遮挡。10月底的西北高原,寒风阵阵,席子只能遮挡人们的目光,哪里能遮挡寒风呢?我被任命为班长。想到黑夜来临,睡在这里,四周无人,不免心中发颤。我鼓起勇气说:"妇女睡在这里太不方便了。"可是带我们的干部说:"艰苦奋斗是我们的传统,要克服困难。没地方,只能睡在这,明天送你们正式入学。"这一夜,我们就睡在四面透风的鼓楼架里,熟熟地睡着了。说也奇怪,睡着了,谁也没有害怕。

很快我们就被编入抗大八大队第五队,住在清凉山下的一所旧庙内。庙里早就没有佛龛了,作为宿舍的房间都打上了土炕。我们班住在西侧耳房内,朝东的墙壁只有多半截,上边是空的,没有糊纸更没有玻璃,但可以作为窗户进光。10个人睡在一铺小炕上,十分拥挤,但是挤得很暖。可能由于我好提意见,又被指定为班长。记得有一天,班长晚汇报结束,回到宿舍我再也挤不进被窝了。通过半截透空的墙,我看到天上明亮的月牙,不由得心酸了。是想家了?还是觉得委屈了?我也说不清。17岁的我对于艰苦还不那么习惯，竟对着月亮哭泣起来，惊醒了一位大一点的同志，她叫刘素心。她马上拉开自己的被窝，把我拉进靠在她的身旁，两个人侧着身子才能睡下，这时我感到那么温暖。这位大姐姐以火热的友爱化解了我的委屈，并且日后她使我们班上充满了革命的友谊。我们班上有10个同志，按年岁排行，她排在第二，大家亲昵地称她为二姐，至今大家见了她，仍然呼唤"二姐"，亲爱的二姐。因为我排行最小，她总是特别照顾我。那时都得轮流值日打扫卫生。有一天，她笑着说："你们看于蓝画梅花哪！"起初我还以为是表扬我，大家都笑弯了腰，我还不知道为什么，原来她是批评我。因为我过去无论在学校还是在家都没有用过大扫把扫地，当天自以为很卖力气了，实际上东一笤帚，西一扫把，尘土扬得老高，却漏下很多地方没有扫到。她笑过后，把着手教我，如何安排轻轻地扫过去，既不扬土，又全都扫到了。我就是这样，一点一点地学习劳动课。我们天天早起跑步操练，白天学习、上课，每人发了一只板凳，听课时坐它，作业时当桌子。晚饭后自由活动，清凉山下，延河边上，都是我们散步谈心的活动场所。晚上7点集合点名，然后就是歌咏活动，这是大家最喜爱的活动之一。我们学了很多歌曲，最先唱的是抗大的校歌："黄河之滨，集合了一群中华民族优秀的子孙……艰苦奋斗是我们的传统！"这句歌词深深刻印在我的脑海里，因为我们真是处处体验着艰苦的传统，而且这还只是开始，我确实还要走很长、也很远的艰苦奋斗的道路呢！

慢慢习惯了清凉山下的抗大生活。在一个假日的上午，我和好友赵路准备进城去玩，走到山下的路边，忽然听到头顶上有异常的"轰轰"声，我们马上意识到这是飞机。难道日本人也要轰炸延安这个小小的城市？真的是日本飞机！我们马上钻进路边小铺，另一个男青年也钻进小铺，接着就听到震人肺腑的爆炸声音，我们吓得藏在桌底下，一动不动，只好听任命运的摆布了。

这是1938年的初冬，11月20日日寇残酷地轰炸，几乎炸平了延安城，南门外的市场区也受到了很大损失。城内唯一的一座教堂是延安人观看演出的礼堂，被炸毁了。我们在清凉山下幸免于难，但是，每天都要防空。一早戴上伪装（用未枯干的树枝编成帽子），钻进山崖下学习。每人带一个板凳，既是桌子也是凳子，由教师讲课，或是自己写笔记。吃饭也是由炊事班和值日同学担到崖内。只是上厕所需要报告请假，跑到较远处无人的山坳里方便。那天我刚从山坳里出来，准备尽快跑回防空的山崖，忽然有人大声喊着："于佩文！于佩文！"我十分惊讶，这是我参加革命前的名字，在延安除了赵路，没有别人知道这个名字。怎么回事？我一回头，有两个人向我跑来，她们狠狠地抱住了我！我叫了起来，原来就是北平日本宪兵队未抓到的那个林炎，另一个人是乌兰。林炎是和杨英华在日本商店放爆炸物，出了事，她趁人们慌乱之际，逃了出去。杨被抓住，关在北平铁狮子胡同的日本宪兵队。林炎却马上逃到了天津，找到乌兰和大特，连夜到塘沽码头登上英轮，逃往香港。他们经过许多艰险，辗转到了延安。林炎就是我和王淑源曾经去找过的平民小学校校长。与她们同逃的还有一位男士，外号叫"大特"，"大特"就是我们被日本宪兵队审问的那张照片上的人。正是因为她们出了事，我和王淑源去找她，因而也被捕了。这一切是多么不可思议呀！这么广袤的天地，历经了生死的灾难之后，怎么又近在咫尺地重逢？我们长时间、长时间地紧紧拥抱着不说话！这就是我们伟大的中华民族抗日的决心,才使我们必然凝聚在这抗日的圣地延安!

1939年的春天,春意盎然,我们怀着喜悦的心情被编入一个特殊的大队,那就是五大队,它拥有参谋训练队、敌工训练队、两个女生队等。这两个女生队住在城北边延河西岸的小砭沟内。我和赵路编在女生一队,我们的队长是丁雪松,当时她正和著名作曲家郑律成同志谈恋爱。晚饭后,我们非常愿意走过她的窑洞,因为在那儿可以听到他

于蓝在延安。

们的歌声。著名的《延安颂》这首歌曲已经风靡了整个延安,作曲者正是郑律成。我们由衷地喜欢队长丁雪松,认为他俩是美好的一对恋人。日后他们结成伉俪,经过了战争和历史的考验,始终拥有美满的家庭。我们的指导员王珏是东北人,个子高高的,经常带着笑容和你说话,令人感到蔼然可亲。新中国成立后,她先在东北,后来也到北京工作,她始终关注着我们的成长,她的笑容永远留在我的心中。女生一队的其他干部和许多同学都给我留下美好而又难忘的印象。

抗大的课程内容很丰富易懂，令人感到新鲜而愿意接受。比如：中国革命近代史、政治经济学、党的建设……老师们讲课都能和中国的革命实际相结合，在我的记忆中有很多著名的理论家、革命家担任过我们老师，像徐懋庸就是有名的理论家和作家。后来，在90年代里，我从电影学院老院长钟敬之处，看到1937年他别妻离家参加革命时的一首诗："已办行装半担书，背灯何必泪模糊，需知妻子身边汉，亦是人间一丈夫。"可见徐懋庸当时抗日的壮志豪情了。后来，他们夫妻相聚相离几经坎坷，都未影响这位革命者终生为共产主义奋斗的意志。

王鹤寿同志（原冶金部长）是我们党建课（讲党的历史和党的建设）的老师，北方人，他总是把党的基本原则深入浅出地讲给我们听，特别是他有很多实例，像故事一样吸引着我们。他把革命先烈的事迹编做教材，像李大钊、方志敏等先烈如何慷慨就义，如何英勇牺牲，他都讲得娓娓动听。他也讲他自己的监狱斗争生活。我深深敬佩他。当时虽然我并不是一个共产主义战士，但我深深铭记革命的气节是每个革命者都应该具有的，就是这种气节和精神铸造了中国共产党百折不挠的伟大意志。这些都是最初哺育我成长的马列主义乳汁，对我的一生有着深刻的影响。

延安抗大的生活确实有如校歌所唱：团结、紧张、严肃、活泼。我热爱延安的生活，官兵是平等的，同志们友爱互助，歌咏活动那样普遍，不论课间、饭后，你都能听到山谷中传出嘹亮的歌声，黄土高原的沟壑之间都住满了誓死与日寇战斗的青年，他们的歌声不时从那里传出。正如郑律成作曲、莫耶作词的《延安颂》中所唱："啊！延安！你这庄严雄伟的古城，到处传遍了抗战的歌声。啊！延安！……热血在你胸中奔腾,千万颗青年的心,埋藏着对敌人的仇恨……结成了坚固的阵线!"这就是延安的写照!在这样气氛中生活的我,怎能不快活不兴奋!在旧社会因为幼年丧母,我是一个多愁善感的女孩子,来延安后我则是一个充满热情、活泼的女青年了!我曾经在给当时还远在大后方(昆明)的哥哥于亚伦的信中写道:"延安是世界上最艰苦的地方,但延安也是世界上最快乐的地方!我爱延安!"

"在未开垦的处女地上"

我像一只无忧无虑的小鸟,每天欢笑蹦跳。有一天副指导员丁汾同志找我谈话,问我愿不愿意加入中国共产党。我十分惊讶,因为我认为共产党员是特殊材料做成的,绝不会要我这样什么革命理论也不懂的孩子呀!当然我也十分喜悦,但马上又想到自己做不到党的利益高于一切,因为想家,打败日本鬼子我还要回家。我把自己真实的心里话告给了她。她笑了,说:"打败了日本鬼子,我们都要回家呀!"我说:"我还怕铁的纪律。"她说:"什么叫铁的纪律?就是人们自觉自愿遵守的纪律,因为自觉自愿它就成为钢铁一样的坚强了,并不是什么生硬强迫的纪律。"我半信半疑地望着她。她说:"你再想想吧!然后再告给我。"又是可爱的二姐刘素心,她帮助我认识了党组织的伟大作用。她说:"凡是愿意为抗日和共产主义的理想去奋斗的人,大家组织在一起形成坚强的力量,不是十全十美的人才能加入组织。你参加组织之后,这个组织还会帮助你不断提高,这些来延安的人都是为了这个崇高的理想来找党的。"在她的帮助下,我明白了自己可以在党的组织内继续锻炼成长,于是我向丁汾同志表达了自己的愿望。经丁汾同志和指导员王珏同志做介绍人,我在1939年2月17日光荣地加入了中国共产党。当时,党还是处在秘密状态。一天夜里,我们分别来到指定的地点悄悄集合,这是校部在山上的一个窑洞,虽然已是夜晚,那里却聚集了十几个同学,油灯闪闪,映着墙上一面鲜红的党旗,旗的上边挂着马恩列斯的像,旗的下边用毛笔写着入党的誓言。我的心跳着,血液在周身激动,我和大家一样举起了右手握紧拳头,跟随指导员发出最衷心的庄严的誓词。我永远记住了这个夜晚和自己的誓词,在心中一次次地重复这坚定的誓词。我常说自己是喝延河水、吃延安小米长大的,但,绝不只是这些,更重要的是延安有一种特殊的、博大的思想光辉,这个马列主义与当时的中国抗日战争争取民族解放这个实际相结合的革命思想,鼓舞我们去学习,鼓舞我们去战斗,更鼓舞我们去做一个真正的人。至今我庆幸自己还拥有与保存那些珍贵的观念。我认为这是我终生的财富。

1938年10月,日军暂停对国民党军队正面战场的战略进攻,以主要力量对付共产党领导的抗日人民武装。实际上,国共两党合作不久,1938年国民党就开始制造摩擦,蒋介石派嫡系部队胡宗南部30万大军围困陕甘宁边区。因此,陕甘宁边区生活十分困难。据参训队的黄辅忠同志回忆:1939年2月,毛主席在抗大做报告,分析困难情况后,尖锐地指出:我们是等着饿死呢?还是把抗大解散呢?饿死是没有一个赞成的,解散也没有一个赞成!还是自己动手吧!不仅要把抗大办下去,办得更好,还要发展扩大!(大意)于是毛主席号召"自己动手,丰衣足食",掀起了全边区的大生产运动。我们抗大全体师生参加了这个伟大的运动。

陕北高原的荒山到处皆是,我们女生一队在不远的山沟里,抡起镢头就开荒。荒山是未开垦的处女地,土质坚硬,可以说很硬很硬,而镢头是很重很重,对我们这些在城市长大的女孩子来说真是困难之极。但是每个同志都是燃烧着青春的热情,总是你争我夺地抡起那难以抡动的大镢头,很多的同志都是自觉自愿地抢着干。坦白地说我深感力不从心,但由于年轻人的好强心,却也不甘落后,尽管很吃力,不会劳动,形象很不好看,也要拼命去干。一次同班好友穆廉同志(新中国成立后在新疆工作)看我疲惫已极,来夺我手中的镢头,谁知我还硬撑着不放,在争夺中她的左手拇指背上被镢头碰伤,有两三厘米长的口子,鲜血直流,她疼得直哭,我也吓得哭了。她手指上的伤痕一直留到现在,成为我们友情永在的标记,尽管两人都已年过古稀,仍是眷恋不已的好友。

可能是由于女生队的力量薄弱,很快就把我们女生队和参训队编在一起,共同开荒。参训队的同学百分之九十是男生,这样使开荒的场面十分壮观,亘古的荒山沸腾起来了。同学们三五人排成一行,齐声吆喝或是喊着口号一起动作,才能刨起根深的老蒿子和狼牙刺。刨地的声音很大,震人心肺!在晴丽的天空下,那些挥镢的健壮体魄,透过飞扬如雾的黄土,又朦胧又有力的动作,再加上欢笑和歌声,确实使人感到了劳动的伟大和青春的魅力!在集体的帮助下,我虽然经受了锻炼,却没有真正过了劳动关。

5月份，我们女生队又都转入延河畔的延安女子大学，这里是百分之百的女学生（在干部中配以少量的男同志）。站岗、放哨、背粮、砍柴都要自己动手。同学们有来自长征的红军，也有来自全国的妇女干部，还有刚参加革命的大中学校的学生。7月20日正式开学，毛主席和一些中央委员都参加了成立大会。女大的校园生活十分活泼生动，除了对马列主义的钻研学习外，还有歌咏、集体舞、篮球、排球，以及大型团体操等等，每当节日，文艺生活都十分活跃。例如女大排练的《黄河大合唱》，由学生会副主席兼俱乐部主任丁雪松请来了鲁艺的时乐濛、刘炽、陈紫来校指导。以后这个歌咏队还参加了冼星海同志亲自在延安排练和指挥的《黄河大合唱》的演出。话剧《秋瑾》演员阵容强大，擅唱秦腔的夏革非同志扮演秋瑾，像邓寿雨、路岩（现在都是白发苍苍的离休干部）当时都是年轻貌美的女孩子，她们都担任重要角色。导演也是鲁艺的著名艺术家，排练十分火热，十分投入。我则在幕后担任提词，也感到十分兴奋。这两大节目都在延安引起轰动。延安的男女比例据说是18比1，因此延河畔上的女大这座学校，曾吸引了多少勇士和英雄的瞩目。90年代曾有100对金婚、银婚夫妇和健在的女大师生，共同回首半个世纪前的浪漫生涯，她们和革命一起经历了风风雨雨，但是她们对革命的信念始终如一，爱情也忠贞不渝。据80年代统计，全国有百名以上的部局级以上妇女干部是女大培养的。她们为中国革命和妇女解放运动做出了不朽的贡献，女大确实是中国革命历史上的一朵艳丽的花葩，永存不谢！她给我和延安的革命人留下了永远的青春记忆。

第一次登上舞台

延安的文娱生活是十分活跃的,这些文娱活动总是和革命事业联系在一起。由于年轻和语言(普通话)的优势,我经常参加一些文娱活动,在抗大清凉山下,新年的时候就和李葳同志一起演过花鼓对唱(她现在是体委的离休老干部)。她是队里的文艺活动骨干,参加过救亡演剧队,是八大队五队的歌咏指挥。她挑选我和她对唱花鼓调,我问,她唱答。不久,我们被调到抗大的五大队女生一队,更加活跃了,除了篮球、排球之外,我还被推选演出舞台剧《郁金香》中的主要角色姐姐。可能是为了纪念"三八"妇女节,内容是有关妇女要参加抗日的问题。这不是小节目,而是一个完整的话剧。当时队领导请了鲁艺的熊塞声同志来辅导与导演。她来延安前是中国旅行话剧团的演员,在天津演出过,小有名气。我们十分崇敬她,虚心听从她的排练,我把她视为自己从事艺术工作的启蒙老师。这是我第一次登上舞台,面对台下数以百计的观众,我的心咚咚地跳着,好像自己都能听到这心跳的声音,我真怕自己演不下去,破坏了整个演出计划。谁知大幕拉开了,台下黑黝黝的,安静极了,好像大家在等待着我们,黑暗中我看不到观众的表情,观众对我没有任何干扰。我按照排练的要求,说出自己的台词,说着说着,我自己进戏了,好像这些台词就是我自己要说的话。由于我们的入戏,台下更安静了,似乎和我们有着共同呼吸,我自如了,忘记是在演戏,好像真正在体验着主人公的感受……戏中演员不多,我们又都没有上过台,却各自努力地共同完成了这场舞台剧的演出。闭幕了我好像还不明白，怎么会这样顺利地完成了演出任务？但是，我却感觉到不再害怕演出了！

1939年5月，抗大女生一队和二队编到了延安女子大学，我是第三班的学生。这里的文化生活当然更是活跃了，在纪念"一二·九"学生运动四周年的时候，我被选去参加抗大、女大联合演出的五幕话剧《先锋》，作者是史行、颜一烟、刘因等，导演是翟强同志，我则扮演女主角——学运的领袖沙红（当时就知道这是陆璀同志参加北平"一二·九"学运的经历）。我原来不是演员，什么都不懂。导演一再指导我：不要软绵绵的，要站直了，说话要有力量些……我非常敬佩导演，努力克服自己的弱点。"一二·九"时，陆璀同志从城门下边隙缝中，英勇地钻进西直门，打开城门，让城外的游行队伍冲进城内会合城内的同学，才形成了震动全国的学生运动（这个素材，听说斯

于蓝在延安。

诺也曾向全世界报道过)。我虽然没有参加"一二·九"运动,但是当时报上的消息天天激愤着天津的学生。在 12 月 18 日那天,天津学联发动支援北平同学的示威游行,学校领导一再阻挠,在大学部的姑姑也十分担心,劝我不要去,但我毅然决然和同学们手挽着手,准备迎接任何危险,随着游行的队伍走上了街头。这些感受我是亲身体会过的。作者颜一烟后来回忆排练时说:当时你没有负担,又有生活体验,进戏快,你是以当年参加游行的激情成功地演出了"沙红"这个学运领袖。过后,我也曾在颜一烟的文章中看到有关田方对"沙红"的赞赏:"这是一个十分文静、善良、质朴、天真无邪的女孩子,没有娇里娇气城市小姐的派头儿,气质上很接近角色,戏演得很成功。"他还很兴奋地说:"这是个好苗子,我一定建议院方把她调到鲁艺来。"(摘自颜一烟著:《大海的女儿》)

可能就是这个原因,1940 年春,鲁艺有两个同志来女大挑选演员,挑选了我和赵路。去,还是不去?当时我已调到女大高级班学习理论,而教理论的老师是艾思奇同志(《大众哲学》作者)和陈伯达。他俩都不会讲普通话,用浓重的地方语言讲课,我一点也听不懂,产生了对理论学习的畏难情绪。我的思想深处很希望学习理工科,将来可以当一名工程师,而延安在当时没有这样的学校。我想先去鲁艺"玩"两年吧!那时对"艺术"二字毫无理解,只是愿意看戏、看电影,看得十分入迷。一个只把演戏看做是"玩",对艺术毫无理解的人,在这种特殊的情况下,却走向了艺术之门!人们常说"难得糊涂",我就这样糊里糊涂地走向艺术之门。我幸运的是:"难得糊涂"却确定了自己一生的道路。

走进延安鲁艺的大门

1940年3月30日,在延水河畔,我和自己的好友赵路,提着小小的背包告别了女大的同学和校园,沿着河边无忧无虑地走向十五里地以外的桥儿沟。当时我们的神态可谓轻松、洒脱,因为就要到自己充满兴趣的鲁艺实验剧团,去投入极神秘而极"好玩"的演员生活了。远处山沟里果然有一座小桥,桥的西边就是鲁迅艺术学院的大门,大门的后边露出了尖尖的教堂顶端。这个场景一下子使我肃穆起来。当时的教堂不再是做礼拜的教堂了,但它却意味着我从此迈进了一个新的领域,那就是神秘而又陌生的艺术殿堂。

我怎么敢于来闯这艺术之宫呢?当时根本没有考虑,现在回想起来,还是很有内在而久远的宿因!记得童年时在哈尔滨,父亲曾带着我们看过上海市一个歌舞团在哈的演出。在那之后,每每在夜晚,我将母亲唯一一件俄罗斯式的丝披巾,偷偷披在自己的肩上,当着"葡萄仙子"的双翼,轻声曼舞仿唱仿跳演给唯一的观众——妹妹来观赏。初中的时候,语文老师介绍我们读过许多世界名著,像哈代、狄更斯、大小仲马、屠格涅夫、托尔斯泰等作家的著作,不管理解多少,我都曾着迷地阅读。他们笔下的人物和生活给我留下了深深的印象。后来在天津,中旅剧团唐槐秋、唐若青父女领衔演出的《茶花女》《女店主》《雷雨》等舞台剧也深深激动过我。进步的电影更是我喜爱的,像电影皇帝金焰、影星王人美、黎莉莉、陈燕燕都是我们中学生的偶像。我们常常幻想着,假如世上能有一座穿着蓝布旗袍和学生装的电影厂,没有金钱、世俗的污染,那我就会投身于它!当时认为这只是梦幻而已,而今天我却真的穿着布衣和草鞋走进了这艺术殿堂。神奇梦幻竟变成现实了,真是没有想到的奇迹!

当我走进鲁艺的实验剧团(它是延安鲁迅艺术文学院戏剧系下属的实验剧团),我的启蒙老师熊塞声迎接我们。她是我初中时代敬仰的中国旅行剧团演员,我到抗大后参加第一个舞台剧《郁金香》演出时,她教过我们如何排演话剧,是一个十分热情可爱的大姐姐(她是东北人,算是我的同乡,后来也是我结婚的介绍人)。她叫我们放下背包,跟她去看排练。排练的是果戈理的喜剧《婚事》,由干学伟同志(在延安扮演列宁引起轰动的名演员,建国后任电影学院导演系第一任教授)和陈锦清同志(已故,新中国第一所舞蹈学校的创始人)扮演男女主角。导演可能是戏剧系的领导张庚同志。他们好像总是不满足,一会儿排练,一会儿讨论,十分严肃,和业余的排练完全不一样,真像是在研究什么学术问题。我有点怕了。熊塞声坐在我身边悄声问:"喜欢吗?"我并不由衷地点点头。她却认真地说:"只是喜欢还不行,这是神圣的事业,我们要把毕生精力献给舞台,我们要死在舞台上!""神圣"二字我懂,但舞台怎么能与战场相比?为什么要死在舞台上?演戏不是"玩",是要死在舞台上!我害怕自己做不到,有些惶惑了。这是艺术生活的第一课。

在鲁艺实验剧团里,学习空气十分浓厚。清晨起来有形体锻炼,王滨同志亲自给我们示范仰卧起坐和一些简单的体操与舞蹈动作,要我们反复练习。王滨同志30年代就是有名气的电影导演,在延安是第一把手的舞台导演,他在延安导演的话剧有《日出》、《带枪的人》等,后来与水华(即张水华)同志联合导演电影《白毛女》。上过形体训练课,还有声乐课,我的声乐老师就是女高音歌唱家潘奇同志(后来她成了水华同志的夫人)。我们学的是美声的发音法,这样的发声法对我后来念台词有极大的帮助。此外我们还可以旁听全校的艺术理论和名著选读,由周扬与周立波两位专家执教。这样,我得到了较好的文化培训。战争使我失去了正常学习的条件,但是,这里给我补上了,甚至学到更多的知识。

周扬亲自为全院师生讲授他所翻译的车尔尼雪夫斯基的美学。周立波则讲文学名著。除中国的鲁迅、曹雪芹外,给我印象较深的有高尔基、契诃夫、陀思妥耶夫斯基、巴尔扎克、莫泊桑、歌德、托尔斯泰等。这些学习确实提高了我的文学欣赏水平和思想认识。例如:讲到《毁灭》(法捷耶夫著),他把美蒂克的外表美好、感情细致但却在关键时刻缺乏自我牺牲精神和性格粗鲁、爱酗酒的木罗式加以对比,使人们对人生的美丑有了较深刻的认识,让我们去爱真正有爱心的人、灵魂美好的人。(周立波同志在解放战争中,深入土地改革,写出了小说《暴风骤雨》,是我最喜欢读的作品之一。)还有鲁艺其他各系,如:美术系的作品展览有木刻、漫画……音乐系的《生产大合唱》、《黄河大合唱》以及戏剧系、评剧(京剧)团的演出,都像春雨润物一样细微无声地影响我们的成长。有时还产生一些有趣的小故事,例如:讲《安娜·卡列尼娜》时,使得年轻的女同志都入迷了,有的女同志竟也喜欢穿上一身黑色合身的列宁装,确实显得苗条婀娜。而那些调皮的男同志就会戏称她们为"安娜",一时校园内着实有几位"安娜"了。这些都给紧张而艰苦的校园生活增加了许多有趣的色彩。

我常常会回忆起鲁艺的校园环境,它是延安附近唯一一座未被轰炸的教堂。据说这是20年代里,由西班牙神父营造的建筑,全部是石头和砖砌成的,有一个可容四五百人的大礼堂,我们戏剧系、音乐系的排练和演出经常在这里举行。教堂的顶端有两个高入云霄的塔尖,两个塔尖上各有一个十字架。建国后,在80年代和90年代我两次回到延安,每次都去了鲁艺旧址,看见它至今安然无恙。教堂身后有绿色的山谷,山谷东西两侧,在山冈上打凿了许多窑洞,上下两排,错落有致。这些窑洞里住着我们的教师和院部办公室。在教堂的院内西侧,有前后两大排平顶的石窑,第一排石窑前还有宽敞的篮球、排球场地,毛主席就在这里做过重要的报告。石窑有圆拱式的玻璃窗户,十分好看,当年是修女或神父的住室,后来则成为戏剧系、音乐系师生学习和生活的场所。文学系在东山,美术系在西山,他们将两三个山头平整为连在一起的小广场,可以散步、下棋、打球或是开会……很有用场。

校门外有一座小桥,平时桥下无水,而夏季洪水暴发,从山谷中汹涌而至,奔向延河流去。许多男同志身着游泳裤(即三角裤)跳入水中,随着洪流游向延河,女同志则惊叫不已。洪水当然给农民带来许多损失,但人们经过互助,很快渡过困难。而延河会因此得到更多的蓄水度,水位大幅度地升高,清澈碧绿,是天然的大游泳池,吸引了多少男女同志在水中戏游,有功底的游泳健儿(男同志),则从几丈高的山崖上的大车道边,纵身跳跃入水,十分壮观。此时多数不会游泳的女同志,也在男同志的保护下学习游泳。我也不会游泳,可学习的劲头很大,自己动手把毛衣裁剪成游泳衣,在我的哥哥于亚伦和他的同学吴梦滨(建国后任新影的摄影师)、边疆(后在公安战线工作)、林农(《甲午风云》的导演)等同志的保护下,学会了仰游。可惜至今我也只会仰游,毫无进步。延河河道蜿蜒,有几里长,再转过一个山崩,又是一处平缓而又宽宽的水湾。这里是女同志在假日里洗头、洗澡的好地方。待衣服晒干后,大家才三五成群地哼着抗日歌曲,走回宿舍。

冬天,延河冰封,又是别样景色。同学们十分珍惜老天爷赏赐的活动舞台,很多人学会用木板和铁条装订起来,自制冰刀捆绑在棉鞋或是草鞋上,在冰上任意滑跑。这个天然的溜冰场和北平、天津的溜冰场相比,毫不逊色。我的哥哥于亚伦是个滑冰能手,有时还能出色地滑出花样。鲁艺的交际舞会也很炽热,我记不清是何时兴起的,但我曾十分着迷,几乎只要周末举行,我都会参加,特别是化装舞会,我更会在物质匮乏的条件下,想方设法使自己很别致地突出来。1942年毛主席在延安文艺座谈会后,来到鲁艺为我们报告座谈会的精神,还参加了我们的舞会。可惜,我却很羞怯,没敢找他跳舞。这些充满着抗日青年乐观主义、浪漫精神的情景,至今历历在目。

这里的生活丰富多彩,除了这些娱乐,大家也和抗大、女大的师生一样,都是自己动手,丰衣足食。我们除了上山开荒、种地、运柴之外,还在校园的边边角角种下了蔬菜,茄子、西红柿、黄瓜……这些都是佐小米干饭的好菜肴,更是有孩子的妈妈们的小乐园。但是,在最困难时期,我们也只能顿顿去吃发了芽的麦糊糊和煮苣叶,苣叶苦涩难以下咽,十分恼人。好在这个困难期不算太久,当我们自己种下蔬菜后,真是丰衣足食,不仅有蔬菜,还可以隔三差五地吃顿肉。

我刚到鲁艺的时候,还在教堂见过两个身着黑衣的老修女。她们雇了两个长工,为她们耕种菜园,我们吃的莴苣叶子就是这个菜园子里挑拣不要的菜叶子。她们的莴苣卖给谁了,我就不知道了(当时鲁艺上下,从领导到学生都吃不到莴苣)。如果有的同志嘴馋了或是淘气,偷了她们的西红柿或是黄瓜、萝卜之类的,她们就会向院领导告状。记得一次,全院开群众大会,为了她们的菜园丢了西红柿,严肃地批评了那些调皮的同学,进行了遵守纪律的教育。日子久了,就见不到她们了。她们搬到哪去了,我们更不得而知,但是,她们确实受到陕甘宁边区政府保护,我想一定是安全地、有条件地搬到陕甘宁边区以外更远的地方了。渐渐地我们也把她们忘得干干净净了。

这是在紧张、严肃、刻苦、虚心的校风中,上课、排练、学习之余,校园生活中的二三事。而这些丰富、生动的鲁艺校园生活是那样深深、深深地留在我的心底!如果大家都来回忆这些趣事,会大有可写哩!而且可使人们知道延安的生活是多么丰富可爱而令人难忘呀!

我很幸运,到了鲁艺不久,就参加了四幕话剧《佃户》的排练。是剧作家王震之同志的剧作,导演是王滨。男主角是田方,他扮演一个受伤致残的抗日士兵,扮演佃户老农的是张守维同志(在电影《白毛女》中饰演杨白劳)。还有一些角色也很重要,例如:青年农民扮演者是张成中,农民寡妇由李莫愁扮演,佃户女儿银子则由我来扮演。剧情我已记不清了,但却记得排练是十分严肃、认真的,演出后,也受到好评。而我的启蒙老师熊塞声却面对着正在化装的我说:"你们不是在演'英雄和美人'吗?"我听出来了,毫无表扬的意思,却是批评和讽刺!"英雄"指的是扮演青年农民的张成中。我是一个新入团的年轻人,当然不敢反驳,可是心里想,农民也有漂亮的姑娘和小伙子呀,化装漂亮一点有什么不好?这是我当时的真实心态。但是,她这句话,过后常常在我脑子里闪现,知道她不只是说我们化装如何,而是说这两个农民角色,我们没演成功。我怎样才能演好农民?这是我日后常常思考的问题。

由于敌后战争的激烈,向前方输送干部比较困难,鲁艺提出了努力提高的宗旨。因此,文学、美术、音乐、戏剧各系都在这方面做了努力,实验剧团就排练了契诃夫的三个独幕剧:《求婚》、《蠢货》、《钟表匠与女医生》。我在《求婚》中扮演一个地主庄园中未出嫁的老处女,范景宇(现在是中国儿童艺术剧院的著名编导)扮演一位向老处女求婚的地主,老处女的父亲则由刘镇扮演。导演是已故的中国舞蹈学校的创始人陈锦清。剧本的语言幽默、犀利、夸张。范、刘两位已是优秀的老演员,他们都曾在曹禺名剧《日出》中扮演过精彩的角色,范景宇出奇的刻画了胡四,刘镇饰演的黄省三感人心肺。这次能与他们一起排练真是一个学习的好机会。在他们的影响下,我对剧中人物与他们的生活环境有了初步认识,了解到一些他们的心态和形象。在导演的指导下,我大胆地在胸部和腹部加上了棉垫,使人物成为一个肥胖而跛扈的老处女,初步做了人物造型的尝试。这是我在潜意识中接受不能演"美人"的批评,但是根本谈不到在表演上如何得到提高。不过也确立了一个思想,即演员不必只珍惜个人的形象如何,而更重要的是珍视角色的形象。这时还根本谈不上什么"性格化"的问题,只是不愿再去演"美人"而已。

初读史坦尼

这里我想讲点戏剧专业上的学习情况。延安和整个陕甘宁边区被国民党重兵围困,交通落后不便,书籍的来源可以说困难而又困难,但是延安的人们渴求知识的要求,使他们千方百计努力地去寻找书籍。鲁艺实验剧团是戏剧系的实验单位,类似今天大学院校中的实验室,以排演抗战戏剧及中外名剧来提高艺术创作水平,为抗日战争动员群众而出力,所以学习空气十分浓厚。我们剧团经常和戏剧系的同学一起学习专业课,当时戏剧系的主任张庚请了鲁艺的天蓝、曹葆华教员(其实称之为教授也不为过,他们都是真正的大知识分子,早在国民党统治区就已有很大影响了)为我们翻译了《演员的工作》(拉普泊著)、《导演的原则》(李哈瓦著)、《论演员》(史坦尼斯拉夫斯基著)等,并将其编辑成《戏剧教程》,由延安的新华书店出版成书,这是大家最重要的课本。1940年水华同志到延安又带来史坦尼斯拉夫斯基的《演员自我修养》的前八章及俄文版的后几章,系章泯同志(原电影学院院长)翻译。这时戏剧系和剧团形成了浓烈的学习史坦尼气氛。当时把有关"注意力集中"、"想象"、"情绪的记忆"、"交流"等段落由水华同志讲解并带领大家进行小品练习。记得剧团在做"情绪的记忆"时,我回忆起自己幼年失母,害病时祖母的关怀给了我无限温暖的许多细节时我竟哭了起来……那时由于只有"自我修养"的前边几章,做法上比较重内向,致使有时表演容易离开主要的内心动作而去表演情绪。1941年我们剧团结合学习史坦尼方法,排练了刘因所著四幕话剧《中秋》,由张庚导演。

排练前的案头工作十分细致,每句台词都要寻找出"潜台词"。戏中没有安排我的角色,我也十分认真在旁边记笔记,因为"潜台词"可以把我们引进人物的内心世界。这是我第一次学习怎样走进角色内心世界的创作方法。演出时我负责服装工作,可以说也是按照史坦尼精神的要求,努力做到真实。我记得,戏开演后,我把服装分发完毕,十分劳累,就在舞台的楼上(是可以看演出的地方,但我们作为服装道具间了)小憩起来。过了一阵,我醒过来,台下十分安静,我以为散场了,马上爬起来向观众席望去,哎呀,还没闭幕,只剩下寥寥无几的观众了。戏演到哪儿了?仔细一看只是第四幕的开始。这是为什么?看来戏很不吸引观众。那么努力地准备与排练,为什么不受观众喜爱与欢迎?后来我明白,因为戏过分沉缓悲伤,缺少动人的戏剧动作,吸引不了观众。戏的演出虽然不成功,但我认为仍然是一次极好的学习机会,对戏剧的真实性、思想性、生活气息……都有极好的探索,接近了现实主义创作方法的内核,是一次不成功但又极宝贵的学习实践,为我们日后的工作打下了坚实的基础。说到《中秋》的作者刘因,他是鲁艺三期戏剧系毕业的同学,他结合生活实际和抗日战争的需要,写出的许多作品都是短小精悍,形式活泼,通俗易懂,很受群众欢迎,因此曾获得了"青年创作奖"。《中秋》是一出四幕悲剧,它既得到一定肯定,又有明显的不足。六七月间演出后,他再三恳求,经周扬同志特别批准后回到敌后体验生活,准备三年以后再回院写作。他在敌后深入基层,立场坚定,平易近人,处处为群众着想,深受群众喜爱与赞扬。抗日战争胜利了,又爆发了内战。1946年9月,在国民党进犯中,他带着一个小分队遭到敌人包围与堵击,为了掩护其他同志撤退,他自己留下,因脚踝受伤,敌人逼近,他用最后一颗子弹对准了自己,壮烈牺牲,再未回到鲁艺。他是富有才华、性格内向而又深入生活的好作家、好同志。听到他牺牲的消息我痛惜不已。

"你就这样当龙套跑下去吗?"

到延安的人,不论从事何种工作,大都怀着一切为了抗日、一切为了革命的纯净心灵,文艺工作者也是这样,根本不考虑什么名利问题。在剧团里每个人既是演员,也是舞台工作者,大家从不计较把自己放在什么岗位上。1940年春我到剧团后,很快就演了《佃户》中的女主角银子。接着在排练契诃夫的三个独幕话剧中,我又在《求婚》中扮演老处女,也是独幕剧中的主角。而在1941年演出《中秋》时,我又担任了该剧的服装保管工作,既要从仓库中找,又要到老乡家去借,再加整修、保管都是我一个人。工作中我努力做到处处都要有创造性。解放战争中我在大连为《血泪仇》管服装时,还要在半旧的衣衫上用色笔或白粉画染出汗渍与污斑,做旧、做破,既真实又自然,做好这些活儿也成了我们心中的骄傲。

1941年冬天,剧团里一位老演员安玲同志(只是资格老,其实年龄只有二十几岁),在反映"皖南事变"的话剧《白占元》中任女主角。当时她刚刚生下一个小宝宝女儿,为了保证当妈妈的正常演出,我则在距礼堂(当时没有剧场)很远的一间三平方米左右的小房间内照看她的孩子。四周没有人烟,大风呼号,很是怕人。小家伙刚刚满月,一把屎,一把尿,弄得我手忙脚乱,虽是冬天,还满头大汗,连害怕都顾不上了。《白占元》这个剧目演完,安玲同志才能来喂奶。为了他们能演好戏,我没感觉任何苦,反而觉得自己还真不简单。这年年终总结时,我获得了奖励,被选为二等模范还是优秀工作者,就记不太清了。

于蓝和田方结婚后在延安鲁艺的生活照。

我们平时在校内排练,而演出不是在马列学院礼堂(也称党校礼堂),就是在南门外边区政府的大礼堂,后来又有一个八路军大礼堂。这三个地方都离剧团有十几二十里路,每次演出任务结束,舞台上的幕布、布景、道具、汽灯全要卸下来送回剧团。我的丈夫田方,他经常演主要角色,也是剧团的主要负责人之一,但他每次都带头和年轻的同志们去拆卸、打包、装车,然后总是叫别的同志随队先走,他自己押后,赶着马车回去。这时我当然要留下,他也不拒绝。同志们走了,他把我扶上了车,不让我走路,原来他已在车上为我留下了一个可以坐的小空隙!十冬腊月,天寒地冻,可能同志们已经到了驻地,而这辆老马破车却仍在冷风中颠簸。生活虽艰苦,但在苦中充满了甜美的滋味,特别是在秋夏之际,又是另一番景色,静悄悄的马蹄声伴随着天空中的月色和闪烁的群星更让你感到劳动后的收获,是那样甜美!

后来,在延安文艺座谈会之后,鲁艺的同学们演出了群众喜闻乐见的秧歌,闹起了新秧歌运动。因为我来自大城市,对民间的艺术一无所知,我就跟在秧歌队里,做个跑场子的小角色。跑场子,就是带头的两个人(老秧歌中叫伞头),边领唱边领着秧歌队在随唱中扭秧歌步,跑出一个大圆场子,把中间空着,然后大家坐在地上,以备小节目的演出。我和很多同志包括老师、剧团领导都在秧歌队中;也有的教员只负责举着标语牌,像著名的音乐指挥李焕之就担任过这种角色,然后他们站在乐队的两旁,形成一个面向观众的大扇面。当时熟悉民间艺术的同志,一下子在延安红了起来,大家都为他们和"鲁艺家"秧歌队走红、唱红而感到高兴。可是有一天,一位从上海来的同志,忽然问我:"于蓝,你就这样甘当'龙套'地跑下去吗?"我真的听不懂他的意思,愣愣地睁大了眼睛望着他,表示不明白。他"笑"着走了。事出突然,所以印象也很深。多少年后,我才明白,他比我年长,又是从十里洋场上海跑到延安,那身上多少烙下了名利观念的印痕,他不能理解年轻人没有名利的纯净思想。

参加延安文艺座谈会的代表们在一起。

革命工作不分高低贵贱,只有分工的不同,我在鲁艺的演出中早就形成了这一牢固观念,对于那些劳动在基层的人民群众,我更是由衷地热爱他们。我至今珍惜在革命队伍里,由革命前辈用烈士鲜血浇灌的思想篇章对我们进行的教育,那是我做人、从艺的起点。这些熏陶使我们的血管里能流淌着与祖国和人民共命运的血液。我们努力要求自己创作人民喜爱的艺术,而不是只爱艺术中的自己。从起点到漫长的革命战争和祖国建设的坎坷历程,都锤炼着我,燃烧着我。我带着这些深重的感情去理解角色,创造角色,确实使我能获得角色的真情实感,从而使角色的心和我的心融为一体。甘当"跑龙套"的小角色也会成为人民的演员的。我们北影剧团有一个叫封顺的老演员,一辈子没有演过主角,却演了一百多个小角色。他为了人民电影的艺术画廊贡献出全部生命和创造力。难道他不是一个令人尊敬的艺术家吗?!

他们为什么不喜欢我们的艺术?

1941年6月22日,苏德战争爆发,全世界形成了反(德、意、日)法西斯的大同盟,我们准备了支援苏联反法西斯的宣传,美术部主办了7月宣传展览,音乐部主办音乐演奏会。戏剧部则演出了刚由天蓝同志翻译的反法西斯独幕剧《海滨渔妇》,由水华导演,我和王大化、王家乙等同志担任主要角色。我扮演的是苏联的少女,从我的年龄到化装、服装(有同志设计和制作,用最粗糙而价钱便宜的布料制作),均较好地达到了角色要求。而王大化(延安著名演员,饰演过马门教授,新秧歌运动的创始人之一,已故人民艺术家)、王家乙(已故著名电影导演,曾导演《五朵金花》)等更是老演员。这个戏在鲁艺的校内演出效果很好,尤其是在剧中我唱了两句简单的俄罗斯民歌,虽然我的音乐素质极低,但教堂内的共鸣好,使得声音十分悦耳美好,也受到赞赏。当7月底,戏、音部组成宣传队出发到安塞、排庄等地进行援苏反法西斯宣传时,又加演了一些活报剧,像《傻子打游击》《希特勒末路》《工人之家》《活捉鬼子》等。没想到活报剧更受到当地群众(有兵工厂的工人和附近农民群众)的热烈欢迎,而对我们演出的话剧《海滨渔妇》则是反应一般。甚至有的观众对我和男主角拥抱很反感,说是"婊子";对音乐的口琴吹奏也说成为"啃骨头";对男低音独唱(唱的是外国歌曲),也讥讽为牛叫。如果站在居高临下、指手画脚的地位来说,则可认为当地的工农群众太

"落后",没有见过世面,接受不了。而真正为人民群众演出的文艺家则应很好地反思这是为什么。那次到群众中演出宣传的许多节目,不是那么受到群众喜爱。现在当然明白这是脱离了观众的实际,但作为我,当时心中真有些灰溜溜的,还一点不知道自己是脱离了群众,脱离了实际!

后来我又参加了苏联尼·包哥廷写的革命历史剧《带枪的人》的排练。这是三幕十二场的大型话剧(也是鲁艺实验剧团和戏剧系的同学同台演出)。这次排练极为正规、严肃、认真,学院也投入了极大的关怀和支持,调动了一切力量。由王滨、水华任导演,干学伟饰列宁,严正(中央戏剧学院的教授)饰斯大林,田方饰雪特林(男主角),我的哥哥(五期戏剧系学生)于亚伦饰工人代表契尔卡夫,王家乙饰水兵代表……李丽莲、张昕、邸力、张平和我以及许多同志都参加了演出。这次从布景、化装、服装、道具都下了大力气并极富有创造性,化装由美术教员许珂负责列宁的造型设计,钟敬之负责斯大林的设计,都极为成功。当干学伟饰演的列宁从斯莫尔尼宫走廊(后景)走向前台,剧场震惊了,开始一点声音皆无,后来突然间暴风雨般的掌声响彻了剧场,列宁的扮演者干学伟成功地饰演了这个伟大的人物,得到了观众的认可。田方则是全剧的主人翁,他饰演一个农民出身的普通士兵(不是红军)。他不想打仗了,想回家买牛种地。当他拿到了一张《土地法令》,在斯莫尔尼宫找茶看到列宁时他不知道是谁,竟问列宁茶在哪。当列宁看到他怀里露出《土地法令》一角时,列宁告诉他白匪正向苏维埃政权反扑,"你能放下枪吗?"雪特林惋惜地回答:"恐怕不行!"列宁肯定了他的看法,说:不打仗怎么能保卫苏维埃政权呢!并告诉他放茶的地方,自己走进了办公室。当雪特林知道这个同他拉家常的人就是列宁时,他又惊又喜,猛然"砰"地一下丢掉了空茶壶,叫着跑着去参加了红军。这是全剧一条主线。雪特林的妻子和妹妹均在大富豪家做仆人。我饰演妹妹,张昕饰演他的妻子。戏于1941年12月26日上演,一直演了半个月,获得了极大的成功。特别是田方饰演的雪特林和干学伟饰演的列宁,轰动了延安。而我的角色创造,应该说平平。因为她是沙俄时代贵族家庭中的女婢,自然和《海滨渔妇》中充满激情的少女迥然不同。她应该是什么样的呢?尽管我读过许多沙俄时代的小说,但是头脑中仍然没有具体的形象感,所以始终未演出富有个性的人物。但干学伟和田方的成功,全剧的成功,都给我以极大的欢快感。我认为这出戏既展示了延安鲁艺的人才济济,又是我们排练大型话剧宝贵的学习实践。

1942年春天,毛主席发表了《整顿党的作风》的报告,连同《改造我们的学习》,整顿学风、党风、文风,掀起了整风运动。在整风学习中,我们学习了许多历史文献,对比了旧民主主义革命和新民主主义革命的不同之处,使我理解了孙中山先生所领导的资产阶级民主革命之所以失败的原因,而根据中国国情的、中国共产党所领导的新民主主义革命(为共产党的最低纲领)十分正确。党的最高纲领是为共产主义而奋斗。这时我虽入党已三年,但此时才是真正自觉自愿地皈依共产主义理想。这个理想当然也和自己所从事的艺术事业密不可分,我所从事的文艺事业正是这个伟大理想的一部分。从这时我才开始理解熊塞声大姐所说"光喜欢不行,要死在舞台上"的意义。

在整风精神的鼓舞下,为了纪念七七抗战五周年,刚从前方归来的陈荒煤同志和姚时晓、水华等同志合作写了多幕话剧《粮食》,他自己又写了独幕话剧《我们的指挥部》。剧本的素材都是他在前方部队生活中的亲身感受，所以两个剧本都写得真切而富有生活气息。他还请了前方的军事指挥干部像陈赓、周希汉等将军来指导排练，演出效果和我们排演《佃户》与《中秋》时则大不一样了。由于作者和实际工作者的生活实际、战斗的实际都给排练注入了生活与真实的血液，确实给剧作增色不少。特别是《我们的指挥部》(王滨导演)在陈赓和周希汉同志的帮助下，第一次让工农红军出身的八路军指挥员(田方饰)与政工人员(王大化饰)登上舞台，两位演员熟练的演技加上对八路军的热爱，同时又有两位指挥员在身旁指导，他们既学习又观察，使他们生龙活虎地把八路军指挥员的形象第一次成功地展现在舞台，受到延安观众的热烈欢迎。《粮食》的演出，也有二位司令员介绍斗争的情况，演出很成功。我在里面扮演了地主家里心地善良、拥护抗日的儿媳，虽然完成了任务，但绝不像田方他们演得那样真实动人。我因为被熊塞声大姐批评过演"美人"，这次当然不愿再出现"美人"了。怎么才能把农村的妇女也像田方他们那样演得真实生动呢？我曾企图加点外形动作，如"左撇子"、"罗圈腿"等，但试着试着我又取消了，逐渐认识到这些外形的动作，解决不了真实人物形象的刻画。我感到自己好像到了艺术殿堂的门口，却不能走进艺术殿堂，似乎有一个高高的门槛，我迈不进去，一直徘徊在殿堂门前，这时才有点明白愿意死在舞台上还真不那么容易！也就是说你必须创作出既真实又生动的人物形象，才能真正迈进艺术的殿堂。

迈进艺术殿堂门槛的第一步

1942年,在抗日战争最艰苦的阶段,延安进行了整风学习。作为一个21岁的青年,我自然不懂它的重要意义。但是,学习了毛主席的《改造我们的学习》、《整顿党的作风》、《反对党八股》等文章之后,我懂得了一切工作要从客观实际出发,主观主义、教条主义、宗派主义都对党的事业危害极大。

这一年,毛主席还召开了延安文艺工作座谈会,会上他做了重要的讲话。可惜,我太年轻,没有资格参加这个会议。正在遗憾中,毛主席在会议之后(5月30日)就来到了鲁艺,给鲁艺的师生吃了"小灶"(当时,毛主席的"讲话"尚未公开发表,院领导周扬同志请他先给鲁艺的师生吃点偏饭)。毛主席深入浅出极为生动地把"讲话"的精神讲给我们,并号召我们要走出"小鲁艺"到"大鲁艺"中去。之后很多同志深入农村,取得一些成绩,像文学系孔厥与葛洛写出的《郝二虎》、《苦人儿》、《父子俩》;1943年的元旦和春节,我们鲁艺戏剧系、音乐系的师生们创造性地演出了群众喜闻乐见的秧歌,如《拥军花鼓》、《赶驴运盐》、《兄妹开荒》、《挑花篮》(即《南泥湾》)、《胜利腰鼓》等。经过整风和学习文艺座谈会的讲话,鲁艺呈现出生动活泼的创作局面。

1943年,在这红红火火的日子里,党把整风转为审干。7月里国民党蒋介石、胡宗南又掀起第三次反共高潮。在这个高潮中,康生做了"抢救失足者"的报告,从此陕甘宁边区各机关、学校都陷入"抢救运动"之中,鲁艺自然不能例外。由于自己对党的信任,也确信一定有反共分子钻进了革命队伍,因此对"反共"分子也就十分警惕。一次我所在的实验剧团召开"坦白"大会。"坦白"的人竟是和我同台演出过的一位同志。在他"坦白"的过程中,坐在我身旁的一位女同志,手臂不断发抖。因为我俩坐得很靠近,我马上就感觉她在颤抖。由于我的忠诚,又由于我的幼稚,认为她一定也有问题,我向党组织汇报了。当然,我不去汇报,因为"坦白者"的"坦白",也会使她遭受审查。因为她和"坦白者"是同一团体来到延安的。当然后来他们经过甄别都没有问题。可是我还在奇怪,没有问题为什么会颤抖?多少年后,我才明白,一定是"坦白者"的瞎编硬造,使她气愤而颤抖。而我幼稚的汇报,当然会加重她"问题"的"真实性"!

"抢救"越来越深入,不是大会上"坦白",就是小会里"帮助"。凡是国民党统治区的地下党员或是靠近党的知识分子,几乎都被说成是国民党的红旗政策,而成了"抢救"对象。我庆幸自己所在平津一带还没有发现这样的"特务"分子。有一天又召开了大会,会上却出现了由平津一带"混进革命队伍"的"特务"分子,在做"坦白"交代。我莫名其妙地紧张起来,会不会也牵连到我?这时,我发现剧团审干的领导人朝我走来,我突然心跳起来,脸也热了起来。他果然走到了我的身边:"于蓝,你过来!"我几乎不能自持了。此时,他才低声地说:"现在有问题的人多起来,人手不够,组织上叫你帮助照看一下××,让她和你同住,千万不要让她发生意外(防止自杀)。"我的心放了下来,虽然自己也知道自己没有问题,不知为什么就有恐慌心理。当时,几乎大部分人都受到了审查,在这种"特务"包围的气氛中,有个别的同志经不住逼、供、信而丧失了生活的勇气,自杀了。但是这些还未能使我认识到"抢救"运动有什么错误。

这一年从夏到冬,一边是"审干"("抢救"),一边还要演出,演出的节目也都是配合有关"抢救"的内容,例如:《张丕模锄奸》(捉特务的内容)、《赵富贵自新》(陕甘宁边区的商人,被国民党强迫加入特务组织,回到边区后自新),也有揭露国统区迫害老百姓的剧目,如《夫妻逃难》。一直到苏联十月革命节斯大林格勒战役胜利后,鲁艺才有了欢乐的气氛。

冬季,12月初,鲁艺组成有42人参加的鲁艺工作团,到绥米专区进行巡回演出。在四个月的时间里,除了最初的日子仍有"抢救"的阴影外,由于大部分时间和人民群众同吃同住,和他们生活、创作、演出都在一起,所以每个人的面目都发生了极大的变化。根据群众的生活,我们创作的《减租会》、《惯匪周子山》受到群众热烈欢迎。后者还获得陕甘宁边区文艺甲等奖。当我们满载胜利果实回到延安之后,听说中央已发现"抢救"运动中的逼、供、信造成了严重的后果,为纠正各种错误做法,进行了甄别平反。组织上宣布,除了个别人之外,大部分被"抢救"者都没有问题。我既高兴又糊涂,为什么不久前还说大部分人有问题,现在又说大部分人没有问题?为此,我曾询问戏剧部的领导张庚同志,他深思了半天说:"党经过了调查,甄别大多数同志是没有问题……张水华真是好同志,他一点也没有瞎说,没有给组织上造成任何困难。"当然,此时我也没有明白"抢救"运动错误的严重性,我只知道张水华也经过了"抢救"。当时他背着那样沉重的包袱,在工作,在创作,就是在那个时期他排出了像《张丕模锄奸》、《赵富贵自新》、《刘二起家》等优秀剧目(这些剧目是他和王大化、王家乙等同志共同创作出来的)。而且日后我也才知道,他们都是历经了"抢救"这场灾难的。90年代,水华同志逝世了,我们为他编辑遗稿,在他的日记中,我发现了他对这段生活的记忆:……我白天里,全心全意投入创作,心情很好,我是一个人,而夜间我又要被他们……(指逼、供、信),我是一个鬼……。(大意)他度过了好几个月的人鬼交叉的生活,还能那样执著地创作出美好的艺术节目。看到他的日记,我的眼睛潮湿了,多么纯真,多么执著!不管遭受怎样的误解,还要为革命去工作、去创作!这就是那个时代的人!

整风给我们以极大的学习收获,我们提高了对马列主义和中国共产党的认识,可是"抢救"运动却也给多少同志以巨大的伤害呀!它违背了马列主义"实事求是"的原则,主观臆测,偏听偏信。最后由于毛主席做了总结和道歉,所有被"抢救"的好同志和我们这些未被"抢救"的好人,又都忠心赤胆地谅解了这次错误的运动——"抢救失足者"。但,"逼、供、信"和"打击一大片",却在我的心底留下了深刻的印记,这使我在"文革"的后期,有了比较清醒的头脑,任你如何诱导,我都能坚定地不去承认自己是什么"分子"!

我们鲁艺当时结合整风学习,批评了自己在办学中有关门提高、脱离群众的倾向。当然,在当时的批评中也难免有的地方批评过了头,事实上把面向群众的普及与提高结合起来,才是完美的。毛主席也说群众不能只欣赏"豆芽菜"也需要提高,这才是辩证的,没有提高的那些学习与实践,新中国成立后如何能适应全国人民不同地区不同层次需要呢?问题是不能脱离实际,不能脱离群众!

认识是容易的,但做起来却很困难,直到1943年元旦时,才有张鲁、安波、马可、关鹤童、刘炽、王大化、李波等同志运用秧歌搞出些小节目,用旧的形式(伞头领唱的仍是画着丑化的花脸)填写新的内容,如花鼓、旱船等十分受欢迎。紧接着春节开展拥军爱民宣传,鲁艺组成大秧歌队,总结了用旧形式化装演出新内容的秧歌剧的不足,将原来丑花脸的化装改变成新时代的人民形象,把"王小二开荒"改成"兄妹开荒",把秧歌队的旧戏装全部改成头扎白羊肚毛巾,内着红兜肚,外套天蓝色上衣的农民装,队员们个个飒爽英姿,伞头也不丑化地画白鼻子花脸,换成工农装束,手持的道具不再是扇子和伞等等,而是镰刀斧头。又把推小车的俗套改成反映陕北风情的"运盐队"。秧歌队每天要为农民演出五六场,深受群众喜爱。群众奔走相告:"鲁艺家"秧歌队来了!"鲁艺家"秧歌队美匝了(太美了)。周扬同志高兴地说,"'鲁艺家',多亲昵的称呼。过去关门提高自称专家,群众并不承认。今天,刚放下架子,做了一点点事,群众就称呼你们'专家'了!专家不专家还看他与群众结

于蓝在延安礼堂外表演秧歌《挑花蓝》。

合不结合,这头衔要群众来封!"(大意)一下子由鲁艺的秧歌掀起了新的秧歌运动,群众的欢迎给大家上了实实在在的一堂课。

这一年(1943)的冬天,鲁艺的戏、音、文、美四个系的同学们,还有实验剧团和部分教师组成的鲁艺文工团,在秧歌队的基础上,再带一些小节目准备深入绥德分区为老乡演出。出发前队里做了充分的思想准备,专门请了下过乡的同志来做报告。记得那位同志讲了三条毛巾的故事。

他讲:我为了饭前洗手能擦得干净些,就把一条毛巾挂在自己的床头,留着自己用。我在下边做到了同吃、同住、同劳动的"三同",只是这条毛巾希望自己专用。谁知我和农民同胞感情、生活都很融洽,所以他们竟然不管我有什么习惯,每天手洗也不洗就用我这毛巾去擦。弄得我没办法,又换了一条新的挂在那儿,可是他们并不在意,依然又用这条新毛巾擦了他们的手。在我换到第三条毛巾的时候,他们还是用它擦手。这时我才明白,他们和你已十分融洽,真的不分彼此了,我干什么硬要保留自己的习惯呢!这位同志告诉我们要做好精神准备,农民没有条件讲卫生,你要和他们打成一片,就要先放弃自己某些习惯……当然,我们决心和农民打成一片,所以学习八路军为他们打扫院子、担水。因为水少,我们一班七八个人同用一脸盆水来洗脸,女同志则和老大娘或小媳妇同睡一铺炕,同吃一锅饭……真正做到了"三同"。但是除了对农民的生活习惯有些了解外,自己还没有感到有什么重大的收获。一天,在双谷峪参加一个治安烈士的追悼大会。我和作曲家张鲁同志表演打花鼓,歌词也改填为悼念烈士英勇牺牲的内容,装也化好了,只等着正式开会。这时我在幕后看到民兵们扛着红缨枪,老乡们排着队坐在山崖畔上，会场虽然整齐肃穆，但因没有开会，所以仍有悄言碎语的声浪充满会场。突然间，会场静下来，大家的目光都扫向人群的背后，我也抬头望去：远处有一老人牵着一头小毛驴，上面坐着一位妇女，缓缓走向会场。从头髻上的白色标记来看，这是烈士的妻子，她穿着旧棉衣，腰间系着厚厚的粗毛线织成的腰带，她没有哭，没有喊，却给人十分悲痛的凝重感。会场静极了，她那无声而悲哀的神态，使我感到她既是农村妇女，又不同于一般的农村妇女。你可以从她的神韵里看出这是悲伤与觉悟的凝结，她悲痛，但是她克制住了。她并不漂亮，可以说很普通，但却震动着我，她的神韵里透露着真实和自然的美，这美具有引人注目的魅力。不久后在我们排演多场歌剧《周子山》中，她的形象对我的角色创作起了极大的启迪作用。多少年后，我才体会出：她的神韵正是她和丈夫在多年的劳动生活中和地下斗争中所磨炼出来的精神气质。这气质正是演员创造任何一个角色时都应捕捉的东西，有了它才可以达到与角色神似的境界。

　　《周子山》原名《惯匪周子山》。这出戏的排练，第一次使我懂得真正有了生活的底蕴，才能迈进艺术殿堂的门槛。这个剧也是我们在边巡回演出边进行创作的情况下，根据土地革命时期一个真人真事而创作出来的。真人原名祝子山，原是中共党员，由于个人主义的膨胀，贪图享受，后来受敌人拉拢背叛革命而投敌。在我们攻打敌人部队时，又把他俘虏过来，并关押在牢内。张庚、王大化、水华、马可、贺敬之等同志听到这消息，亲自到狱中见了这个反面人物，同时还访问了一些土地革命时期的农村干部。剧本写好了，但是排练却失败了。演员把歌词唱完了，就不知自己该做什么和怎么做。排练中大家感到干巴巴，毫无兴味。这是为什么呢？后来张庚、水华等决定把参加过土地革命的一位干部申红友请来，帮助看看。申红友不仅参加过土地革命，而且很有点艺术天才。当他看见饰演红军小队长的刘炽（已故，著名音乐家）穿着红军军装上场时，申红友问："你这上哪去？"答："到马家沟。"申说："那是白区，你怎穿着这身衣服？这样不是暴露了吗？"丰富的生活底蕴竟使他成为有才华的"导演"了！他叫刘炽换上老羊皮袄，反穿着，说如果遇到敌人，这样一趴下，就和羊群中的羊一样了。由于他的启发，演员的思想活跃了，刘炽手拿起赶羊鞭，左顾右盼，动作自如可信。当我饰演农民共产党员马洪志的妻子前去开门时，申红友止住问："是谁？是自家人吗？有暗号吗？……"这一系列的问，止住了我马上去开门的单纯动作，不由得听听是谁，噢！又用心数了敲门的声音，明白了是自己人，这才去开门并向饰演马洪志的王大化示意，"是自家人"！单纯的开门和心中有了具体的判断再去开门，显然不同。接着马洪志端着油灯出来了。申红友又止住他，问："这时啥时候？""半夜。"王大化回答。申红友说："对着哩，这是深夜，咱农村深更半夜有人家点灯吗？"王大化摇头表示当然没有。申接着说："对呀，你怎么就这样带着灯出来了，不怕人家查看？这就要坏事了！"又叫坐在一旁的人快去拿个盛米的斗来，很快盛米的斗找来了。他叫王大化把油灯遮在斗内，一手举着斗，一手扶着灯再走来。一下子，这样短短的开头，就把农村地下党的生活，真实而生动地再现出来。这样《周子山》从头到尾经过这位天才"导演"的点拨，戏的面貌马上不同了，既充满真实的生活气息，又再现了土地革命时期农民的壮志豪情。我们每个演员根据自己对绥德、米脂农民生活的了解和剧情的发展，都很好地演绎了各自担任的角色的任务和性格。我在双谷峪看到那位烈士妻子的神态,使我找到了角色的气质和动作中的自我感觉,比较成功地塑造出革命的农村妇女形象。我的战友孙铮(她新中国成立后在电影学院任表演教师)当时从新四军归来,看后十分兴奋地说:"你这个人物形象,富有泥土气息和艺术魅力,我十分喜欢。"我敢说全台每个角色都演得十分成功,就连群众冲打贺龙寨的幕间戏,每个人物的造型都各自不同,而又都充满了农民的革命激情。戏在绥米一带演出十分轰动,开春后回到延安还做了汇报演出,并获得了陕甘宁边区文艺甲等奖。

这次的排练实践,使我懂得了"生活是创作的源泉"这一真谛。真实地生动地反映生活,才能创造出艺术魅力——美。一切违反生活真实的所谓的"美",都不是真正的美,也不会为人们所接受。走出了"小鲁艺",投向"大鲁艺",这才是我真正迈进艺术门槛的第一步。以后,我执著地沿着这条路进行创作,不投机,不取巧,不怀任何侥幸心理地走深入生活进行创作的道路,去塑造真实的人物形象,去寻找真实的美。

四 爱情与家庭

"文革"后,朱小鸥同志写过《他们曾如此相爱》,霍达同志也曾写了《绝唱》,都是写田方与我的爱情生活,由于她们对我们两人的偏爱,把我们写得太完美了。其实生活是充满着撞击和矛盾的,我们的结合真是有点儿意想不到的机遇。古人云"千里姻缘一线牵",其中包含了多少意外而又必然的逻辑性呀!我们的结合是美好与幸福俱在,但真实的生活中必然存在着不少的辛酸和苦涩。现在反思起来,这些苦涩更多是由于我的幼稚无知,或者是由于我的弱点所造成的。但是,经过生活的磨炼,使我逐渐成长。这样,我才真正地认识了田方,理解了他。可是,就在这不久后,他却永远地离开了我和孩子们。直至今日,我仍怀着无限歉疚与永远的爱意思念着他。

"田方喜欢的是你"

1940年春,我被调到鲁艺实验剧团,开始了演员生涯,学习、生活都十分愉快。一次傍晚乘凉,意想不到的事情发生了。和我一同参加革命又一同调到实验剧团的赵路,悄悄地告诉我:"塞声大姐把我找了去,要给我介绍男朋友!"

我漫不经心地问:"是谁?"

她脸微微地红了起来:"田方!"

田方!这个名字使我震动了,心里有一种说不出的滋味!我不安地问:"那你呢?喜欢他吗?"

"我早就喜欢他了!"她真挚地说着。

我的心跳了起来,马上意识到这是不可改变的事实了,我要为她祝福,我要把自己心底的秘密锁好,她是我生死之交的好姐姐,我愿永远放弃自己心中最初闯入的偶像。夜深了,赵路睡着了,我却怎么也难以入睡。我的思绪回到初中的少年时代。当时虽然没有"追星族"这个词语,但是,中学生几乎都有自己崇拜的电影明星,把他们当做偶像。那些富有青春气息的明星更是备受学生们的宠爱。我的偶像则是电影皇帝金焰和外号野猫的王人美。由于他们主演的电影《大路》和《渔光曲》风靡全国,电影报刊也常有对他们的介绍。最引我注目与惊奇的是,他俩由相爱,到身着学生服装,简朴地举行了婚礼,给我留下极深极好的印象。可惜因为战争的关系,新中国成立前夕他俩离异了。当然像黎莉莉、陈燕燕也是我喜爱的影星。至于胡蝶和阮玲玉则是我学习表演以后,才逐渐崇敬的。1935年我初中二年级时偶然观看了影片《壮志凌云》,我格外注意到了一位新星。他在影片中扮演青年农民田德厚,那深邃而诚实的目光和纯朴的农民形象,深深地印在我的脑中。我感到他和别的影星相比,好像更淳朴无瑕。但是,以后再也没有看到他另外的影片。我想这是一位很好的新星,我很单纯地记住了他——田方。

1938年10月底我在延安抗大学习,每个星期的星期六、日都有机会看到一些演出。抗大本身的文化生活非常丰富。有一次抗大文工团在礼堂演出舞台剧《到马德里去》,这是一出表现西班牙士兵为正义而战的戏。大幕拉开了,忽然,我看到一位西班牙战士,那深邃的目光怎么如此熟悉?我震惊了,这不就是《壮志凌云》中饰演田德厚的明星吗?怎么他也会出现在抗大的舞台上?再仔细地看,就是那位电影新星田方!至此,他在我的心目中靠近了。

这说明,他为了抗战,离开了大都市,丢弃了电影明星的宝座,和我们所有奔向延安的青年一样,为了民族的彻底解放,可以放弃一切!他再次唤起我仰慕之情。但是,他终归还是一位明星,我绝没有想到要接近他。

1939年大生产运动,抗大女生一队和参训队编在一起生产。田方在参训队学习,因有十几个班组,所以我并未看到田方。一次中午午休时,我们女生躺在灶旁的柴垛边,闭目养神,另外一边坐了几个烧水的男同学在无拘无束地谈笑着。忽然我听到他们在谈论田方,说田方多么能吃苦耐劳,又多么热情待人,丝毫没有一点明星架子……他们的话在我心中久久地荡漾。其实田方和我一点关系都没有,我为什么这样敏感?我不好意思了,但是他们的话,确实使田方靠近了我的心扉,然而我知道,我们不会接近,毕竟田方和我的距离太远了。

1940年春,当我调到鲁艺实验剧团以后,和田方常常见面。但,我丝毫未感到对方注意自己,所以非常坦然,似乎也忘记了前边那些朦朦胧胧的好感,也没有一丝想和他接近的想法。在延安,女同志太少了,无论在抗大、女大和鲁艺期间,都有男同志对我表示好感。但,我信守家庭的教诲,要"守身如执玉",行为极为谨慎,不愿轻易受到非议,所以一直没有去考虑接受任何人的感情,一心只想努力把戏演好,做一个好演员。

今天,赵路突然说起了这件始料未及的事情。思前想后,田方确实没有对我表露过任何好感,到鲁艺以后,我也从未想过"爱情"的问题,似乎"爱情"离我还很远。今天突然接触到"爱"的问题了。细想想,在所有男同志中,只有田方在我的心目中分量最重。但是,赵路是我生死之交的同窗好友,她年龄比我大也该接触这个问题了,而塞声大姐又做了大媒,肯定可以成功!我决心锁住自己的小秘密,衷心祝福她!慢慢地,我平静下来,进入了睡乡。

谁知事情的变化又很突然,赵路尚未与田方接触,塞声大姐又把我叫去了。她急促地说:"于蓝,我差点办错了事,人家田方喜欢的是你!"

"不可能!"我急切地说。我心中也很别扭,这又算什么事呢?太不好了!我为赵路不平,竟气愤地去找田方,一进门就批评他不该这样对待赵路。

田方用深邃的目光看着我:"不,我没有做错。塞声大姐没有问过我。她太冒失了。"

"赵路有什么不好?"我质问似的说着。

田方斟酌了一阵,说:"她很好,是个好同志,但是,我考虑我和她两个人的性格太相似了,结合起来不会好。应该是异性相吸。我在延河边上第一次看见你,就暗暗选中了你!"我不知如何是好,他却紧紧地拥抱了我。我好像犯了罪,觉得对不起赵路。当我回到赵路身边时,我哭泣起来。

赵路好像早已明白(我猜想是塞声大姐告诉了她),她说:"别这样,我和他是太相似了。"她也流了泪。半个世纪以后,田的好友祁峻同志告诉我:"在你和赵路刚到鲁艺打篮球的时候,田方就告诉我,他太喜欢你了。当时我、华君武、葛陵(陈元直同志)都在那里。我们说你旁边还有一个好朋友赵路,也应该有人去喜欢呀!这样把两个人分开才好。葛陵(当时在文学系学习)马上表态:我可以喜欢赵路吗?大家一致怂恿地说好!好!"

祁峻同志虽已年近八十,仍然对当年的友情回味无穷,他当着我这个老太婆说起年轻时的往事,发出爽朗的大笑!后来果然是,赵路被葛陵的真情打动,不久,两人结为伉俪。

婚礼选在十月革命节

1940年冬,我和田方在11月7日苏联十月革命节的纪念日结了婚。这是田方提出的日期,因为我们对十月革命节充满崇高和神圣的感情。我们的婚礼,简朴而庄严:整个剧团把锣鼓唢呐全搬出来了,吹奏着喜庆的乐曲,一切如正式嫁娶婚礼。我的心咚咚地跳着,什么人说了话,我都没有记住,只记得哥哥于亚伦也说了话。他1940年刚到延安不久,所在的东干队奔赴前方,把他留在抗大文工团。他为了和妹妹更近一些,便考入了鲁艺第五期戏剧系学习。大家哄嚷着叫他讲话,他讲了什么我也记不清,只记得当他说到"希望以后好好对待我妹妹"时,说不下去了,他流泪了、哭了。我心中想:是不是哥哥并不同意我的婚姻?当然,婚礼没有因为他的泪水而减少任何欢乐气氛,反而更热烈起来。大家戏称他是小舅子,把我和田方哄入新房!

婚前,当人们知道了田方和我的关系时,许多人劝我:"于蓝,他比你大很多,结过婚,家中还有孩子。"但是我的心铁定。可能是受小说影响太大,我认为真正的爱不在于年龄的差距,我不喜欢徒有其表的风流少年。至于孩子,当时我想得也很简单,战争如此残酷,天各一方,谁知何时才会相聚?那是太遥远太遥远的事情了。

田方十分坦诚,婚前和我曾多次交谈相互的身世。

田方 1911 年出生于天津葛沽。父亲名叫田汝霖,是地方军队中的一个二等军需员。在田方十二三岁的时候,父亲因病逝世。父亲的同事好友筹集了一笔救济金存入银行,田家每月领取 20 元的利息作为生活费用。母亲有时还要自己做一些针线活或是向亲朋好友借贷,才勉强把儿子供上了大学。这期间,他奉母亲之命娶妻高淑贞。1933 年,高淑贞因产褥热去世。

于蓝和田方在一起。

1931 年 9 月 18 日,日寇强占了沈阳的北大营。蒋介石密令张学良不许抵抗,企图依靠国际联盟进行调解,致使东北三省被日寇占领。全国人民义愤填膺,各地民众、院校学生群起请愿、抗议。田方作为辅仁大学的学生,参加了北平学生组织的南下请愿团。他当时是辅仁大学足球队的成员,由于一次比赛负伤,尚未痊愈,但是他坚持架拐南下请愿。北平当局禁止火车南下,田方和同学们英勇地进行了卧轨斗争。到了南京,由于蒋介石政府的反动,致使请愿无效。因他腿伤未愈,同学们动员他第一批返校。后因腿伤及家庭经济困难,他无心求学,决定出外谋生。

他在中学时代就参加了学校的"春笋"社,发表作品,并热心参加学校的演艺活动,演出刘半农所写的剧本。休学后,他参加了"表演养成所"(上海联华电影五厂所办)。

1932年8月他到了上海,在天一公司考取了场记与语音教员。在一次充当群众演员时,显露出表演才能,从此开始演员生涯。他先后参加了《飞絮》、《挣扎》、《黄海大盗》、《方云英》、《年年明月夜》、《红羊豪侠传》、《壮志凌云》等影片的演出。田方是一个很孝顺的儿子,每演一部电影都要把剧照寄给母亲。母亲像保护儿子一样地保护这些剧照,直到北平解放,和儿子再次团聚。因此田方在抗战前的电影剧照才能完好无损地保留至今,我也才能从这些剧照里看到田方做演员的足迹。

田方扮演《壮志凌云》中的农民田德厚,在我还是一个初中生的时候,就惊异地发现他是一位突出的新星。我的感觉当然不足以说明他表演的水平,我想用北京电影学院导演系教授干学伟同志的描述:"金焰是受广大群众欢迎的电影皇帝。个子高高的,宽宽的肩膀,两道剑眉,十分英俊可爱。而另一位章志直身体壮实,浓眉大眼,在当时电影中演劳动人民是十分难得的!可是田方的出现,却把我吸引住了。不仅外貌和体形都朴实挺拔……而且他一进门(自家的门),就解下腰带(布质)往身上、肩上、腿上、裤脚上噼噼啪啪地一阵抽打,我立刻感觉到这是北方的农村……他带出了环境,立刻就看到了人物。他表演得很'脆'！剽悍,刚毅,就像一条北方的汉子！男子汉!"……干学伟同志的回忆,使我又回到了中学时代的感觉,田方确实是那个时代里引人注目的新星。

但是,这颗新星并没有执意去追求明星的宝座。1937年7月,日本帝国主义炮击卢沟桥,再一次进攻中国。8月13日,日寇强行攻占上海,全国爆发了抗日的怒潮。田方立即参加了上海演剧救亡救国会和上海救亡演剧第二队,到民众中宣传抗日。队长是洪深,副队长是金山和田方,秘书颜一烟,队员还有冼星海、王莹、张季纯、白鲁等。这些人都是当时演剧界有名的人士,他们放弃了教授、演员的职务和高薪的优裕生活,不怕日晒雨淋,每天背着背包走几十里路。他们沿着津浦、陇海、平汉铁路沿线宣传抗日救亡,演出了《保卫卢沟桥》《放下你的鞭子》等。后来颜一烟不只一次地对我说:"当时田方不光是演戏,在剧场广场,还要负责装台。他背着一盘铁丝,挎着一捆绳子,手里拿着榔头,口里衔着钉子,登梯爬高,谁也看不出他是副队长,更没有人想到他是电影明星了。"颜一烟说田方是"烽火明星",还为他写了文章。

抗战开始,田方很希望自己直接到战场上去消灭日本鬼子。演剧队到了武汉,他经金山同志(当时的地下党员)介绍,在武汉八路军办事处见到了陈毅同志。陈毅同志鼓励并介绍他去报考国民党空军,为党的抗战事业去工作,嘱咐他如果路上遇到"尾巴"就马上回来。田方由于没有斗争经验,发现一个总是跟随他并愿和他接近的人。他怀疑此人可能就是"尾巴",于是放弃了当空军的机会,又回到了武汉八路军办事处。经办事处了解,该人不是特务。但田方已经暴露了,就派他去延安学习。

1938年8月,田方到延安。当时每天到延安的青年成百上千,延安已经住不下那么多的学生了,便动员大家去延安附近的抗大分校。可是田方不想离开,他想见到毛主席,死活不肯走。正好延安有那么一批青年,他们要在延安的山冈上亲自动手为抗大打窑洞。于是田方参加了这个打窑洞的行列。他手上磨出血泡,不感觉疼痛,反而无比自豪。他经过自己的努力,终于留在延安抗大第四大队的十队学习。同年10月,他光荣地参加了中国共产党。不久,组织上又把他调入抗大五大队的参谋训练队。同学们对他这个明星既羡慕又十分敬重,都说这个"明星"没有一点架子,为人热情,学习很努力,每堂课后都要对笔记,劳动中不怕苦,能挑重担,真是一个好样的军人。1939年田方获得了陕甘宁第二届劳动英雄甲等奖。周恩来的军事秘书雷英夫同志在参训队和田方成了好朋友。他说:"我是一个穷学徒工,没有被子,田方是个'大'明星,我在他的被里睡了一个多月。冬天没有鞋,我的脚冻坏了,田方用自己的毡子给我剪成袜子,过了冬。当时我不明白一个明星为什么要当大兵。他是大英雄的本色。"至今雷英夫还念念不忘田方,田方逝去,他还关念着我和孩子。

1939年的秋冬,田方又服从组织分配,调到延安鲁迅艺术文学院的艺术指导科。当他明白了文艺工作同样是革命需要的重要武器后,再也没有提出"去当兵"的要求,而是全心全意地为党的文艺事业奉献了终生!

在鲁艺,田方是艺术指导科(后改为实验剧团)科长。田方虽然是科长,却不像一个领导者,更像一名重要的演员。当时鲁艺演出的剧目,像《日出》、《佃户》、《中秋》、《粮食》、《带枪的人》、《我们的指挥部》……几乎他都是主要角色。每次演出,他又都是卖力的舞台监督。

1940年元旦,我尚在女大学习,延安上演了《日出》,轰动之极。我看了《日出》,真是感到"震"了!艺术水平惊人!至今我仍感到这是我看过的《日出》中最好的一台。导演是王滨。不论演员的选择和舞台调度,或是节奏气氛和生活气息,都给人留下了深刻印象。从剧中的潘经理、陈白露、胡四、张乔治、李石清、黄省三、翠喜、顺子、黑三、小东西……他们的形象没有一个不惊人!而其中田方扮演的是黑三,使我睁大了眼睛喊出:"他真是一个好演员。"因为他一向是扮演硬性的正面人物,使人信服敬重,今天,他一下子变成了凶残暴虐的恶霸地痞。他的演技使我从心底里佩服。在90年代里,北影演员剧团40周年时,在缅怀田方的大会上,干学伟教授(当时他扮演《日出》中的张乔治)说:"……我们演《日出》,他演黑三,他演的角色线条很硬,穿着一身黑绸大袍,卷起袖子,手上搓着两个保定府的钢球……把黑三表演得既凶狠又油滑。要不是经常观察人物,有素材积累,从批判、揭露的角度来表现他,绝对表现不出这么好的……他是一个性格演员,演谁像谁!"

确实如此,田方的生活观察和积累及反映出的立场都说明了这一点。当时扮演顾八奶奶的颜一烟同志,为了扮演顾八奶奶很烦,去找田方谈心,她说:"我从未演过这样的角色,组织决定又不能不服从,我怕演不好……"田方却对她说:"我也有过这样的心情,从未演过反面人物,更不要说'黑三'这样地痞流氓头子。可是后来我想:司令员决不会把战斗当成儿戏,他命令一个战士去冲锋陷阵的时候,一定在这个战士身上发现了他可以胜利完成任务的有利条件!"颜一烟说:"我有什么有利条件?这个人物太恶心,我不愿意演!"田方:"叫你演这样的人,不是叫你去做这样的人!要演好反派,自己必须是最正派的人!我们的任务是暴露黑暗,是要通过这些人物使观众更憎恨、更痛恨那个社会……"田方扮演的黑三每次出现,都能让人感到他背后剧中未出场的金八爷,是多么恐怖可怕。这就是田方表演的立场和功力。

我们婚后,田方的感情十分炽热。我不会生活,也不懂生活,更不会照顾田方,相反他分外细致而又固执地指点我。比如:开春了,棉鞋应该包好,不要随便扔掉,以便冬天再穿;煤炭怎样才能节省……我确实不懂,事事听从他。慢慢地我感到生活不像小说写的那样美好,什么事都得听他的,而他又太大男子主义了,在众人面前从不表现对我的温存和体贴。比如:我拿很重的东西走路,他空着手在后边,从未主动前来帮助过我;而他对集体的活动,却又那么热心。一次,在外地演出,我一个人收拾两个人的衣被、物品,十分吃力才能装进行李袋内,而他却在山下帮助别人,特别是帮助一些年轻的女同志。我真气极了,心想难道我不存在吗?气得我把行李袋一脚踢下山沟,我也不管了!结果把他从武汉出来时所保留的唯一的一个瓷铁脸盆也砸瘪了。我没流眼泪,心里却在哭泣。可是他好像根本没有发现我生气了,依然泰然自若地东奔西跑为大家、集体奔忙着。多少年后,我才能理解他这种为集体的高尚品质,他那时不去照顾我,其实也是对我的信赖。但是,当时我不理解,太生气了,类似的现象也太多了,我们的感情由此渐渐发生了裂痕,我几乎要和他分手,去找一个自我表现"多情"的坏家伙。在年长的同志们帮助下,田方才明白我的"委屈"所在,他向我表示了深深的歉意,我也原谅了他,与他和好如初。这时,我朦朦胧胧地体会到,现实生活中的爱情多么酸涩，不像想象中那样美好。真正的爱情生活应该是怎样呢？

我从初中开始就是住宿生，吃集体伙，大件的被子脏了，有学校的工友帮助缝洗。家庭虽不富裕，但回家后也是衣来伸手，饭来张口，怎样做饭，怎样缝洗，一概不会。记得婚前田方病了，需要我去做点面条，我只会揪面片，竟在用小水果刀切西红柿时，把手也切破了。当时延安条件困难，不是生下小孩就有托儿所。如果有了小孩，就得编入母亲班，任务就是保证孩子的健康，每天要给孩子做饭。边区政府有专项优待，发白面、发补助，不让孩子吃大人的食堂。许多母亲为了给孩子一点营养，十分辛苦，要自己养羊、放羊才能挤出羊奶给孩子吃。为了给孩子做饭，要到大伙房后边拣煤核，才能烧起小炉灶。看到她们，我觉得母亲们多么伟大而辛劳！可是，我不会生活，做不好这些，千万不要生孩子。谁知偏偏我也怀了孕。怎么办？征得田方和戏剧系领导张庚的同意，又经苏菲同志的帮助（她的丈夫是当时延安著名的外国医生马海德，1949年加入中国籍），由马海德介绍到柳树店的医院去做了人工流产。这样我保持了舞台实践，得到了表演的锻炼机会。鲁艺诗人天蓝曾戏说："鲁艺有两个半演员，于蓝是半个演员。"因为我年轻幼稚。但，他是把我和田方与干学伟相比，那对我也是十分厚爱的了。

1942年5月，毛主席在延安文艺座谈会上做了重要的讲话。我记得田方从座谈会归来，是那样高兴地叙述会议的成功，更像个大孩子似的，兴奋而自豪地告诉我："闭幕前宣布毛主席和大家一起拍照留念，大家高兴得鼓起掌来。但是，很多同志都那么谦虚，不好意思靠近毛主席去坐。我不怕,我就要坐在毛主席身旁!我靠近他,紧挨着他右边……"他对毛主席孩子般的挚爱深深感染着我!这张照片成了历史上的珍品,永远载入人民心中的史册。田方对革命和革命领袖的爱是纯朴而由衷的真情,这是田方可贵的品德。他靠近毛主席那一刹那的幸福感,使他日后在党的文艺事业上更无保留地释放出了一切潜在的能量。

田方和毛泽东在一起的留影。

在毛主席的讲话指引下，鲁艺在桥儿沟首先闹起群众喜闻乐见的新秧歌，受到延安领导与群众的热烈欢迎。群众昵称"鲁艺家秧歌"。田方本是话剧电影演员，对民间艺术并不熟悉，但是他响应毛主席的号召，作品要让老百姓喜闻乐见。他担任了秧歌队的队长，负责组织与策划，跟随秧歌队跑遍延安的村村户户。苏联保卫斯大林格勒大战取得伟大胜利，全延安举行庆祝大会。我们鲁艺秧歌队编排新的节目参加庆祝。记得田方也参加了秧歌舞《胜利腰鼓》的表演。刘炽告诉我："这个节目是田方提议与发动的，由贺敬之写词，我来编导（编曲编舞）。"刘炽把延安一带的武腰鼓和米脂县的文腰鼓互相结合，加以舞蹈化和集体化。排练时田方修长健美的体形，在16个小伙子之中毫无逊色，他们一起起舞击鼓，铿锵的鼓声和着矫健的舞步，那样富有阳刚之美。真是美极壮极。演出后，观众都兴奋得用有节奏的掌声欢送他们出场。那年春节我们的秧歌队到枣园演出，当《胜利腰鼓》进场之后，中央首长兴奋地站了起来，一面鼓掌一面笑着看这个节目。朱总司令说："好，非常好！有排山倒海之势。"毛主席则说："这个腰鼓编得好！歌也写得好！唱的演的都很好！有我们中国人民的作风，中华民族的气魄。"这是田方最幸福的时刻。

意外地当"妈妈"

1943年11月，鲁艺借着新秧歌兴起的东风，组织"鲁艺工作团"深入绥德、米脂等地区演出，也取得了极大的成功。

过完春节，1944年春，工作团正准备胜利返延的时候，张庚找我谈话。他说："你的哥哥于亚伦从敌占区回来了！"哥哥是在1943年春奉组织之命，利用家庭关系到敌占区去做秘密工作，一年多没有任何信息，现在终于又回到延安。我高兴得跳了起来。张庚说："你先别高兴，告诉你一个想不到的消息：你哥哥把田方的两个孩子带到延安了！"我真的愣住了，怎么会这样？哥哥走时，田方只是说："帮我看看母亲和孩子是否还活着？"可是哥哥却把两个孩子带来了！我也不知道今后会发生什么样的事情，不知是喜还是愁，我不说话了。张庚深情地安慰我："这是很意外，但是，希望你遇到困难时，要想到你是一个共产党员！"我用力地点头，表示我会这样做，因为，我想也想不到会遇到什么样的困难。

回到延安以后，真的见到了两个孩子，却没有见到哥哥。因为延安仍在审查干部，他从敌占区回来，已到枣园去接受审查了。他给田方留下了这样的话："你妈妈健在，只是生活太困难了，所以我把孩子给你带来了。"我听说以后，感到哥哥的心和金子一样宝贵，他原本不十分同意我们的婚姻，现在他却不考虑妹妹会遇到什么困难，而考虑到田方母亲的生活困难和孩子的前途！我被哥哥的行为深深感动，决心很好地迎接这两个特殊的小伙伴。

当我回到桥儿沟鲁艺，第一眼就看到了一大一小两个孩子。大的女儿几乎和我一样高，她已经14岁；小的男孩已12岁。两个孩子齐声呼唤"妈妈"，鞠了躬。我腾地脸红了起来，很不好意思，因为我自己也只有23岁。但我对他们无限怜爱，特别是小男孩，生下来就没有见到妈妈。日后，这个男孩对我特别亲昵，他说："我没有得到过母爱，她

（指我）给了我母爱，我爱她！"女儿很懂事，嘴巴也很甜，总爱当着众人面前喊我"妈妈"，我却很怕听到这两个字，因为我太不像"妈妈"了！

这时田方已是三十多岁了，他的心思我并不理解，只感到他把爱全部转移到孩子身上了，对孩子关心到无以复加的地步，而我，却似乎是多余的了。不论在哪里，只要我慢了一步，或是忽略了什么，他总是叱责我，使我感到十分尴尬，甚至两个孩子都惊异起来，"爸，您怎么这样对待妈妈？"田方确实是好同志，可是这又为什么呢？我忍住泪，不去责问田方。我努力判断与猜想，他一定是感到自己太愧对孩子了，两个孩子生下来，他从未关怀过，也从未尽过父亲的责任。现在他要弥补对孩子的愧疚，所以才忽略了我。我也确实在情感上太娇嫩了，我该努力去理解他。也就在这个期间，我发现自己怀了第二个孩子。我恐慌极了，自己这样不会生活，怎么可能承受双重母亲的重担呢？我苦恼了许久，瞒过田方，又去找苏菲同志，把自己的处境和决心告诉了她。她多么善良、友好、理解我，帮助我找到几片药，吃了以后，流了很多血，但是没有全部打下来，只好又去做了第二次人工流产。我只说是肚子痛，瞒过了田方和所有的人。这样，我们的生活又保持了平静，当然时时仍会出现一些矛盾。这些在延安的欢乐生活中，仅在我的心中留下一点点怅惘而已。

1945年8月15日，日寇无条件投降了！那是一个全校、也是整个延安的狂欢之夜！

很快，鲁艺组成了两支工作队：一支华北工作队，一支东北工作队。我和田方参加赴东北干部团。两个孩子留在延安和其他带孩子的母亲编成后备队，以后再走。鲁艺一行有四十多人，编在干部团的八中队。真是晓行夜宿,从9月2日出发,凭着两只脚和国民党的飞机、汽车竞赛。11月2日,我们首先进驻了沈阳城,住在胭脂屯(这是工人居住的贫民窟)。11月7日,为了纪念苏联十月革命节,也为了被日本帝国主义统治了14年的沈阳人民,团领导决定立即写出反映东北人民14年的苦难和翻身解放的大型活报剧,剧名《东北人民大翻身》。演出效果非常强烈,台下观众被演出感动,不断流泪怒吼,并往台上扔石子打剧中的"日本鬼子";当演到解放胜利,观众欢呼不已。

演出结束后,文学系和美术系的师生就分配到自己的专业岗位上走了,田方和许珂则调去准备接收"满映",到长春去。这样我和田方暂时分开。

"是我错了"

从1945年11月初起,我就和田方各在一方,为人民的解放事业各自奋斗着。这一阶段我的工作充满激情,也得到了同志们和组织上的关爱与信任。我在工作中遵循平等待人、严于律己的原则,把自己放在群众之中,而从不居高临下,遇事能与人促膝谈心,去化解个别同志思想上的疙瘩等等,所以大家都比较喜欢我,也给我很高的评价与鼓励。1946年冬,全团总结会上我和另外五个同志都当选为模范工作者。田方则在战火的硝烟中三进长春,在接管工作中荣立了甲等功。这期间偶尔我也很思念他,因为内战的激烈,这时根本无法取得任何联系。当大家赞誉我的时候,我则感到十分恐慌,我发现自己并不像大家想象的那样美好,因为我竟感情不能自拔地关注着另外一位同志。他才华过人,工作勤恳刻苦,总是默默地工作着。可是他为什么常常显得那样沉重?后来我才知道,他在延安受过不公正的"抢救",因此我对他分外同情与敬重。我常常心不由己地被他所牵动,我发现自己已超越了对同志的关心,其中更多是爱慕之情。后来,我产生了一个大胆的想法,决定离开田方。当1946年11月我和田方重逢时,我竟流着泪告诉田方,我要离开他。这当然深深地伤害了田方,他用不解的目光注视我,很不能理解我怎么会发生这样的变化。我向他说了实情。现在回想起来,多么幼稚,也真可悲!只是因为生活中缺少了那么一点温情的满足,我就要抛弃纯真的爱,重重地伤害了他。我记得那一夜我们无言地等待着天亮。

后来我有机会见到那个同志的妻子,一个年轻的母亲,膝前拥着两个天使般的男孩,一个四岁,一个两岁,那样甜美圣洁。我猛地惊悟过来,我要给这两个幸福的孩子带来什么?由于我的"放任"会带来多少罪孽!我的良知命令自己,绝对不能伤害这两个天真的孩子!当天夜晚,我又向田方如实地叙说了自己的思想,"是我错了"!但是,我也深深知道这一切多么伤害田方。所以我坦白地请求田方自己选择和决定:我们是离开,还是共同生活?现在写到这里,我仍禁不住眼睛潮湿了。当时我怎能那样一次又一次地伤害他?!然而那天夜里,他却饱含热泪地抱着我的双肩:"我会爱你的!"他的宽厚、他的钟爱,使我痛哭了起来。

1956年,于蓝一家在一起。

春节的前夕,传来了噩耗。我所爱慕的那位同志,为了深入生活,他和文工团的几个同志搭乘运送棉花、布匹的大卡车到农村,车已装满结结实实的大货包,高高地超过车厢挡板,可是为了争取时间,他们还是上了车。他把同志们细心地安置好了,自己则坐在偏后的货堆上。东北的农村,没有今天这样的公路,天寒地冻,道路不平,当汽车行进到一条河边,由于车重地滑,在拐弯的时候,汽车颠簸起来,把他甩了出去。东北大地被冰雪冻结得硬过水泥地,他摔下车就失去了知觉,送到医院抢救无效,去世了。听到这个噩耗,我丝毫掩盖不住自己的感情,痛痛地、苦苦地哭了一夜。他对革命事业忠贞不渝,才华横溢,却英年早逝,怎能不令人心碎?他的去世使党过早地损失了一位忠诚的人民艺术家!他永远被埋葬在东北的黑土地上,也永远埋葬在我的心底深处。

尽管田方原谅了我,我也没有离开田方,但是,我真诚地要求田方思考与选择,由他决定我们的离与合。不久,我因为这"放任"的感情,受到了党组织的批评与处罚。个别同志认为这样处理有些过重,但,我默默忍受,没有怨言。恰恰在这个时刻,田方那博大宽厚的胸怀更感动了我。他也深深痛惜那位牺牲了的同志,对我的悲痛和受到的批评,他不仅没有任何埋怨,还给了我更多的原谅和温暖,他的抚慰使我更感到对他的愧疚。在那段时间里,是田方帮助我度过那几乎令我难以承受的、复杂深沉的感情经历。这里也要说说那位同志的好妻子,她曾经十分恼恨我,希望组织上给我重重的处罚。但后来,她却把我看做是她的知心好友。

新新和壮壮

在和田方恢复感情后,我渴望自己有个孩子,渴望自己是个真正的母亲。第二年,1947年的12月里,我的第一个孩子出生了。因为这时毛主席刚好发表了党的新形势与新任务的报告,田方给孩子起名"新新"。我当然也深深知道他的心思,这意味着随着祖国的命运,我们两人的生活也一切都是新的开始。因为这个小生命,我们的家庭生活、感情生活,增添了新的共同的爱、共同的欢乐和共同的希望。

东影(东北电影制片厂,后改名长春电影制片厂)在兴山有一个十分值得人留恋的幼儿园,那是领导上为了帮助有工作的女同志解除带孩子的困扰,可以全心全意地扑在为战争服务的岗位而设立的。成荫同志还拍了名叫《东影保育院》的纪录电影。幼儿园由王郁润同志任园长,王健、于莹同志任大班(4岁至6岁)孩子的老师,他们做出了许多成绩。其中值得一提的是,当把长春的"满映"迁到兴山时,有许多日本的电影专家自愿地跟随共产党和全厂进步的职工一起来到兴山,参加中国人民电影的开拓工作。许多日本专家的家属很懂保育知识,像参加创建中国动画拍摄的持永只仁先生的母亲及妻子,都是这个幼儿园的骨干,她们丰富的哺育婴儿和教育儿童的知识使幼儿园办得十分出色。我的孩子田新新刚满月就可以入托,再不像抗日战争在延安时那样艰苦了。我有时工作到夜深才能去接孩子,哪怕是风雪之夜,当我敲响幼儿园的门时,她们都已把孩子包得好好的,小心翼翼地交给我,让我满怀温馨和喜悦的心情回到家中。长春刚解放,硝烟尚未停,我就到了长春和同志们筹办第四期电影训练班。当时幼儿园又派了日本专家山内一夫的妻子、幼儿园的保育员山内八重一同到长春帮我照料孩子。至今我和持永只仁(他的母亲已经去世了)的妻子持永凌子和山内八重两家还保持着真诚的友谊。

1949年底,田方随第四野战军进关。1949年2月北平和平解放,他随部队入城,接管了"中电"三厂和清华电影制片厂。4月成立了北平电影制片厂(后改名北京电影制片厂),他任首任厂长。为了电影事业的需要,他服从了组织的安排,放弃了演员专业,日后一直担任电影艺术、生产、行政管理各项组织工作。我则一头埋在电影表演事业的学习与实践中。我们有一个幸福的家庭连接着,然后各自在两个行当里努力奋斗。1951年我参加抗美援朝,到朝鲜体验生活和慰问放映,归国后我又怀了第二个孩子,田壮壮在1952年的4月底出生了。在延安时由哥哥带去的两个孩子,在组织的帮助下,都已毕业参加工作,并成了家。我虽已是两个孩子的母亲,但由于婆婆(田方的母亲)的精心帮助,使我的工作丝毫没有牵挂,我是一个幸福的母亲,忙碌而充实。我和田方每天相聚的时间很短,但感到家庭和事业都是那么顺畅自如。我们的家真像海洋中的一个港湾,任我们在海上乘风破浪地驰骋,可回到港湾内,总是风息日丽,不仅可以得到足够的休憩还可以得到温馨的爱。我们俩原来的家,在新中国成立后都有许多难以克服的困难,但是在我们"同舟共济"中克服了。建国后我们互相理解、互相支持,在各自的岗位上不惜力、不怕苦,全心全意为党的事业工作,而我们自己也随之成长并取得了一定的成绩。我和田方是幸福与美满的革命伴侣。

田方难舍演员生涯

大约在1955年的春天,我忽然发现田方天天沉闷不语,情绪不好,问他:"你怎么了?"他不理我,也不说话,我心里有些着急。当时电影局的领导陈荒煤同志和我们同住一院,我去找了他。荒煤同志来了,田方才说出了,文化部通知他到电影局去当副局长,他愁得不行。大概这时他才发现真的不能再当演员了。荒煤同志很同情他,也认为他并不是当领导的角色。但荒煤同志自己是个领导,不得不以自己为例去劝说田方,田方仍然没有说话。荒煤同志就说:"要不要我去和周扬同志谈一下?"田方还是不说话。最后荒煤同志没有办法,只好告辞离去。当他走到门口时,田方开了口:"哎,荒煤,你别去和周扬谈了,我已经想好了。"荒煤说:"你想好了?你打算怎么办?"田方说:"就干吧!"他们谈话,我自然不能在场。谈的内容我也不知道。我确实很迂腐,不去了解,有时反而责备他:"为什么要当官?"他生气地说:"我愿意当官!"我知道这是他的气话。而我却不去理解他,更未宽慰他,却重重地刺伤着他。正像荒煤同志所说:"他是一位很有才能的演员,是一位热爱电影艺术的艺术家,可是他又是一个优秀的党员。他尽管有矛盾,有苦恼,但是,当时,这一代人,又的的确确认为服从组织的分配是一条不可违反的原则。一旦组织上作出了决定,也就老老实实地去干吧。"

就是这样,田方从抗战胜利到新政权的诞生,为党的电影事业勤勤恳恳,很少想到个人的爱好,想到自己如何去创造一个角色。但对演员从事的表演事业,他却深深地关爱着。在电影局任秘书长时,他极力促成电影演员剧团的建立。他自己在旧社会里做过演员,知道演员只是个自由职业者,没有学习和深入生活的条件,他认为新社会应该关心演员,使他们有深入生活和学习提高的机会,更应给他们创造表演实践的条件。1953年在电影局的领导下,东北电影制片厂和北京电影制片厂的演员,建立了电影局领导下的中国第一家电影演员剧团,并任命田方为团长。他自己不能演戏,却关心每个演员的成长,为演员请来研究史坦尼斯拉夫斯基表演体系的老师;帮助演员到全国各地,深入工厂、农村,和工人、农民、英雄模范交朋友;如果上银幕的机会太少,他又亲自和各剧院联系,把演员送上舞台或者把演员派去学导演。汪宜婉(电影导演)说当她自己正苦闷着不知该干什么的时候,田方想到了,田方把她叫去,问她愿不愿意去学导演。她感动得哭了! 田方就是这样关心着每个演员。组织剧团巡回演出,他亲自审批剧目,并带队出发。这个剧团已有半个世纪的历史,培育了多少璀璨的明星,他们创造出多少难忘的艺术形象,永远活在观众心中。这许多创造都蕴含着田方的心血。每个演员的成功也都给田方带来了喜悦与满足。

田方担任了那么多行政工作,像北影厂的厂长、副厂长,电影局的秘书长、副局长,演员剧团的团长和电影家协会的副主席,"演员之家"的主任委员。但是,只要时间允许,组织上支持,无论大小角色,他从不拒绝,都愿参加演出。在我和孙道临主演的《革命家庭》中,只有两场戏的老刘,田方都认真演出。他演出了一个真实可信的地下党领导人。"文革"中恰恰为此他遭受批判,说他美化刘少奇,说他是刘少奇的化身。多么可卑又多么可笑,田方只能嗤之以鼻。由于他对表演艺术的钟情执著,许多导演都想邀请他参加演出,像《风从东方来》、《深山里的菊花》、《一天一夜》、《英雄儿女》,都是"文革"前他在工作条件允许时的演出。特别是《英雄儿女》中他扮演的王文清,成功地塑造了我军高级政治工作人员的美好形象。他的表演质朴、真实,形象鲜明,具有内外浑然一体、真实可信的艺术效果。田方去世后,很多老红军、老八路来信或亲口对我说:"所有扮演我军政治工作人员的形象,唯一使我喜爱和信任的,是田方同志在《英雄儿女》中扮演的角色。"导演武兆堤充满无限深情地告诉我,他们合作得多么好,互相探讨,互相补充,永远不满足在一般化的处理上。有一次田方为了更好地进入回忆的镜头,和导演探讨如何更有表现力地把人物内心世界表现出来。两天后,田方自己想出了一个富有表现力的细节。田方说我要用手中袅袅燃烧着的香烟长久未熄,致使烟灰已过一寸、猝然落下的细节。为了拍好这个镜头,田方点燃了无数支的香烟才拍摄出这个效果。田方每创造一个角色,都认真琢磨着找富有表现力的细节与镜头。这一点恰是我在表演上所缺乏的功力,我爱他这一点,更敬佩他这一点。当影片通过后,他还兴奋地告诉我:"给小通讯员缝子弹袋和教文化的这场戏几乎删掉,是我坚持才保留下来。现在你们都说这场戏好,我太高兴了!"他还说剧本本来是缝补军衣,经他建议才改成子弹袋的。影片中,小刘在记日记的时候,首长王文清像妈妈一样地拿起针线,他虽不像妇女那样灵巧,但是却认真地细缝。缝完还咬断针线,把针别在自己的胸前,仔细翻看缝好的子弹袋是否结实。在艰苦的烽火年代里,许多部队的首长就这样像父亲和母亲,关怀青年的成长。田方在创作中,不仅认真演好自己的角色,还要全身心地去帮助他人。导演武兆堤和作曲刘炽都深情地向我说了他们三人亲密合作的小故事。

  那是在全部镜头都已拍完,在剪接台上,导演急得火上房。原因是还有几处镜头接不好,这可怎么办?又不能再去重拍。田方来了,看他那样着急,马上说:"老武,看把你急成这样,你不要只从镜头想办法,你忘了音乐'蒙太奇'?通过音乐可以有办法。咱俩找刘炽去,听听他的音乐布局,再回过头来接你接不上的镜头。你看怎样?"录音棚里唱着向祖国人民"宣誓"的大合唱,气魄惊天地而泣鬼神。武兆堤听得愣住了,握着刘炽和田方的手激动地说:"还是田方老大哥说得对,音乐的'蒙太奇'解了我的围,听着大合唱和交响乐的雄壮声音,替我接上了,接上了!"我听后,好像又看见了往日田方在摄影棚内和同志们谈谈说说的情景。他有许许多多这样感人的故事,在艺术创作的殿堂里,田方是最可信赖的伙伴。

于蓝主演的《革命家庭》剧照,这是她与田方唯一一次在银幕上的合作。

田方在《英雄儿女》中塑造的王文清,正是他本人对老一辈无产阶级革命家的无限深情,和他本人在革命经历中熔炼出的思想境界,再加上高品位的表演技能,三者凝聚融会才产生出王文清的艺术感染力。女作家霍达曾说这部影片是田方的"绝唱"。我赞同,这的确是田方用自己钟爱的表演艺术,向党和人民做了自己人生的最后汇报。1993年中国人民解放军总政文化部决定,将《英雄儿女》作为对全军部队进行革命传统教育的影片。我为田方欣慰,他终于实现了自己要做一个军人的理想,他塑造的我军政治部主任王文清这一艺术形象将和我军战士永远活在一起。

田方逝世后,长春一位叫姜辉的观众来信,写了许多缅怀赞赏之情。最后他说:"田方是一个高尚的人,在银幕,在我们心中永生。"我感谢这位同志,他没有说错,田方不仅演高尚的人,自己也是一个高尚的人。角色不论大小,职位不论高低,他都是全心全意地去完成任务。说来谁也不会相信,田方的许多事都是在他死后我才知道的。1974年8月27日,田方经过"文革"和疾病的折磨离开了我们。我在悲痛中整理他的材料,在一张废旧的表格上,看到他自己的笔迹在"1949年4月"的时间内写着:"任北京电影制片厂厂长"。我很奇怪,1950年3月我调进北影,没听他说他是厂长,我以为汪洋是厂长。他从来未提过他曾担任北影厂长。1993年为拍摄纪念田方的专题片,我们访问了北影的老厂长汪洋同志。汪洋说:"1957年我下放回来,当时北影厂受北京市领导,市文化局长陈克寒找我和田方谈话,说让我仍做厂长,田方从局调回厂内任副厂长。你们共同为建国10周年筹备献礼。"汪洋十分着急地说:"这不行,田方是电影局秘书长、副局长,建厂时田方就是厂长领导我们,怎么能让他当副厂长?我应该当副厂长,会和田方同志很好合作。"陈克寒说:"干部能上能下嘛!"汪洋坚持自己的意见,要和陈克寒争论。田方则不断地阻拦汪洋,告诉他:"我们应该服从领导的决定!"汪洋被田方的坦然精神感动,接受了任务。田方回厂后负责献礼片工作,勤恳认真,毫无懈怠。汪洋说:"北影十周年献礼的熠熠光辉中,注满了田方的心血!"汪洋说这话时眼睛里充满了泪光,我和拍摄组的同志们默默地品味着这对老战友的高尚品格。

田方不追求职位的高低,也不计较待遇的厚薄。1961年我到上海为《鲁迅传》做准备工作，我发现由于地区的差异，我比在北京的工资多拿许多。回到北京我要看看田方的工资单是否也比上海偏低。平常我和田方领到薪金，把自己需要的钱留出来，其他连工资单和工资，看也不看地交给婆母，由她安排生活。这次一看，我着实惊异起来。无论资格和能力，田方都应该比我拿得多。谁知进城后，他一直放弃文艺级别的待遇。他的文艺级别自然比我高，但是他坚持和行政岗位上的同志一致享受行政级别。所以，实行薪金制以来，他的薪金一直比我少拿两块钱，更不要说和我在上海的工资相比了。我瞪着眼睛看着他，表示不理解。他说："那有什么？做行政工作就要和别人一样拿行政待遇。"其实两块钱不算多，我心中却暗暗地佩服他，他身上没有"男尊女卑"的意识，更不计较待遇的厚薄！

那还是困难时期，粮食困难，副食奇缺。党为了照顾知识分子，发给一定级别的干部一个购物证，可以买到少量的肉、蛋、糖。我有一个购物证，全家五六口人，仍感到十分紧张。当时我的大儿子田新新因为营养不良在学校昏倒。就是这样，田方也没有设法去多买些食品。我想他是厂的领导干部，可能没有享受购物证的待遇。1961年党的八届九中全会决定对国民经济实行"调整、巩固、充实、提高"的八字方针，全国上下团结一致，终于度过了困难时期。恰恰在困难结束的时候，田方从自己的箱内，拿出一个崭新的购物证，把它交给了党组织。开始我十分震惊，不理解，慢慢地我才体会了他那赤子之心，他愿意和老百姓共同度过困难，不愿接受任何照顾。这是他能在不需任何监督下，严格自我要求的"慎独"风格。干学伟同志曾告诉我，田方的戏德和品格都令他感动。原来1958年，干学伟在接受中苏合拍影片《风从东方来》时，想请田方扮演主角王德明。他把剧本给田方看,询问他对剧本的印象。田方说很好。他马上向田方提出请他扮演主角王德明。田方听后立刻说:"我不行,多少年不演戏,不行了!"(田方可能觉得这个角色太重了。)干学伟一再请求、说服,他才答应去试试镜头。同时他又推荐另一个演员和他同试这个角色。试完镜头,两个演员都说对方比自己更合适。经过研究,最后决定田方来演。他很好地完成了任务。干学伟说:"田方严于律己,是革命艺术家,令人敬佩。"

刘白羽同志在缅怀田方的时候写道:"田方!在我思念你的时候,总看见你那温暖人心的微笑。……那时我处于灾难时期,我的爱子得了不治之症……我受着十分痛苦的折磨……你常常约了华君武来看我……我知道你是来安慰我的,扶我渡过人生的难关。但你从不提孩子的事,你就常常那样笑着看我——那是纯朴而又宽厚的爱,它正显示了你的为人,你对朋友至诚忘我的爱!"白羽同志说得形象而真实。建国后,当他听到在上海的延安时代的挚友王滨患了不治之症,竟痛哭了三场。记得在延安时代,华君武是田方的好朋友,他喜欢和田方玩扑克。延安的扑克太简陋了,都是人们自己动手制作的。华君武爱玩,往往又会为了一张牌生起气来,把扑克牌全部甩下山去。一会儿,他后悔了,又会趴在山坡上,一张一张地捡回来,没事似的央求人们和他再玩。华君武是一个爱幽默的漫画家,总是笑嘻嘻的。1943 年,延安"抢救运动"的后期,我们鲁艺文工团到绥米巡回演出。可是没想到刚到绥德,在欢迎大会上,竟被当地的"特务分子"咬出,说华君武是"特务"。一时间文工团的气氛紧张起来,大家纷纷和他"划清界限",华君武立刻被孤立起来。只有田方对他说:"你有问题就向党交代,没有问题就要相信党会弄清楚的!"华君武在缅怀田方的信上说:"这句话,现在看来平常,但是当时那种政治气氛,敢说没有问题却需何等胆识与勇气!六十年过去了,田方对我说的这句话,我一点也没有忘记。……他刚正不阿,关心同志……他是我心目中一个活的共产党人形象。"田方是一个有情有爱的共产党人。他总是对人平等、和气、友好。也许有人说田方只是一个"滥好人"。不!他对同志、朋友无比友好,但对恶人却疾恶如仇。一次,我曾带一位客人到家中休息小坐。很快田方也回来了,他们也相识,按惯例田方会热情招呼。谁知他淡淡地说了一句话,就走进自己的卧室。客人走了,他出来了,对我说:"以后少带这种人来家!"原来,他十分了解,这是一个品德极不端正的人,他不欢迎这样的客人。田方是一个有原则的人,"文革"中他没有说过一句不实之词,从不随风折腰,更未加害任何同志。他相信党,忠诚于党,在审查与批斗中总是默默地按照共产党人实事求是的原则对人对事。

与田方相伴的最后日子

1966年发生了史无前例的"文化大革命"。在这次"革命"中,田方首先被划成"走资本主义道路的当权派",其后我也成了"黑线代表人物"。"走资派"的罪行就是反对毛主席、反对党、反对社会主义的"三反分子"。运动开始不久,我看到许多"走资派"的老婆在批斗大会上批判自己的丈夫,并"愤怒地"表示和他们划清界限。我对她们这种行为十分反感，这首先表现出她们为了保护自己而置丈夫于不顾，其次这么多年的共同生活，如果丈夫真有"三反"言行，你为什么不早早划清界限？（当然也有少数人是处在逼迫之下。）我认为可悲、可怜！我坚决不屑去做出这种事。总之，我对田方更加关切，更加信任，特别是在干校看到他那瘦骨嶙峋的身躯，却肩背200斤的稻谷去脱粒，或是推着独轮小车去送秧苗，我都不忍目睹。而他却说："还吃得消。"1972年我被第一批"解放"回厂工作。1973年他最后一批被"解放"回厂，并未再担任什么厂长之类的职务，而是下放到我所在的编导室，也没有任何名义，只是和我一样是负责人之一。

这样我俩共同担负编导室的工作。我觉得十分尴尬，这与党的干部政策大相径庭，哪能夫妻二人共同领导一个科室？好在我们都是经过多少次的严酷洗礼，我们两个领导干部的关系相处得十分好：我自己根本不懂领导，而他更熟悉这方面工作就由他去负责，这样他也不动声色放我去进行有关创作了。这期间我和水华为改编小说《霞岛》去深入生活。那时"四人帮"还未打倒，我们是在"四人帮"的创作桎梏下去深入生活和工作的。但是每个海岛的部队领导同志对我们这些老同志都深切同情、无私帮助。

1974年春，我得到海岛上部队领导的同意，请田方到岛上去休养，而田方回信说身体不好，不便前去。可是我没有想到，当我们回到北京他去接我时，他的模样使我吓了一跳。他面色蜡黄，身躯佝偻，我的眼泪都要掉下来了，不敢让他看见。晚上回到家中，在昏暗的灯光下也没看清他的脸色有什么异常，我询问了他的病情，要求他第二天上午跟我去中医医院。他同意了。第二天我们双双把自行车推出大门，我觉得他走得慢了，一回头催他，更是吓了一大跳。他的脸色黄得像龙袍一样的土黄色，昨晚灯光下怎么一点也没有发现？我几乎吓晕了，这不是好颜色，肯定得了黄疸性肝炎。于是我决定找中医医院的朋友葛春起老同志给挂关幼波的号，他是肝病专家。但是当时我竟想不到喊一辆出租车，还是和他骑车前往医院。当关幼波问诊后，叫他去验血。我悄悄问关大夫："不要紧吧？能治吧？"关大夫说："不是肝癌，我就能治，先按急性黄疸肝炎治，必须马上住院仔细检查。"但是中医医院和我们的合同医院积水潭医院都不收他，说黄疸肝炎是传染病。可怜田方当时虽"解放"回厂，但仍未作结论，还在监督使用。没有组织和领导关怀，能住进哪个医院？我又得到了好朋友苏菲和马海德的帮助，再找北京市委的高戈同志，才使他住进了第二传染病院（这是接待外宾和高干的医院）。对他们几位同志，我至今感念不已！他刚住进医院，我就由于着急和劳累病倒了，发高烧躺在床上，由儿子田新新一人去照料他。而田方却又担心起我的病情，怕是他传染了我，问了好几次。为此我给他送去我的诊断书和信（没想到这封信至今还留在他的小盒内），信的内容是：

田方：

昨天因为发烧尚未全退，没敢给你写信，怕有细菌传染你！今天全退了，所以写几个字以免悬念！我确实是急性扁桃腺炎，肝脾正常。勿念！本想今日去看你，新新下午回来了，我就多休息一天，再去看你。听说你胃口稍好些？大便还是灰黄色吗？想吃什么？望说话！

紧握你的手！

蓝 7.4（1974 年）

而恰恰就在此时,第二传染病医院和宣武医院已联合诊断出田方所患疾病可能是肝癌,让新新告诉我要尽快自己去找到关系转院治疗,因为通过医院的关系转院太慢。我不能再躺在床上,马上爬起来给苏菲和马海德同志打电话。马海德这个国际主义战士,他在延安时代就喜爱田方,又因为苏菲是鲁艺的,所以田方更成了他们的好友。马大夫亲自找到我国协和医院著名腹部外科专家曾宪九大夫,他当时也被打成反动权威。曾大夫用听诊器听到杂音,又用手触摸和掂量了病灶的部位。从他的眼神里可以知道,他凭经验已感到病情严重。他嘱马上转到协和医院。终于在谢铁骊同志、罗光达同志(负责电影局方面的领导工作)的努力下与卫生部取得了联系。谢、罗又两次打电话给当时的北京市领导吴德同志(田方拍《英雄儿女》时,他是吉林省委领导,和田方见过面),得到他的关心,在当晚 8 时住进了协和医院(当时名为首都医院)。这一天是 1974 年 7 月 6 日。

多少同志饱含着对田方的战友情,前来探视。而田方的病情日重一日,我们劝阻了许多来探视的亲朋好友,有的不愿离去,只好留下信笺。而我们都不敢给田方看,怕影响他的情绪,但是对那些真诚厚爱的友朋,我永远都不会忘记,并深深感谢他们。

原以为到了首都医院可以马上开刀,因为曾大夫答应:如果是癌,他将把胸腔打开让放射线直接照射病灶。这期间马海德大夫和苏菲同志放弃北戴河休假,又请来了肿瘤医院院长吴桓兴、余子豪等放射专家。他们都同意曾大夫的方案,希望首都医院外科开刀后,他们可以共同参加治疗。谁知首都医院放射方面的机器却坏了。曾主任和我谈了真情:他认为要尽快转院到日坛医院,如是肿瘤,争取早开刀,早放疗,这样还可以延缓五年……我的心碎了，为什么这么惨？又这么早？但我却不希望他告诉田方这些话。田方能承受得了吗？他答应了，对田方说："为了避免炎症扩大发生病变，要尽快转院开刀。"田方却冷静地说："我要尊重事实，要有唯物主义的态度……明白了！"他同意转院到日坛医院开刀。曾主任走后，他双目微闭，泪水模糊。我忍不住了，他却很快地强制住自己，劝慰我和壮壮早点吃饭。下午3时，我们又转到日坛医院。这一天是7月16日。

田方的病情并未减轻，每天都有轻微的低烧至37℃以上，有时心慌，全身出汗，手脚发凉，有时几乎虚脱，都是靠输氧、输液才使他比较平稳。一小时一次小便，大便次数增多，有时疼痛难忍，有时昏睡，有时呓语……病痛折磨得他脾气极坏，不时向我发火。有一次我躲到凉台上去哭，他找不到我，又着急找我，当我回到他身边，他看我眼睛红肿拉着我的手说："我难受，不向你发火，向谁发呀！"我点头告诉他我理解。可是一会儿他又发起火来。但是当他清醒时，却嘱咐孩子们要早点来，多陪陪妈妈。我的心真是酸痛极了，又担心着能否按时开刀。余主任几次来看，他说不影响手术。

7月22日开刀。晨4时，田方就醒了。护士做术前的灌肠和排泄之后，我替他擦好下身去迎接手术。5时我把他的脸洗好，紧紧地贴着他的脸，以鼓励他的斗志。他轻声嘱我："不要着急。"7时1刻，手术室的护士来接他到手术室。我和孩子们还有史平同志先急步跑到手术室外等候，当护士把躺在移动床上的田方推来快走进手术室时，我看到他那憔悴的目光似乎有些凄然，我担心他失去信心，马上屈身向前，用嘴轻轻地吻着他的嘴唇，给他爱，给他力量！田方用感激的目光凝视着我,露出微微的笑意。至今我还清晰地感觉到他的感激之情,这一吻也使我终生稍慰,这是对他在一生中挚爱我的回答——"我会永远爱你!"

我虽然知道他是患了癌症,但我总祈念着不是癌症才好。

8时过后,看到吴院长匆匆到来,走进手术室。我知道情况不会太好。不久内科主任出来告诉我就是癌瘤,我的心和身全紧了起来,等待着没有希望的希望。一会儿吴院长出来了,和史平同志谈话,中间把我叫进去。他说:"瘤子比较大,不能当场放射了。现在得研究以后如何放射治疗的问题。"这是最大的打击,预示着最不好的后果。我全身发冷,不知如何是好。11时半曾主任从手术台上下来,告诉我:正像他们估计到的一样,瘤子比较大,不能拿掉了,只能插进管子引流胆汁。管子已插好了,要密切注意田方的变化。需要他的时候,他再来。我似被判处死刑,含着泪感激了他,由史平同志送他下楼。

12时过了,田方被送了出来,他睁着眼睛望着我,我不敢看他。我的心碎了,我为什么把他的病耽误了! 到病房内,他问我有瘤子吗,我不知该怎么对他说,只说:"还没有仔细告诉我,只是……"他昏睡了。我为田方未来的苦痛而心痛,麻醉师、护士、护士长和大夫们都为我的不幸而流泪! 田方一生的经历,他的一切都历历在我的眼前栩栩而动,而他今后只是延缓着生命的时间,我们再不能并肩去生活去战斗了! 想到他半年来憔悴的容态,我真恨自己太不敏感! 怎么没有强制他早来这个医院做全面检查? 同志们的提醒、嘱咐……一切都轻信了医院的"化验结果",对他太不敏感了。可恨! 恨我自己对他的关心不够啊! 医院曾发现他大便中有潜血,打了胎盘球蛋白,当然再化验就没有潜血了。因而误认为没有癌症,足足耽误了半年。

吴桓兴院长听医生、护士说我很悲痛,下午4时他到下边来看我。他说:"这完全是我们估计到的,事先不是告诉你了吗?"我说:"精神准备不够,还是幻想……"我又问为什么不在开刀时放射,他又说明,原来希望瘤子很小,开刀时放射后再放一两次就可以好了。而现在不是一两次的问题,所以不能耽误手术时间呀!他劝慰我说周总理就叫他宣传癌症不是不治之症。胡耀邦、陈丕显、周扬、常香玉都是他用放射治好的,他会千方百计想办法。他要我"鼓起勇气,乐观地对待,再集中精力坚持两个月!两个月"!他又给了我勇气和信心,现在最好的就是延缓生命。我要怎样努力使他延缓的生命能愉快些,减少些痛苦啊!晚饭后,吴院长又陪李冰同志来看我。李院长要我正确对待。吴院长又举例说李院长的母亲就是胆管瘤,被控制住了,后来她是死于肺炎。他要我安心。我深深感谢吴院长对同志、对朋友的热情关切,我答应他会乐观地勇敢地配合治疗。

田方术后经过了多少天的痛苦折磨,终于在7月29日开始拆线,隔一针剪一针线,在8月1日全部拆完,取下了各种体内插管,只留下一支胆管,刀口长得很好。术后两周开始放疗,吴院长亲自主持放射钴60。放射回来十分痛苦,田方自己要求休息,不肯做任何护理。中午又有些恶心,直到午后3时半才醒来,喊饿,要求吃饭。但是田方体质太弱,经受不住任何影响。例如:卫生员清洗厕所,他就会马上打喷嚏,引起感冒,体温也时高时低。我打电话给丁峤(他负责电影方面工作)。第三天丁峤、谢铁骊同志赶来医院,说吴德同志有话,可以使用贵重药品。这样医院的外科主任经院领导同意,把陈毅元帅未用完的进口药给田方注射,体温才逐渐下降。当胡朋同志来看他时,他已经能拉着绳带坐起来,吃了胡朋带来的馄饨,我们多么高兴呀!他也许可以好好地度过延长生命的几年。但是谁料到当时值班医生中有位造反派的年轻医生,她查问田方用的贵重药是否是自己买的,我们不敢说是院领导同意的,又不敢说是自己买的,就说是我们请医生代买的。这位造反派却悄悄把这个进口的消炎药给撤了。很快田方又发了高烧,我马上去找党委书记李冰同志,她召开了党委会和专家会诊会议后,决定继续使用进口消炎药。这一天曾宪九大夫也自己乘公共汽车来看田方。他再次查看术后X光照片,说手术很好,没有问题,一定要继续用药!治疗得好,他的生命至少可以延续两三年以上。这位刚被"解放"而尚在监督使用的"资产阶级反动专家"是这样关心一位"老同志"(当时没有这个词汇,田方也是刚刚"解放"被监管的"牛鬼蛇神")。日后曾主任还在"文革"年代里为田方濒临死亡的侄子准确诊断出药物过敏的病因,从而挽救了他的生命。医德如此高尚的专家,在"文革"后不久却也患了癌症而离开人间。在我心中永远铭记着他救死扶伤的美好形象。

因为田方使用了高价的进口药,白血球数量已接近正常,而那位造反派医生却又说白血球已降下来,马上停止了那个好药。停药的下午,白血球数量马上又上去了,接着发冷、发烧,头痛、腹水。我不能再等了,又去找李冰。下午大夫们会诊,不肯告诉我化验结果,只说炎症尚未控制住,不是因为减药的缘故,这只是为了减轻那位造反派医生的罪责而已!因为他们决定还要集中使用高效的进口药。明明是她停止了用那疗效好的药,才造成发烧和炎症以致出现腹水……第三天恢复集中使用进口青霉素,夜里烧就退了下来,第二天晨4时退到35.6℃。这一夜他很安静,早晨只说自己太无力了。我告诉他不是病情变化,是由于大夫过早地撤掉了青霉素。他说,为什么这样折磨我?眼里充满了泪水,然后他又说:"不仅要和病斗,还要和人斗!"接着两天,田方精神稍好,在劝说下吃了吴院长送来的水解蛋白和几口奶油蛋糕。这一大进步,使我很高兴。谁知道当余子豪主任来看田方时,护士告诉余说那位大夫因有羧苄来了,她就把进口的青霉素又撤下来。余大夫说:"不能减,要按会诊意见治疗。"但是她已经减过了,田方的白血球又马上升到19000多!第三次再用进口药,表面上田方也稍安静,但是细菌已有了抗药性,不再产生疗效。田方的病情很快地又严重起来。因此放疗也无法进行,肚胀越来越严重,什么也不能吃,甚至连药也不能服,尿也少起来,脚肿得很厉害,实在令人担心。护士们一直在说:"田方同志太好了,他的忍耐力很强,这病很痛,他却从不哼出声来。"可是入夜后,田方却痛苦地哼了出来,过一阵他又用求救般的眼睛看着我。我紧握着他的手,他看着我说:"你也没有办法!"

我的眼泪哽在嗓子眼里,又过了一阵,他又痛苦起来,还是看着我。我再也忍不住哭了出来。他看我哭,又说:"于蓝,别哭,越是困难的时候,越是要斗争的时候!"我更忍不住,两手抓着他的手,告诉他:"我是因为不能代替你受苦痛!"他日甚一日地消瘦,肚子日甚一日地胀疼,更可怕的是四肢全都肿了起来。我真不愿意看着他痛苦的样子,如果真的没有希望,也愿他能毫无痛苦地安息啊。上午吴院长亲自来坐了好大一会儿,查看了田方的身体,出来时他对北影厂的张司药说,可能癌已扩张到腹腔。我受到震动!张司药劝我要坚强一些。

8月24日的一整夜,田方十一次大便,全是黑色。在凌晨2时,打了一针安眠药才稍稍入睡。

8月25日这一天,仍有许多同志来看他,当黄灼、左荧夫妇来时,田方昏迷着。他们说你应该巧妙地问问田方,还有什么话要说。其实我自己早已经非常矛盾,不知该不该把病的真情告诉田方自己,我忍着泪说了自己的心情。他们说:"不能告诉他呀!"我该怎么办?只想等到丁峤和谢铁骊来时,问问何时对田方说。因为他们是代表组织的。但是,他们没有来。田方腿肿得发亮了。田方的侄子文强说:"人说男怕穿靴,女怕戴帽,大爷他……"我怕极了。接下来大便更严重了,已经不是一小时一次了,而是连续不断,便盆几乎离不开他的下身。田方喘喘地说:"我肚子里还有什么?"他皮包着骨头,怎能忍受这便盆的磕碰。我什么都顾不上了,跪在床边,用手肘垫在他的腰下,想缓解他的疼痛。让儿子新新和侄子轮流跪在地下,给他倒换便盆。这样持续到天光大亮,可能真是肚子里什么都没有了,他昏迷地睡了过去,我们才各自起来。

　　这一天,他昏睡着,有时发出疼痛难忍的哼叫声,有时又像要呕吐,他都狠狠忍着不吐,偶尔又发现他脸部有痉挛的样子。他虽然昏迷,但是我觉得这样比昨天似乎好了一些,比较安静,不让人感到痛苦在折磨他。我带着希望守候着他。直到这一天的夜幕来临,我忍着泪水默默地守着他。医生、护士都嘱:"叫他睡吧!"

　　很长的时间过去了,我忽然听到一阵轻轻的声音:"于蓝,你怎么不睡?"是田方醒过来了。我忙说:"不困。"

　　"你不困,就坐在我身边吧!"声音是那样清晰,但却是那样无力!我马上贴近他,坐在他的身边,用手抚摸着他的肩头。

　　他没有说话,似乎有点昏迷,口中喃喃地说:"这是我们党的第一次……"这句话,他在健康时也曾说过,在病中他昏迷时对孩子也说过,孩子们问他什么意思,他总说:"去问妈妈。"可我又怎能告诉孩子呢?!那是他对"文革"中打倒一切,打倒老同志、老干部极为不满。田方说党本来就对这些人是了解的,可为什么要打倒呢! 这是我党的第一次!此时夜深人静,旁边没有人,我明白他的意思,也没有制止他。停了一阵,他又断断续续地喊着:"周扬同志! 周扬同志!"我知道他一直是把周扬同志看做是党对文艺工作的领导者。1945年抗战胜利,我们离开延安时,他就是找的周扬同志向党中央转达,他愿意去东北接管日本占领时建立的"满映"。到东北不久,东北局果然分配他去接管"满映"的任务。此时,他喊"周扬同志"是为周扬不平? 或是想向党说什么? 但是周扬此时还是"反革命分子"、"四条汉子",没有"解放"。我真怕他会在众人面前这样喊出来! 我马上抱住他,把脸靠紧他的脸,不断地说,"田方,我害怕,你别说了!"他好像听懂了,轻声说:"你害怕,我不说了!"说了两遍。我用脸紧紧靠着他的前胸,他默默地摸着我的头发,有一阵之后他又说话了:"于蓝,我的钥匙就挂在办公桌的门上。"我有点奇怪,他的钥匙不是都在我这吗! 他断续地说下去,头脑那么清楚,我明白是说办公桌的钥匙。他说:"用它打开我的抽屉……里边有日记……组织上可以看……可以了解我……你也可以看……"我心如刀绞抱着他,不许他说话。他却更加清楚更加温情地说:"抽屉里还有一个存折,里边可能有200块钱。于蓝,这点钱虽少,可能对你有用!"天哪! 直到他病倒至今,他也未领到全薪,每月只从家中拿去20元作为自己的消费,吸最低廉的纸烟,总是旧衣布鞋……他是那样清苦,却攒下200元,还要留给我……我的心碎了! 我再也憋不住,哭了出来,但还要忍住哭声:"不许你胡说!等你好了,我们俩一块去拿!"他不说话了,他听着,但最后又说:"你太迂腐了,你别相信他们,他们都在演戏!"我抱住他抽泣起来。他不说话,摸着我的头……他不说了,也不动了,他又昏迷了,发出轻轻的鼾声,他似乎累了,睡了?我轻轻地抬起头来,坐在他的身边抽泣……我没有睡,我守着他,希望他能转危为安。

就这样迎来了第二天。8月27日,新新进来了,我叫他快去找壮壮:"赶紧把弟弟叫回来。"那时壮壮已回部队了。田方开刀后的第四天,我就叫壮壮赶回部队,他当时还是一个炮兵战士,我们不敢让两个儿子都留在身边。他在向爸爸告别的时候,田方叫他不要再抽烟了,壮壮嘱咐爸爸:"好好治疗,既来之,则安之!"临行前,他还相信爸爸会好起来的。当我让新新快去打电话找壮壮,他说:"妈妈,可能来不及了!"我说:"那怎么办?快去找医生!"新新知道医生早已下了病危通知(而未告诉我),准备随时进行抢救。医生给拿了最后的安慰中药,这是我恳请名医赵炳南大夫再给开个方子救救他。医院完全同意,把药拿来了,说牛黄可以延缓生命,我喂他吃了。吃后不久,他稍稍睁开眼睛又闭上了。

上午,田方被抬到病房的中间,准备随时抢救。10时许,厂党委的一位领导来了,还问田方(恰恰田方又睁了眼睛):"你认识我吗?我代表全厂来看你!"我生气极了,这是什么意思?这不就是说他代表全厂来向田方告别嘛!但是,奇怪的是田方却发出了声音:"我认识!当然认识!"这声音虽然不大,却那么有分量!重复了两遍。接着他昏迷了,急剧地抽搐痉挛。医生马上抢救,多少次地按着胸部促使心脏跳动,但是他的心脏停止了跳动!而他的眼睛却并不闭上,我知道他眷恋着人生,悬念着党的事业,他难以舍弃亲人!好心的高时英同志怕我昏倒,硬要我此时离开,她死死地拉着我离开,我死也不肯离开,我几乎愤怒地喊叫起来:"不许你们这样!"我扑向田方,最后地贴紧他,贴紧他的脸,我用手把他的眼皮轻轻地放下来!我要叫他不要想着我们,安心地走吧!

以后多少次的悲怆痛哭,我都是躲开大家,我在深夜,我在郊外,用我的心和田方告别!

我永远记着他丰富而深邃的目光,永远记住他一生对我淳厚的挚爱!他会永远活在我的余生之中。

五 又回黑土地

别具一格的赛跑

1937年7月7日,日寇全面发动侵华战争。1945年8月15日,日寇宣布无条件投降。

我刚参加革命时,只想很快打走日本鬼子。而残酷的现实是,日寇侵华战争蓄谋已久,军事力量十分强大,而我国蒋介石政府,一意孤行,用"攘外必先安内"的方针消灭异己。蒋介石自己不去打击日寇,相反还企图借日寇力量来消灭坚持民族解放的中国共产党和八路军、新四军。整个抗战期间,蒋介石发动了三次反共高潮。要想取得抗日胜利,谈何容易!当我学习了毛泽东的《论持久战》之后,才看清形势,有了长期抗战的精神准备。当时,我很幼稚,以为自己可能一辈子也看不到抗日的胜利,但,这不要紧,只要我的子孙能看到这个胜利就可以,而且这是一定可以看到的。所以,当国际反法西斯战争胜利后,日寇无条件投降了,真使我感到出乎意料,欢喜若狂!

抗日战争胜利了!胜利的欢乐燃烧着每一个人,燃烧着全中国,延安沸腾了,每个角落都沸腾了!鲁艺的人因为是文艺工作者的原因感情更是强烈。那一夜在延安几乎是疯狂之夜,秧歌舞跳了一夜,火把烧了一夜,锣鼓响了一夜。间或跳累了,人们三五成群,在小憩中畅谈自己的感想,然后又去欢呼、跳跃!

我和塞声大姐、赵路等人不约而同地想到我们真的要打回老家去!我们要到东北去!我感到:在艰苦岁月中,党为了培养干部,把我们留在延安学习,培养我们,保护我们。现在我绝不能继续留在被保护的环境里(其实,留在延安和西北的同志们,后来更是经历了内战炮火的严酷洗礼)。我必须为党、为人民去战斗了!

日寇投降后,坚持在敌后艰苦战斗的军民——八路军、新四军、老百姓,自然有权从日寇手中接过他们的武器。而万恶的蒋介石却发布公告,命令敌伪不得向八路军、新四军缴械投降,只有他从峨嵋山派去的军队才能受降。这激怒了坚持八年抗战的军民,他们继续战斗,迫使敌伪向我们投降。毛泽东在党的七大上所作《论联合政府》的报告中指明了我们的任务是:打败日寇,解放全国人民,建立一个新民主主义的中国。而蒋介石大反人民之道,一意孤行地要消灭坚持敌后抗战的军民。正是需要我们去战斗的时候了,哪里最艰苦,我就要到哪里去!当时,我们估计:东北被日寇统治十四年之久,环境更困难,我们就到那里去。虽然当时我的家就在北平,但我想先不回家,一定要打回老家去!

很快,中央组织了"东北干部团"和"华北干部团"。田方和我一同报名参加了东北干部团。塞声大姐因为有孩子不能同行,赵路因为丈夫葛陵的家乡在河南,也未与我们同行。出发前,毛主席、周副主席、朱总司令给我们做了报告,分析了形势:因为我们在敌后坚持八年抗战,才打出了这个局面,而国民党反动派却趁机抢夺胜利果实,我们一定要尽快赶到那里,建立起东北根据地。周副主席还说:"你们要用两条腿和国民党的飞机、火车、轮船竞赛噢!"这句话给了我力量,每当我疲惫不堪的时候,这句话就在耳边响了起来,像是产生力量的发动机。

于蓝参加东北干部团,出发前和大家在一起。

我们编在"东北干部团"的八中队,队长舒群(著名作家)、副队长沙蒙(电影导演)和田方,生活队长张平(著名演员,《停战以后》顾青的扮演者),支部书记张守维(《白毛女》杨白劳的扮演者),我则是女生班的班长。1945年9月2日,我们打好不得超过八斤的背包在作为礼堂的教堂门前拍了照片,这就是出发前的誓师,我们每个人精神抖擞,步履矫健地出发了。

这次行军的路线是在陕西与山西交界处渡过黄河,然后经过晋绥军分区过同蒲路。大目标是首先到达张家口,因为那里已被八路军解放。这段路,对我来说并不艰难,我已不是什么也不懂的小姑娘了。此时,我已担负起有九个女生的女生班班长职务。每到宿营地时,生活队长张平都要带着班长们去号房子,安排大家住下和洗涮。这时大家都累得走不动了,坐下来等着我们安排。我虽然和大家一样疲惫不堪,但是总要跟着张平去查看房间,哪里可以住下女同志……慢慢地我发现由于来回查看房间,使我疲惫僵硬的双腿并不那么难受了,而且好像消除了许多疲劳,似乎比坐在那里等分配房间的同志们更少疲劳感……这样我得到了许多锻炼。

田方是副队长,负责打前站,同时又是"火头军"。他总是要带两个同志先行,快走,给大家找地方休息喝水,然后是找地方做午饭以及准备晚饭和住宿的地方。他们比别人更辛苦些。一路上,我和田方的接触并不多,有时吃饭时互相看一眼,或是睡觉前说上两句话。我也很要强,绝不去干扰他。我个人也没有任何困难,过黄河和封锁线都已经历过,并不在话下。记得冲过封锁线之后,又要渡过一条河,可能是滹沱河,才能达到安全地带。这条河水深齐胸,可以蹚过去,但是为了避免女同志被水流冲走,就要求男同志把女同志背过去。男同志背女同志过河,在各抗日根据地也是常事。平时当然由田方背我过河,可是这次面临大队要安全冲过封锁线和过滹沱河的任务,田方要负责全队的安全工作,队领导就把我交给文学系的雷加同志(著名文学家)照顾。我坚持自己可以过河,雷加却死也不肯,一直把我背过河去。当我过了河,走上岸边时,发现田方早已站在那里,看着大队是否安全渡过。他见了我没有说话,只是嘴角稍稍一翘,略有笑意,双目望着我,似乎问:"可以吗?"我默默地点了点头,表示"没问题"。

我刚刚走过,听到后边张平的吆喝声,原来杜粹远同志因个子小,让她骑着驮行李的马过河,快到岸边时,那匹老马趴下了,任凭张平怎样轰赶,它也不起来。张平是杜的丈夫,由他负责杜的安全。田方马上跑过去叫小杜下了马。他嘱小杜、张平快走,"你们不要管马,别摔倒了!快走!"此时,刘炽和另外一些同志正好走到这里,看见这个情况,都很紧张,不知怎么办,也想去拉起老马。田方却沉着地指挥:"你们不要管驮子……快速前进……别急,别摔倒了!"大家马上情绪稳定下来,追上前去。田方看到全体同志都已安全过了河,他知道后面还有后续部队会来收容那匹倒下的马和驮子,赶快起步追赶自己的队伍。果然,驮子上的东西也全部保存下来,后来送到我们队里。

大队到张家口附近时,那里已是八路军解放和驻扎的地区了。为了不骚扰城里的老百姓。通知我们不许进城,叫我们住在张家口附近的阴山休整。当我们行进到火车站时,听到火车的鸣叫声,我不由得从心底想高喊:"科学万岁!"火车行进多么快呀,真想坐上去,让我的两条腿解放一下呀!可是,不许坐,只好继续用两条腿和它赛跑吧!

在阴山略作休整便继续北上,绕过北平,目标是承德。这条路上必须经过一段无人居住的"无人区"。日寇为了统治中国人民和摧毁抗日活动,在这些地区惨无人道地并村合屯,把老百姓赶走,断绝抗日部队和群众的联系。当我们走进"无人区"时,残垣断壁、烟熏火烧的遗迹,比比皆是,不忍目睹。日寇在此断绝人烟,企图不准抗日队伍通过,而共产党员硬是要走过这个无人居住的地区。那一晚我们就住在四海。现在地图上写着四海堡。我们自己带着充饥的干粮,这时因日寇已无条件投降,老乡的胆子也大了起来,有些人硬是从更远的地方弄到些猪肉,跑回来卖给八路军。老乡们在日寇统治时,没有菜只能吃腌树叶子。我们没有吃树叶子,因为管伙食的同志千方百计给大家找吃的。著名漫画家华君武和他的夫人宋琦都在我们中队,我问过宋琦那天咱们吃的什么,她也记不得在无人区吃什么了。唯独华君武记得十分清楚,他说:老乡弄了猪肉来卖,咱们队买了半扇猪肉,由于没有盐,吃得大家几乎呕吐出来。"没有肉吃很难受,可是吃了没盐的肉更难受。"他在后来回忆这些情景时,总是把大家逗得大笑!他还清楚地记得:没有肉吃难受时,田方就和他们"精神会餐"。什么叫精神会餐?那就是让田方说说北平的小吃多么好吃,像豆汁呀,爆肚儿呀……怎样好吃又怎样吃法,田方说时,大家好像也跟着吃了下去。这是他们男同志特有的方式,华君武永远津津乐道。而留在我记忆里的"无人区"也是难忘的:那天夜晚,大家都睡了,我作为班长汇报归来,在月光下,虽然残垣断壁,景色依然富有魅力,几株粗粗的大柳树,树干要两三个人才能围抱过来。已是深秋,万籁俱寂,袅娜的树枝随风摇曳,令人神往;远处的青山,松柏连绵;可能夏日还有淅淅而流的小河,现在早已干枯只留下窄窄的河道。月光皎洁,空气清新,大地寂静,我竟迟迟不肯去睡。我在想,这是多么美好的地方,打走鬼子,人们可以到此避暑,享受大自然的赐予。此时,我和刚到延安抗大望着月亮哭鼻子的情形很不一样了。

离开无人区,经过古北口,我们到了承德。承德已经由我军解放。这是一座不小的城市,驻扎着各个根据地的办事机构。我们被允许坐火车,下一站的目标是锦州。坐的不是客车,而是没有窗户的货车,八中队乘坐的一节更是我从未见过的闷罐车,人们管那叫守车。那就是执行守护任务的车皮,在整列车的车尾,车厢只有一个圆形的天窗,天窗下边是一个圆形的高台子,车警可以站在圆台上,伸出半截身子,察看行进中有无险情。车内两壁前钉有可以乘坐的木板。因有车壁可以依靠,也可称为木椅。我们全队将近五十人,把车厢挤得满满的,有三个同志没地方坐,就挤坐在圆台上。时间久了,坐在木椅上的同志可以互相依靠在车壁上打盹,而那三个坐在圆台子上的人,没有车壁可依托,只能互相背靠背地坐着,累得他们坐不住了,很想躺下去,但是台子的面积即使躺下一个人,头和脚还是没有地方放。他们想出一个办法,将裹腿、皮带吊在守车的天窗上,三个人把脖子和脚吊起来,只把后背放在圆形台上,也算躺了下去。刘炽是我们队伍中最活跃的分子,他们吊了一路,也认为比别人幸福,因为总算"躺"了一路。他还时时讲些笑话,引得我们在车厢里大笑一场。这是抗战八年中第一次不用腿走路的快乐之旅,同志们一点儿也不觉得苦,心里还美滋滋的。我们队里,有的同志并不知道两节车厢的连接处有一个詹天佑发明的钩,钩上面有一个圆形的小铁轮,可以控制车厢的连接。不知是谁转动了它,火车正在吃力地向上爬坡,而我们的车厢却在往下滑。原来有人闯了大祸,使詹天佑钩开扣了,车厢滑坡了!指挥的同志呼喊大家"快跳下火车",以免车毁人亡。一场纷乱,大家都跳下了火车。幸好坡度不高,后边又没有其他的车辆,虽然有人扭了脚,擦破了皮肤,总算没有出大乱子,算是虚惊一场。整个干部团,还有很多人根本没有坐过火车,不知道当火车加水的时候会暂停一会儿,加满了水再走。于是有些人当火车加水时,怀着新奇与兴奋的心情,跳下火车到处去看看逛逛,当他们回来时,火车却已经走远了。这些人在行军的时候,没有一个掉队的,而乘火车时,他们却掉了队,只好被当地收容部队收容,再千方百计地把他们送回各自的队伍。这样的笑话很多。

我们终于到了锦州。这时锦州已被我军解放,看到那样大的火车站,我真感到了大城市的气魄。车站上有小贩卖着红红的大苹果,抗战八年中,我根本没见过这样好的苹果,参加革命前,也没有吃过这样好的苹果。好馋呀,可是没有钱,只有无奈。这时,我忽然听到有人喊我,一回身,看见我的哥哥于亚伦,手里拿着一个大苹果向我走来。我的哥哥1944年从敌占区回来后,就在枣园接受审查,怎么也到了这里?原来抗战胜利了,需要大批的干部开往第一线,枣园很快结束了审查,让这些同志奔向前方。枣园分配他到华北,他坚决要求到东北干部团,因为他初到延安就是在东北干部队学习的。枣园的领导同意了他的请求。但是东北干部团已经走了两天,他不顾一切地急行军,终于赶上了东北干部团。一路上,由于各个中队并不在一个地点住宿,所以我们从未相见。这一天,整个干部团集中在锦州换乘火车,他趁大队换车的间隙找到了八中队。在枣园他是个纺线能手,积攒了一些钱,离开延安时,换成银元带在身上,一路上舍不得花一分钱,可是当他看到我们中队时，心想一定要给妹妹一个惊喜，于是就买了一个大苹果。我拿着那只大苹果，望着他，只是笑，也忘了这个苹果是怎样吃下的。但是，哥哥对我的关爱是难以忘却的，那种惊喜的感觉一直留在心头。

我的哥哥小名叫应选。据姑母说，生他那年正是我父亲大学毕业报考法官的前夕，他希望自己能够考取，取个吉利，就给儿子起了"应选"这个名字。果然，父亲的希望实现了，哥哥的名字就叫开了。父亲走进大城市之后，觉得自己不应该有"迷信"的思想，在哥哥上小学的时候，给他改名"英（谐音）选"。1931年"九一八"事变，哥哥随着家庭流亡平津，在北平通县的潞河中学住读。父亲认为他将独立生活，应该有个大名，于是给他取名振卓（按着家谱克、振、传、家、久的序列排"振"字）。后来，他参加革命了，想和家庭的封建传统隔断，自己又起了名字叫于亚伦。延安的同志们，都昵称他为"亚伦"。

九一八事变后，1932年至1937年，哥哥住读潞河中学，我则随着父亲、继母、祖母等一家人，在张家口、北平、天津等地读书，很少见到哥哥。1938年，哥哥高中毕业了，回到家中，我们都在思考今后的前途怎么办，虽然兄妹相聚，但终日闷闷不欢。

7月间，因我不辞而别（准备去找抗日的部队），哥哥奉父亲之命，把我找（抓）了回来。我对他十分不满，不再和他说话。但他发现我抗日的决心十分坚决，又策划让我再次逃出家中。不幸，我和一同参加抗日的王淑源被日本宪兵抓捕关押了。释放后，又回到家中。正是哥哥打开大门。看到我蓬头垢面狼狈归来，他十分不理解，赶紧把我和王淑源拉进大门。当然，短期内我们哪儿也不能去了，我和哥哥都沉浸在郁闷之中。在父亲的努力下，凑足了路费，哥哥去到云南联大继续读书。

那是国统区,又是正牌大学,在父辈的正统观念里,这是最好的出路。可是哥哥怎样才能从敌人占领区走到国统区呢?当然也很艰难。我们全家送他上了火车,都默默祝愿这个长子、长兄能顺利到达。只是,此后天南海北再相见极难了!真是国破山河在,何时再相逢!

1938年10月,我来到了延安。没有几个月,1939年的春天,东北救国总会延安分会(因我是东北人,经常见到分会的同志)转来了哥哥的信。他在信中说,昆明天天遭日机轰炸,一次校舍炸塌,他从楼上跳下来,两脚受伤;为了抢救同学,他再一次负了重伤,住在伤兵医院,历经艰难,总算痊愈。经济困难,无法再读书了。东北救亡总会的负责人高崇民伯父(新中国成立后为民盟副主席,也是我父亲的同学好友)要介绍他到延安读书。他问延安怎样,可以来吗?我马上回信告诉他:这里是世界上最艰苦的地方,但也是世界上最快乐的地方!希望快来。信刚寄出,没有几天,哥哥突然到了延安。他并未接到我的信,由于来延安心切,一有机会,马上动身来到延安。我拉着他的手又叫又跳,紧紧靠着他的肩头,把他送到宝塔山下东干队。东干队是为东北培养干部的地方,队长张学思同志是张学良将军的四弟。

1939年秋,延安要送一大批干部奔赴前方,我和哥哥都因为在延安学习的时间太短,仍然被留在延安。出征的队伍在我们面前经过,引起延安同学的激动,纷纷当场捐赠毛衣、裤、被……我则把手上继母给我的宝石小戒指迅速摘下,送给出征的队伍。东干队除了哥哥和少数人也都奔赴前方了,哥哥被留在延安抗大俱乐部。

这一年的冬天,为了纪念"一二·九"学生运动,抗大、女大联合演出了《先锋》。我扮演女主角沙红,而哥哥则扮演其中一个比较容易冲动的年轻同学。这个角色在剧中的外号叫"冲头"。其实哥哥于亚伦并未演过话剧,可能因为他有东北人那种冲头冲脑的性格,就让他来扮演。这出戏的演员虽然大都是第一次登台,但演出却十分成功,在延安引起小小的轰动。日后,人们还以为哥哥是我的弟弟,多么有趣,这也说明我们扮演的角色都很成功。正是由于这次演出,不久就把我调到鲁艺的实验剧团去做专业演员。哥哥也因此考入了鲁艺第五届戏剧系。这两个单位同属鲁艺的戏剧部,学生的实习就在我们剧团的演出活动中。后来剧团演出《带枪的人》,由王滨、水华导演,干学伟饰演列宁,田方饰演雪特林,哥哥于亚伦饰演契比谢夫,而我则扮演雪特林的妹妹……我们再一次同台演出,至今我还保留着我们同台的剧照。在延安拍剧照是极难得的机会,我们得感谢延安电影团的吴印咸同志,是他为我们拍摄的。我和哥哥在鲁艺学习、生活共有两年多的时间。

1942年,中央决定调出部分干部深入敌人占领区进行工作。曾有几位被调的同志,因为自己在敌占区的社会关系不稳定(包括家庭关系)不敢接受任务。为此这几位同志都受到党纪的处分,并在党内公布。唯独我的哥哥于亚伦出人意料的勇敢,他毅然接受任务,服从分配,愿到敌占区去。我为他高兴,又为他担心。他离开我们,先到党中央的社会部去接受特别培训。走前我们整晚默默地坐在房间内,我和田方只能用自己的心和目光去鼓励他和抚慰他,一句话也说不出来。而他也只是默默地坐着,似乎告诉我们:不要担心!但是怎么能不担心呢?那是敌人占领的北平呀!

第二天早晨,戏剧系的迪之同学去送他,帮他背上背包,沿着延河水,走过了飞机场直到东关。一路上两个人没有说出一句话。要分手了,哥哥说:"昨晚和于蓝坐了一夜,也没有说一句话。"没有话语的分手,说明这次分手的分量是多么沉重! 多少年后,迪之同志说起哥哥,仍然深情地回忆那次握别。

后来,哥哥告诉我:1943年春,他带着发报机和电报员出发,步行到山西境内,在那里改乘火车,电报员和发报机就留在根据地的边境上,等待他的消息。他是怎样走进北平,又是怎样回到家中,当时我并不知道,后来还是二弟于振超向我讲述了哥哥那段传奇式的经历。

我和哥哥离开北平时,我们家住在新街口前公用库八道湾8号。哥哥进入北平后,直奔八道湾,谁知扑了空。居住8号的那家人根本不知于家为何许人,更不知搬到何处。他往外走着,也不敢打听,十分犯愁。忽然,看到前公用胡同口有家"万聚"杂货铺,他记得自己曾经在那儿买过酱油和蔬菜,于是进去打听。店主也不知于家搬往何处,恰好门口的一个黄包车车夫说,他知道,好像搬到巡捕厅了。这样他雇上这辆车,一路和车夫找话聊天,终于找到了自己的家。

哥哥回到家,放下行李卷,径直往上房(即北房,北方老一辈都是住在北房)去看爷爷、奶奶,给他们叩头。奶奶的眼睛(青光眼)已经看不见了,走到大孙子面前,用手去抚摸哥哥的脸和肩膀,大家都很感动。哥哥对爷爷说:自己在山西做买卖,老板很看重他,并且把姑娘许配给他(其实根本没有此事),此次派他去东北收账。哥哥被安排在书房住下,二弟、二妹整天围着他,问他是否见过姐姐。哥哥说他自己做买卖,经常到陕北一带,看见过佩文,她的生活很好,她的丈夫叫田方,是个演员……他们(指延安)经常在夜晚,烧起篝火,唱着歌……哥哥就给他们唱起《一条扁担软溜溜》,二弟、二妹听后十分向往。

很快,父亲回来了。父亲在天津伪市府任参事,哥哥需要他的掩护,所以只对他说了实话。父亲没有拒绝给他做掩护,但是希望哥哥不要再回去了,说自己还有力量给他找个工作。因为我的叔父(三叔)从国民党地区回家来,曾对他说蒋介石派胡宗南用八十万大军封锁了陕甘宁,他担心共产党没有前途。哥哥告诉他:"不,我们的事业一定能成功!我决不脱离共产党。"并告诉父亲,"二次世界大战已开始,英美军队已打到太平洋,同盟军不断胜利,日本鬼子会完蛋的!共产党势力也很大。"父亲听后心中稍稍安定,对二弟说:"你哥哥虽然回来了,还很坚决,他不肯留下(指留在北平)。你陪他到天津去玩玩,他再从天津到东北。"哥哥换上父亲的纺绸衣裤,还弄了一个天津市府的徽章,别在大褂上,看上去一点不土。后来手续办好,哥哥自己前往东北。

到东北,他利用潞河中学的好友吴春甫和应××的关系,仍以商人面貌出现。实际上哥哥是在延安接受了第三国际的任务,到哈尔滨与苏联人接关系。当时的哈尔滨自然属于伪"满洲国"的管辖,统治十分森严。但哥哥自幼在哈尔滨长大,还是比较熟悉,便于隐蔽。他在一个多月之内,进行了三次联系,第三次得到指示,说明由于战争形势,他不宜在哈尔滨久留。

一个多月后他又回到了北平。东北的工作内容他自然没有和父亲与家中任何人透露,只说东北的买卖想在北平开个车行,说想把家中南房打通一面墙,在街上可以放车,南房内可以做柜台,这笔费用由他支出。他带出的经费是金镯子剪开一段一段,放在鞋底内。此时哥哥已找到田方的母亲。他看到田家十分贫困,心中暗暗决定,如有可能一定把田方的子女带回延安。田母的生活则由我二妹琴文负责。此时他从田母家中拿来田方的照片,父亲和全家对他都十分满意。这些安排,哥哥走前均与父亲和继母说好,只是瞒着奶奶、爷爷和他的姨太太(我们均称呼她为二奶奶)。

哥哥筹办车行,在家中居住将近一个月,不知是真是假,他把南房也打通了(我估计这段时间,他是等延安的指示)。忽然。在一天的早晨,他和奶奶说,他得走了。奶奶哭起来,说:"大孙子要走,我能不能再看到你呢?!我知道你不做出成绩是不会回家的!"其时哥哥一切早准备好了,他决定带走田方的子女。可是,二弟、二妹哭着也要跟着一起走。这时,父亲忽然勃然大怒,拍着桌子吼起来:"要走,自己走!"哥哥赶快说:"我不能带那么多的孩子走。"妹妹不能跟哥哥走,是她饮恨终身的大事,因她极为要强,日后,曾多少次无限遗憾地说起此事。

哥哥再次离开了家和亲人,但是他留下了革命和希望的火种。父亲本就为自己留在日伪干事而愧对子女,便很快辞去日伪参事,而去经商。他相信共产党必会打下天下。二弟也准备着高中毕业后一定要走哥哥的陕北之路。

1944年春,鲁艺文工团还在绥米深入生活并巡回演出。张庚通知我,哥哥已经回到延安,并带来田方亡妻的两个子女。鲁艺文工团完成任务后返回延安,我怀着即将和哥哥再次相见的喜悦,结果,只见到两个孩子,却未见到哥哥。原来,他被留在社会部接受审查。全延安的干部都已经过审干和"抢救"运动,他刚从敌占区归来,更不能例外,必须进行审查。自然那时他在外边的情况我一点儿也不知道,十分惦念不安。过了一段时间,终于得到社会部的通知,叫我去看哥哥。那天,我起了个大早,从桥儿沟走到枣园后山,总共约有三十多里路。到那儿之后,由一个管理干部带着我见了哥哥。他的样子并未改变,只是依然风尘仆仆,原来他们正在劳动中,把他叫出来,没有洗脸换衣,自然显得有些疲劳。他简单地告诉我,在外边的事没有问题,只是他的党的关系已转第三国际,目前尚未转回,叫我放心。我当然不会放心,但不久见他参加了枣园文工团《前线》话剧的演出,我才心中稍安。当我第二次去看他时,他兴致勃勃地告诉我,党的关系已经得到证明。还说他纺的线已达特等标准,因此得到了一些报酬。他在枣园学习班当伙委,还把黑豆育出豆芽,改善大家的伙食,受到欢迎与赞赏。我为哥哥这样的能干和愉快的心情感到欣慰。

1945年日寇无条件投降后,需要大批的干部开往第一线,枣园很快结束了审查,让这些同志奔向前方。枣园分配哥哥到华北。他坚决要求到东北。他不顾一切地急行军,终于赶上了东北干部团。就这样,我在锦州又见到了哥哥。

这之后我们各自在自己的岗位上努力工作,他被分到公安部门,做了许多惊险而有成绩的工作。新中国成立之后,我们更是为人民的新政权在奋斗,相见极少,时间也极短,但是每次他都带给我深厚的手足之情,就连我的孩子和侄子们都对他念念不忘,经常说起舅舅给他们讲的许多幽默有趣的故事。这样乐观的人,竟在十年动乱中,遭到造反派的迫害身亡,后经中组部长胡耀邦同志的关怀,才得以平反昭雪,恢复名誉。

离开延安的桥儿沟整整两个月后,我们终于在1945年11月2日,到达了目的地——沈阳。我思绪万千,十四年前,就是因为日本鬼子占领了沈阳城,我才随着家人逃进关内,在张家口、北平、天津跟随父母的求生而辗转在这三个城市读书。今天,我终于随着中国共产党领导的抗日大军回到了被鬼子抢走的沈阳城!我的心跳动着,热血沸腾着,我就要投身到家乡的怀抱了!

我们得到家乡人民的关爱

到了沈阳,我们先住在城郊的胭脂屯,那里是贫民区,是劳动人民比较集中的地方,我们可以直接感受劳动人民被日寇统治十四年的苦难生活。橡子面、抓劳工、鞭打、驱逐、活埋……激起了我对家乡父老所受苦难的痛切感情,爆发出忘我的工作热情。为了纪念苏联十月革命节,我们要举办一个大型晚会,决定由颜一烟执笔,王大化导演,创作排练《东北人民大翻身》。在排练的同时,我们还必须进行街头宣传,因为日本帝国主义占领东北十四年,有的年轻人根本不知道自己是中国人,他们更不知道日本人怎么会占领了这块大好的土地,现在这块土地又是怎样才回到人民的手中。队领导决定由公木(张松如)同志宣讲这段历史。公木是《八路军进行曲》的词作者,他不仅歌词写得好,还是一个了不起的诗人。后来影片《英雄儿女》中的《英雄赞》歌词也是他写的,歌词写得真挚而震撼人的心扉。而在宣传演讲的时候,他却像做学问,慢条斯理,引不起群众的共鸣。我非常着急,向领导要求由我来现身说法去讲。其实我也从未做过演讲,不过,我相信我自己经过的历史就是讲稿。我可以讲自己是怎样逃离沈阳,又怎样经过流亡,怎样找到八路军和共产党;我还可以讲蒋介石怎样下密令要张学良不抵抗,才丢失了东三省,以后又怎样经过张学良、杨虎城的兵谏,有了"西安事变"以及中国共产党和人民的八年抗战才取得了今天的胜利。领导接受了我的建议。

第二天我们的卡车开进了沈阳南门外市场,打开了卡车的后车身,便成为一个简易的舞台。当我面向成百上千攒动着的人头时,竟然把声音提高了八度,刚喊完:"老乡们!同胞们!……"我就发不出声音了。可是,那么热闹的大市场,那么多的同胞丝毫没有紊乱,他们好像被我感染了,都伫立在那里要听,他们静极了。一个老乡看我说不下去了,他大声地喊:"小同志,不要怕,我们听得见,慢慢地讲……"我得到了鼓励,泪水几乎涌出,把跳到嗓子眼的心松了下来,降低了说话的声调,重新再喊出:"乡亲们!同胞们!我也是一个东北人,十四年前就是从这里逃出去的……"我声情并茂地讲述着过去的往事。老乡们听进去了,相信了我所讲的事情是真实的,他们明白了是谁下令不抵抗日寇,又是谁坚持了抗战,怎样才取得了今天的胜利!广大的人民群众对我的演讲报以长时间的热烈的掌声!接着由王大化和杜粹远用《锔大缸》的曲调,以问答对唱的形式宣传了这些内容。这一切都受到沈阳广大人民群众的热烈欢迎。

11月7日,我们打出了"东北文艺工作团"的旗号,演出了《东北人民大翻身》。剧本的写作既是创作又是记录历史的真实,我们的排练更是突击,这是五幕的大活报剧,全团上下不分资历,一齐上台。我扮演剧中失去亲人的女主人翁,而像天蓝(著名诗人)、严文井(作家、教授)、高阳(诗人、作家),他们都是延安的名人,却不得不扮演日本鬼子。他们不是演员,从未上过舞台,走不好舞台的调度,排练中出了许多笑话。颜一烟笑着说:"真奇怪,你们这些教授,几百人上课,都旁若无人,侃侃而谈;可是演一个群众,一上台那么紧张,连左腿在前、右腿在后都摆不好。"可是,这些老师们、专家们一点不生气,一点架子也没有,虚心地任凭导演的摆布,既严肃又可笑。大家都说:"这一仗,一定要打好!"果然演出轰动了沈阳,场场爆满。我们的一切工作都得到了人民的拥护和赞扬。

被苏军"押送出境"

形势瞬息万变。在日寇无条件投降后,中国抗日的军民,早已解放了张家口、承德、山海关、锦州等地,随即进入了苏军解放的沈阳和附近城市。而国民党政府却借助美帝的援助。从海、陆、空三路向东北大举运兵,强行攻占了我军已解放的山海关、锦州等地,再加上有苏联和国民党政府的"协定",为了顾全大局,毛主席及时地做出了指示"让开大路,占领两厢",把工作重心放在距国民党占领中心较远的城市和乡村。此时田方和许珂早已接受东北局命令,向长春方向出发,准备接收敌伪"满洲株式映画会社"(简称"满映")。鲁艺的美术、文学各方面人才也早已离开文工团去做他们的专业工作了。一天深夜。一声长长的工厂鸣笛,持续很久。这是东北局召集各级领导、布置撤退任务的信号。我们的团长舒群马上去东北局接受任务。前几天,组织上就发了服装费,我们也将购买的便装穿好，轻装待命。心中很是紧张、慌乱，不知道怎样撤出沈阳，怕自己带的东西过重，走起来太吃力；又难舍一些要用的衣物和书籍，扔下太可惜。而李牧同志一直在前方战斗，经验丰富，他十分敏捷地帮我们再做一次轻装，把所有的书籍都藏在地板下面，他说："很快我们还会回来，那时再来取！"

那夜，不久，舒群回来传达命令："黎明前，必须撤出沈阳。"黎明时刻，马车全部装好，我们都坐在分配好的位置上。忽然，一个十五六岁的女孩，流着泪走向我们的马车，执意要求跟我们走。情况十分紧急，她死死抓住马车不放，一定要跟我们去干革命。领导上见她那样真诚，经过研究，决定带她走，叫她上了我乘坐的那辆马车。一路上才知道她今天一大早就从家里逃出来，谁知我们又要撤走，她坚决要跟着我们去革命。多么天真可爱的姑娘，她叫刘芳。她后来成了音乐家刘炽的好朋友，可惜参加革命不久，传染上急性脑膜炎，由于缺少医药，被传染病夺走了她美丽的生命。

黎明，阴霾弥漫，气氛压抑，没有人说话，只听见马蹄踏在冰冻的大地上发出的声音。

真如毛主席在《娄山关》词中所写："霜晨月，马蹄声碎，喇叭声咽。雄关漫道真如铁，而今迈步从头越。"我们文工团只有二十几个同志，其他的二十几位另有任务早已分到自己的专业岗位上了。我们分乘几辆双轮马车和一辆装载服装道具的大马车出发了。进驻沈阳的全部队伍都排成长长的行列，告别了沈阳城。郊外马路的两旁站满了苏军，他们持枪目送，好像"押送出境"，实则"保护出境"。此时，张平发现我们存放在公安分局的东西尚未带出来，他和李百万同志急忙回去取。谁知他们一走进公安分局,就被隐藏在此的国民党特工人员逮捕并关进监狱。幸好关押的牢房是由苏军看守,此时国民党的部队尚未赶到沈阳,张平只会说一句俄语:"同志"和"布尔塞维克",就这样他们侥幸地被苏军送到"中苏友好协会"。这是一个由共产党掌握的团体,也是苏军依靠的团体,经过好些天他俩才被送回来。在撤退的那天,有很多下乡或深入基层工作的同志,未能及时得到消息撤退,其中许多人被国民党特工暗杀。我们这支队伍完整地撤到本溪,住进了辽西军区的前线剧社。舒群去西满党委汇报,他听到很多老乡在打听:"那个演讲的女孩子(指我)是否遭到暗杀?她安全撤退了吗?"听到老乡那样关心我的安全,舒群极为感动,他说短短的一个月里,人民已和我们有了很深的鱼水情,这不只是对个人的关爱,而是对我们在沈阳所做的工作给予的信任和关爱。我们坚信一定还会再回来!

穿便装的宣传队

根据毛主席指示"让开大路,占领两厢",我们撤出沈阳,到了本溪,编进辽西军区的前线剧社。前线剧社的同志多是年轻人,大都是刚刚参加革命,爱好文艺工作的青年人。他们对我们热情接待,亲如家人,部队的领导也经常来看望我们。我们又正式穿上了军装,在鞍山、辽阳、抚顺等地为军民演出。节目是《把眼光放远一点》《军民一家》《血泪仇》《兄妹开荒》……以及抗战歌曲,受到战士和人民群众的热烈欢迎。像刘炽、王大化、李牧等同志还为前线剧社的青年同志讲戏剧、音乐课,更受到他们的喜爱。

不久,从东北全局的形势需要出发,上级来了命令要我们文工团从安东乘大卡车去旅顺、大连。这又是一个特殊的情况。旅顺、大连早在1898年就被清政府租借给沙俄。1905年日俄战争后,沙俄失败,日俄在美国朴次茅斯签订条约,竟把沙俄租借我国的旅大及一切有关特权都转让给日本。他们双方打仗,却拿我们的国土抵债,这是我国历史上的奇耻大辱。1931年日寇占领东三省后,旅大就有四十年被日寇奴役的历史。根据1945年《中苏友好同盟条约》以及有关大连、旅顺口的协定,旅顺口成为中苏两国共同使用的海军基地,大连为自由港,国共军队均不许驻扎,行政权归中国,但需经苏方同意。这里的人民拥护怎样的政权,就需要由这里的人民去选择了!这正是我们人民的政党——中国共产党可以施展才华的地方!我们又脱下了军装换上便装,匆匆走向大连。我们乘坐三辆卡车,由辽东军区负责接送。1946年3月14日,我们以人民团体"东北文艺工作团"的名义进了大连。

这里又需回述一下历史。当日寇占领东北三省之后,张学良奉蒋介石的密令不抵抗,将东北军撤入关内,只有中共地下党领导的抗日联军和老百姓还在艰苦抵抗。由于孤军无援,在抗日战争的后期,抗日联军被迫退入苏联境内,编为抗联教导队,由周保中同志指挥,为苏军第88特别旅。当苏军出兵东北时,这个旅分成五十多个小组配合苏军接管东北各大中城市,起了很好的作用。1945年10月初,韩光同志(中共旅大地委书记)奉中央指示,经东北局被派往大连。9月中旬已随苏军进入大连的抗联同志和从胶东(解放区)过来做地下工作的同志,以及大连市进步的知识青年都与韩光同志见了面,按照东北局的指示,"抢形势,搭架子",开展了大连市的工作。我党虽然暂时不公开,但已迅速在广大人民群众中建立起威信。国民党虽先我而入,并早在大连挂起牌子,但由于策划暴动,已被苏军取缔。因此,在 1945 年 11 月 8 日大连就成立了民主政府。我党在这样复杂而艰难的环境下,取得了极大的胜利,得到了人民的信任和拥护。但是由于国民党先我们一步,到处进行反动宣传,致使一部分人误认为国民党是正统的中央政府。也有部分知识青年认为共产党是从山沟里出来的"土包子",军事不错,没有文化,管不好大城市。韩光同志看到文工团来到大连十分高兴,认为通过革命文艺的宣传,可以团结、鼓舞与教育大连人民,帮助他们更好地了解中国的革命历史,更好地建设大连市。他促使大连市政领导拨给我们最好的舞台——友好电影院(当时影院内有一个舞台)。1987 年我再到大连,还特意在这个地方拍了照片。现在这里是大连市话剧团的剧场。

最初,我们给一些团体、单位演出了《把眼光放远一点》、《东北人民大翻身》、《军民一家》等文艺节目。大连人民四十余年来第一次看到反映我党领导人民反抗日本帝国主义和反抗剥削压迫的文艺演出,感到耳目一新,心情无比激动,热烈欢迎这些演出。但也有些知识青年却说:"剧演出得虽好,都是反映农村的生活斗争,正说明了共产党的'土',军事、政治都行,只是没有文化,管不好大城市。"韩光同志听了这些反映,他把我们文工团的领导请去,建议我们马上演出曹禺的《日出》。说老实话,我们想也没想过要演《日出》这样多幕的大话剧。但韩光同志的讲话打动了我们。这是一场严峻的考验,这关系到我们党在大连能否很快站住脚的大问题,是能否在大连顺利开展一切工作的问题!我们决心拿出干劲来,努力排练,一定要为党争这口气!我们文工团很多同志来自全国各大城市和革命圣地延安,我们熟知曹禺的剧作,不仅看过演出,而且在延安也曾演出过《日出》,很多同志还曾在《日出》所反映的黑暗社会里生活过,因此,全团充满信心地接受了《日出》的演出任务。

与此同时,我们有些同志还应邀参加了大连市文化界民主促进会的座谈会。会议结束时,联欢唱歌,大连文化界人士竟然不会唱中国歌,有两个人接连着只会唱:"太阳好,起得早,拿起书包上学校……"大连同胞被日寇统治四十多年,很多中青年人从生下来就没听见过祖国的歌曲,只能从老一代的口中知道这一首儿歌了!文工团领导决定举行三次公演:第一次演出《黄河大合唱》和一组革命歌曲,第二次演出《日出》,第三次则演出以反映抗日战争为主的三个独幕话剧。这三次公演组成系列的宣传攻势,取得了巨大的成功。

在首次公演时,为配合演出宣传,文工团编印了《黄河大合唱》演出专刊,着重介绍了伟大音乐家冼星海先生。大合唱由刘炽指挥,其中,黄准、王大化、张守维都有出色的独唱表演。整个大合唱展示了中华民族的哀怨与怒吼,铿锵有力,震撼心灵。演出后,大连市广大人民激动之极,他们说:"这是音乐的'八·一五',日寇投降、中国解放之日它给了我们灵魂的新生!在'八·一五'日寇统治被消灭了,我们解放了!同样,日寇用来麻醉我们的流行歌,也必须消灭!"

《日出》经过紧张的排练,作为第二次公演和观众见面了。我们的演员表是：

　　陈白露——韩地（于蓝）饰演

　　方达生——吴梦滨饰演

　　潘经理——林农饰演

　　顾八奶奶——颜一烟饰演

　　胡四——王大化饰演

　　李石清——张平饰演

　　黄省三——张守维饰演

　　黑三——何文今饰演

　　小东西——杜粹远饰演

导演则是著名戏剧家和电影《上甘岭》的导演沙蒙同志（已故）。他丰富的舞台经验和精湛的艺术功力，使演出达到惊人的轰动。除了我所扮演的陈白露以外，像潘经理、顾八奶奶、胡四、翠喜、李石清、黄省三等人物都堪称一流水平。我不是故做谦虚，确实涉世太浅，太年轻，只能根据别人演出的人物形象，加以模拟再现。我们的舞台设计与装置，透过旅馆的窗户，可以看到后景中的高楼顶端，真像摩天大楼矗立在不远的地方。只看过文明戏的大连人，根本没有见过这样有如实景的设计。大幕一拉开，观众看见布景就鼓起掌来。剧终时，当后台响起工人深沉有力地喊号子声时，观众已被剧情深深感染，好像吸取了巨大的力量，要去冲破黑暗迎接黎明，也鼓起掌来，反应强烈极了。很多人买不到票，要求买站票观看，影响越来越大，连演了半个多月。广大知识青年，包括原来怀疑共产党的那些青年，现在也认识到共产党真有人才、有文化、懂艺术。

于蓝在《日出》中扮演陈白露。

第三次正式公演只演出了三个独幕剧：《我们的乡村》（李牧、王大化、颜一烟编剧，李牧导演）、《祖国的土地》（颜一烟执笔、王大化导演）、《把眼光放远一点》（在敌后工作的胡丹沸编剧，沙蒙导演）。在演出的同时，还在报上发表了颜一烟写的《成长壮大于白山黑水间》的文章。接着在"七七"又演出了《血泪仇》。旅大40岁以下的人，大多数不知道有中国，也不知道东北抗日联军在东北沦陷后是怎样艰苦地和日寇战斗，更不知道八路军是怎样带领老百姓夺回日寇占领的土地，建立起广大的抗日根据地和解放区，当然更不知国民党统治的黑暗。看了这些剧目的演出，他们明白了旧中国的统治者怎样丧权辱国、欺压老百姓，而八路军、共产党又是怎样爱护老百姓、怎样为人民的解放和幸福而战斗。群众中有很多人发表文章，抒发自己的感受，他们发出"打倒独裁！反对内战！""建设繁荣富强的新中国"的呼声。我们当时还开办了"音乐讲座"，组织了"歌咏训练班"以及"戏剧讲座"，出版了《戏剧周报》等,使大连的文艺工作也有了极大的开拓与发展,推动更多的青年和人民群众靠近了共产党和民主政府。我们这个穿便装的文工团,确实做了很生动的宣传工作。正像旅大地委书记韩光同志所说:"东北文工团在大连虽仅短短半年,可是却把延安青年的活力和革命精神带到了大连,把革命文艺带到了大连,起到了团结人民、教育人民的作用。东北文工团为大连解放初期的宣传教育工作立了大功!"韩光同志给了我们很高的评价,我们感到无限光荣与温暖。

1946年9月,我们告别了大连这个海港城市。此时,国民党早已撕毁了重庆谈判的停战协议,发动了疯狂的内战,因此,东北局调我们回到北满。当我们回到安东,沿途已是硝烟四起,前线就在沿铁路线大城市的附近。我们马上穿起军装进行慰问演出。

这些演出,也给我留下了难忘的记忆。天气越来越冷,在一次《血泪仇》的演出中,张守维饰演王东才,为求国民党匪军不要抓走他时,可能由于前沿演出过于疲劳,天寒地冻,戏中当他被饰演的国民党匪军踢一脚时,竟然真的跌倒在地,失去了知觉。我们在戏中痛哭呼喊,而他却不能苏醒。舞台监督着急了,忙把简单的幕布拉上,在台下战士们歔欷的哭声中把他抬下台去,然后拉开幕再演下去,好在后面没有张守维的戏了。闭幕时,响起一片"反对内战"、"打倒蒋匪军"的怒吼声。我们回到后台时,张守维经过抢救,刚刚苏醒过来。这一事例可以说明在前沿演出是十分艰苦的,但是,没有一个人喊苦,大家忘我地连续工作。慰问演出之后,因为内战的激烈,不能保证回北满的路上安全,领导又让我们穿上了便衣,借路朝鲜,从新义州乘火车直奔图们。在北朝鲜由于苏军的帮助,火车上虽然拥挤至极,但比较安全。车厢内,大家都是席地而坐,百分之七十是和我们一样的中国同胞,不能在自己的国土上行走,只能借朝鲜之路,才能回到祖国需要自己的地方!这当然感谢朝鲜人民对我们的友谊!正如后来的抗美援朝时,中国人民和志愿军为保卫中朝人民的和平生活而不惜任何代价,用鲜血凝结了中朝人民的友谊一样!

朝鲜的火车直抵图们,此时我们又穿起军装,回到东北局。在哈尔滨休整了几天,总结工作,王大化、张平、颜一烟、何文今和我,还有在沈阳参加文工团的东北青年李晓南,被评选为模范工作者。很快,由于工作需要我离开了文工团,再向北满的佳木斯以北的兴山(今鹤岗)出发。这时田方、许珂、钱筱章三同志在东北局的领导下,已经圆满地接管了"满映"的人才和器材,在1946年10月迁往兴山,建立起了第一个人民的电影制片厂——东北电影制片厂。从1946年11月起,我在那里开始起步,度过五十多年的电影生涯。

六 银幕生涯

"开麦拉"的眼睛使我十分尴尬
——第一次拍电影《白衣战士》

我离开自己熟悉的舞台,准备走向陌生的银幕。但是内战的硝烟正浓,战火还在熊熊地燃烧着。人民电影事业刚刚起步,大量的工作需要去做,比如:厂址的迁移修建,战争的新闻需要拍摄,首批战争纪录底片的洗印、剪辑以及技术队伍的思想建设和创作人员的思想准备等等……总之,我的任务首先还不是当演员,而是要做一名普通的工作人员。

我到东北人民电影制片厂不久,领导上要我协助张新实同志、伊林(导演)同志带队深入东北农村,去参加伟大的土地改革工作。当时像著名演员于洋(只有16岁)、凌元和著名导演于彦夫等都与我们同行。零下二三十摄氏度的严寒和艰苦激烈的火热斗争磨炼了我们,至今我还珍藏着和贫农张惠清、雇农李全木的合影。土改使我们日后永不背叛人民的坚定立场有了重要的生活基础,也是我终生不会忘记的生活宝库,更是我忠于人民的思想基石。

1947年初夏,我担任了东北电影制片厂第一期训练班的指导员。1948年冬我带着未满周岁的儿子田新新到了长春,为在长春参加人民电影事

"土改"中,于蓝与雇农李全木(右二)、贫农张惠清在一起。

业的革命青年开办第四期训练班,我任指导员工作。那时我完全没考虑自己应该何时走上银幕。而东北电影制片厂的艺术领导陈波儿同志,此时从兴山来到长春,找我谈话,叫我撤出培训工作。她说:"很多同志已参加了故事片的工作(当时已拍摄《桥》、《赵一曼》等影片),你为党的电影事业做了许多工作,现在该去发挥你的专业特长了。领导上决定叫你参加《白衣战士》的拍摄,扮演中国的南丁格尔(第一次世界大战中的第一位女战地医疗救护工作者)、我们的战地医疗队队长李兰丁。"(李系解放战争中立功的女医疗队长,影片中名庄毅。)又告诉我剧本是王震之所写,导演是冯白鲁。对于一个演员来说,这当然是喜讯,我愉快地接受了任务。

匆匆走向银幕,我们没有忘记生活是创作的源泉,马上在长春寻找部队医院,首先去了解伤员和医务工作者的亲密关系。当时,我没有想到,大部分伤员竟是从国民党部队中解放过来的战士。他们自愿参加我们的部队后,作战中又负了伤。他们的素质绝不像抗日根据地中的战士。他们认为:老子为你们打仗,负了伤,你们就应该好好照顾老子!要吃、要喝、要赶快治好,稍不周到就要打人、骂人。看到这些我真是难以接受。而医务人员很多也是新参加革命的战士,受了这些委屈,他们却依然全心全意为战士救死扶伤。这又深深感动着我。生活使我体会到了战争的复杂性,医务人员的觉悟与艰苦,远比我们剧本和影片中所表现的生活复杂多了。剧作家王震之原是写话剧的,第一次尝试写电影剧本,自然给剧本本身带来了简单、直露的缺点。而导演冯白鲁和我们这些演员也都是从舞台上走过来,第一次在"开麦拉"(摄影机)面前工作。只有摄影师马守清原在"满映"任摄影助理,受过训练,并且独立拍摄过东影第一部短故事片《留下他打老蒋》。可是《白衣战士》是个长故事片,面对这么多的"第一次"的新人,他精神压力很大;恰恰我们的外景地又是刚刚解放的新城市——济南,这一切也给他带来了许多新的不适应。

记得我刚从文工团调到电影厂时,有的同志认真地劝告我:"你没有'开麦拉'face(脸形不适合电影镜头),还是干别的工作吧。现在有许多工作可做。"这个劝告引起了我的思考,难道我真的不适合去做电影演员吗?可是,自己一参加革命,党就培养我做演员,而且老一辈的艺术家一再嘱咐我要"死在舞台上","开麦拉"真的那么可怕,不可逾越吗?

当时,我并不知道电影史上早已有许多舞台演员获得了电影表演的成功。但是,我没有动摇,决心去尝试。谁知道,在"开麦拉"面前的滋味实在不好受!摄影师一会儿喊:"于蓝,你的脖子太细了!"一会儿又叫:"你的肩膀太薄(太瘦)了!""你的眼白太大了!"我真是无所适从,第一次发现自己身上有那么多缺点。我知道舞台表演与电影表演应有所不同,舞台上需要充分的表现力,而电影则需要含蓄不露。但是我却一投手、一举足都不对,心中十分苦恼。我苦恼这些生理上的缺点,不是通过表演可以解决的。当然,这是因为自己根本不懂镜头有中、近、远、特的区别,更不懂这些有区别的镜头会带来什么效果。回到摄影棚内景时,厂的艺术领导陈波儿同志看了样片后,决定增派日籍摄影专家气贺来帮助拍摄。这样,从照明和机位的角度弥补了我的一些缺陷。我也才稍稍得到些解脱。在这部影片的拍摄过程中,使我感到"开麦拉"的眼睛实在厉害,演员有时觉得自己的感情"饱满、真实",而放映出来的样片却使你心悦诚服地承认自己"夸张"得难以忍受。但是,怎样才可以除掉这种毛病呢？当时我并未得到解决，而是日后在不断实践中，才逐渐领悟与感受到镜头的大、小、远、近对于表演时感情掌握的分寸是十分重要的。正是由于"第一次"实践的局限，我在这部影片中，还谈不上角色的创作，只是朴素地完成角色在戏中的动作任务，更多的是把演员自己的朴实气质带给了角色。

由于大家都是"第一次"，影片完成后的质量实在不属于上乘，与当时伊明同志导演的《无形的战线》相比，确实存在差距。《无形的战线》得到许多电影专家的称赞，而《白衣战士》的反应却十分冷清。我心中也很难过，有些彷徨。此时，陈波儿同志已调往北京的电影艺术处，她好像很理解我的心情，万里飞鸿寄来她的亲笔信。她写着："于蓝，我看过影片，你的表演道路是正确的！"是她给了我前进的助力！影片在艺术上十分稚嫩，但思想内容却是积极向上、真实可信，因此也得到部队指战员和广大妇女工作者的喜爱。后来，邓颖超同志代表妇联在北京大华影院亲手发给摄制组一面锦旗，旗上绣着"救死扶伤革命的人道主义"，由我受旗。我很惭愧，但也深深明白，这是在鼓励我们应该弘扬革命精神！

要用"开麦拉"的眼睛检验自己的表演
——《翠岗红旗》拍摄记事

1950 年 6 月 21 日，我开始了一页新的日记。

《翠岗红旗》文学剧本的作者杜谈，向上海的导演张骏祥推荐我去扮演该片的女主人公向五儿。我一直在北方生长,现在要到陌生的南方——上海去拍片,不禁兴奋而又紧张。小时候就听说上海是帝国主义冒险家的乐园,看到小说和电影里的描写,也是十里洋场、纸醉金迷的大都市生活。现在,解放了,上海有很多在旧中国时就享有盛誉的明星和艺术家们。相比之下,我真是地道的"土包子"了。和我同行的还有延安鲁艺的老同志马瑜。他是《翠》片的副导演。有他做伴,我心中踏实多了。我们乘坐的是京沪线列车。第二天早晨,快下火车时,马瑜告诉我:"上海的黄包车可和北京不一样,是双人座,咱们得同坐一辆车,你不要不好意思。"我笑了,当然得入乡随俗了。但是两人坐上黄包车,还真有点不自在。在黄包车上观看上海景色,最打眼的是:上海清晨,家家户户和所有的店铺都在街边刷洗马桶,这道北方从未见过的风景线使人惊奇。为了更多地了解上海,原上海电影制片厂的厂长钟敬之同志还曾带我们到百老汇大楼以及"乡下人"必须去看的大世界参观。他还介绍了来自延安的某位导演,自己去逛大世界被妓女拉走的笑话。时间很紧,我们不能更多地观赏上海的各种景色。在和上海的明星、艺术家的接触中,感到他们还是很随和热情的,我感到新中国成立后的上海,十分生动、活跃,印象比较好,没有生疏、畏惧的感觉。

到上海的当天晚上,我们就和导演张骏祥见了面。早就听说他是一位严格的导演,又是早年就学于国外,长年在国统区工作的著名导演,心中不免有些距离感。据说他毕业于美国耶鲁大学戏剧研究院,并获得硕士学位,回国后在国立戏专任教,抗战胜利后编导过《还乡日记》、《乘龙快婿》等影片,是一位戏剧、电影经验都十分丰富,具有真才实学的导演。对他我怀着崇敬的心情。他请我和马瑜与他共进晚餐,言谈中待人十分平等、谦和,并不时说出一些有趣的小故事。尽管如此,我们之间还是比较客气生疏。但有一件小事,使我和他缩短了距离,即在九江,下了轮船到下榻处还有相当路程,他需要坐黄包车,而我则坚持步行。张骏祥愣住了,悄悄拉住我,低声问:"你们共产党是不是有纪律,不许坐黄包车?"他那纯真的表情,使我明白,如果真有纪律,他也要放弃乘坐黄包车了。我马上摇头,告诉他没有这样的纪律,只是我个人不习惯坐黄包车。他望了我一阵,看出我说的是真话,歉疚地说:"那我坐车先走了。"我感觉到他真诚地愿意了解我们、尊重我们。

于蓝扮演的《翠岗红旗》中的向五儿。

摄制组决定导演、副导演和我先到江西选外景并深入生活。我们乘船沿江而上,到九江后再转乘汽车赴南昌、赣州、宁都等地。我没有想到这位从国外归来,又在国统区工作多年的导演,他的工作程序和我们这些来自延安的文艺工作者竟如此相似。近五十个年头了,我再翻看当时的笔记,感触极深。这样有经验的导演,对自己不熟悉或熟悉较少的时代和历史背景,他首先要求的也是调查访问。他提出要了解苏维埃时期,红军北上后,国民党统治时期和抗战时期及一般景物的情况,并做出了详细的调查提纲。我想把这个提纲写在下面,从它可以看出真正的艺术家是多么重视"生活是创造的源泉"这一真谛。他的提纲:

一、苏维埃时期的一般情况

1. 红军符号、标志、歌曲、编制、敬礼。
2. 土地分配方法与地主如何处理。
3. 各级组织及军民关系。
4. 少先队、赤卫队的状况?
5. 扩红是何种方式?
6. 几次围剿中老百姓的生活情况。

二、红军北上后的情况

1. 毛主席对日宣战内容的文章。
2. 红军北上,老百姓反应如何?
3. 北上后,地方政府的情况如何?
4. 当时群众的服装、化妆、用具与现在有何不同?

三、国民党时期

1. 剿共团怎样组织的?
2. 地主有怎样的暴行?

四、抗战时期

1. 国民党的情况。
2. 游击队是如何组织的？
3. 老百姓对游击队及匪军关系如何？

在其他方面，他又提出了三十几个问题，他说这是他和主创人员都要了解的问题，他的案头工作十分细致。作为演员，我除了要和他们一起采访听报告外，还要更多地访问和接触红军家属以及幸存的干部。1938年我刚参加革命，就听到了红军两万五千里长征的传说和故事，他们历经的艰苦和危险，深深地打动了我，使我对红军无限崇敬与热爱！而我却很少去了解，甚至也没有听到那些不能随红军北上、留在苏

于蓝深入生活时和大家在一起。

区的人民群众是怎样渡过各种苦难而生存下来的。这部影片正是反映他们是怎样生存、等待而又迎来解放的日子。我怀着急切的心情,在短短的一个月里采访了从省委书记到普通群众约三四十人,那些红军家属和幸存的干部、党员,从娓娓而谈到声泪俱下,震撼着我的肺腑。我常常忍着泪记下他们的倾诉。

生活调查使我走近了那个时代。

一 中华苏维埃时期,江西兴国一带的情况(当时兴国是一个模范县)

1927年,瑞金、兴国由农民协会发起的运动被镇压下去了。当初只有农会,没有政权。第二年冬天(1928年)毛主席来了,建立了苏维埃。当时老百姓要求参加红军,红军却说:"你们后一点,等有了枪,你们再来。"但老百姓就拿标枪来参加红军。在1929年宁都、瑞金才有游击队转入红军。

那时敌人也没有经验,1930年瑞金并没有主力部队,周围都是白区,反动军赖某某只有一千多支枪,我们有一万多农民,拿梭镖就把他消灭了。这一带农民普遍会打仗,那时毛主席驻在哪,哪就有农民自己跑去说:哪儿成立了农民协会,哪儿成立了暴动队,要求立个案。当时农民的积极性达到这样高的程度。

在经济上,红军不算太困难,一个人四块半洋钱,冬夏两季衣服。纪律严明,队伍不住民房,住祠堂。对妇女十分尊重,如有强奸,立刻枪毙。到哪儿群众都拥护。主要是敌人太腐败了,拉丁、拉夫、抢粮、抢麦,强奸妇女。老百姓参军是自带被褥、帽子、干粮袋。那时工作人员也都是穿自己的衣服,每年家属至少送来几个月的粮。因为生产组织得好,工作人员家里生活都不错,可以供给参军的家人。苏区很注意学文化,到处都有列宁小学,一般妇女都能认路条。那时送信是各个乡传送。如是急件,便在信上加上三个圈,画三个"+"字,就会日夜不停,风雨无阻,保证及时送到。

乡政府代表,三个月改选一次,好的代表可以连任。区是六个月改选一次,一年召开一次乡工农兵代表大会。

兴国是模范县,干部多,扩红多,十天就扩一个师。群众积极性高,各种工作组织严密。妇女们夏天捻麻(织布用的),唱山歌,革命后,把爱情山歌改成革命山歌。队伍行军数百里,累得不行,只要妇女在山下打山歌,一唱:"哥哥为我保家乡……"战士的劲就来了,一下子就冲上去了。红军打了胜仗后,缴获了头绳、洋袜子、梳子就带回去给妇女们。妇女给战士洗衣服、补衣服,把自家的南瓜子、点心都拿了出来慰问战士。如果有战士负了伤,那情景就更感人了,老太太哭,妇女脸上表情严肃,那是无声的同情,她们为战士预备这预备那……而敌人来了,他们什么也找不到,敌人到了苏区就是瞎子。

战斗中有的战士出洋相,拿了派克笔,把笔尖拔下来,用笔杆装上仁丹,到处给人吃。担架队跟红军出发,打土豪,把乱七八糟的东西包个大包袱抬在担架上。如果发现了汽灯、火枪,农民一夜五六十里连夜送回去。也有要报复的,例如一个农民点了火把,要烧土豪的房子,不叫他烧,他说:"他烧了我七回,我烧他一回还不行啊!"又说:"我烧他一个角,完了我再救熄!"告给他:"不行!"他才走了,还边走边哭。

农民非常纯真。一路上行军,摆龙门阵,走到家门口,如看到死尸,一口气跑四十里到山头上,看见敌人打一阵枪,又跑回来。一跑又是四十里,到了家门口,把枪一插不走了,敌人也不敢来追,因为来了,农民们会真拼命。

当时,毛主席领导的反"围剿",第一、二、三、四次全胜利了,每次都有地方部队的独立师、团和赤卫队参加。就是因为有正确的战略战术,又有这样好的群众条件,所以取得胜利。这些动人的事迹使我对中华苏维埃时期的军民关系、人民生活有了形象的具体的感受。当我所扮演的向五儿送丈夫参军的时候,那些景象使我不感到陌生,而能自如地生活在规定的情景之中。

二 红军北上抗日之后,苏区人民又是怎样生活的呢?

这是我的角色向五儿所处的环境,我更需要了解。江西百分之七十的地区是苏区,队伍走了,没有武装的群众和干部怎么办?庞大的群众性组织无法全体北上,当时在苏区党又是公开的,因此遭到了严重的破坏。反动派对我们干部的摧残极为残酷,用铁条烫、香头烧、吊地雷棍、割耳朵或浸潭(淹死)、刀剐、活埋,仅黄柏区尖角山一夜就活埋一百二十人。地富都可以乱杀人,每个村至少被杀死五至二十多人。一方面镇压,一方面收买爪牙,用姓氏关系搞秘密活动,对革命群众随便屠杀。并将土地收回,地租、地息全部收回,有人竟遭四五次的没收。他们可以随便诬赖,有的地主自己把祖先的牌位砍掉,说是某某砍的,结果就把某某粮食没收了,终年给你戴上土匪帽子。

在苏区婚姻是自由的,例如:有一个同志的老婆,小时家庭包办婚姻,定给富农。她不肯嫁富农,根据苏区的婚姻法嫁给了我们的同志。这个同志北上抗日后,富农把这妇女抢回去,打得很凶残,病得很厉害,就不要了。把女的送回婆家要钱,婆家没有,就逼娘家要钱,结果没办法,娘家把女儿卖了一百二十块大洋交给了富农。这样的事例很多,也有卖儿子的,总之,能搜去的东西都掠夺去了。

敌人的口号是"一网打尽"。敌人对游击队包围得很紧。有人在山上坚持一年多游击战,没办法只好停止了。有的地方烧山,敌人架着大木头,烧了三天三夜。有的人自杀了,有的逃到广东等地,很多年之后才敢回来。

很多家庭绝代了,人死得很多。一方面是红军走后,国民党杀了很多人,坐监狱死的也很多;再有得了病没有钱去治,也死了很多;有的村庄百把户人家,出来参军一百多人,至今大都没有音信。周围几十里有音信的只有三四个人。

很长的时期内没有党组织,开始敌人是强化的杀,以后又用软化的办法,但老百姓始终没有忘掉共产党。在抗战时期国共合作,项英、曾山等都曾回来过,把游击队整理一下,党又有了发展,发展了几个区,后又遭破坏了。有一个赣南特区的组织部长把这个地区破坏了,他把县委书记捉住,全县组织就交给人家了,随意屠杀。先是杀一些人,捉住就灌辣椒水、砍头,后来又叫自首……百分之八十自首了。没有自首的,是跑了的。也有个别的是下边发展入了党,上边还不知道,才得以隐埋下来。有的同志保存了党员名册、党证,也有保存敌人的屠杀布告的……当时,群众只能保存生命,心没变,不杀害革命同志,保存生命的同志就是很可以了。当全国快解放的时候,国民党又搞起特务组织,还说:"你们自首分子,共产党抓住要杀头的,你们还是好好给我们搞工作。"很多党员是被迫自首的,很少是叛变分子。

红军北上抗日,苏区的人民历经了国民党地富还乡的烧、杀报复,又经过在国民党统治下的抗日时期和解放战争时期,整整十五个年头,亲人离散，音信全无……苏维埃时期的欢乐和国民党统治时期的残暴，反差到极致。我扮演的向五儿正是这段历史中的典型人物。我自己生长在旧中国，曾耳闻目睹祖国同胞在水深火热之中挣扎奋斗。可是，像苏区人民所受的苦难却是第一次听到，这深深震动我的心弦，我对苏区人民无限敬佩与同情，他们的生活遭遇，种种情景都充实与撞击着我扮演的向五儿这个角色，使我内心深处能饱含着许许多多的真情实感。

一个妇女叫苦香，1929 年做妇女工作，1934 年红军北上抗日，因病留下来。她原是宁都、兴国的县委宣传部长。红军走后没有"地区"了，她打了两个月的游击，后被介绍去后方医院。当时有七十多人要隐蔽到群众家中，有三十多伤员无论如何要跟她走，到大佛山去。敌人四面烧山，无粮，她在山上待了两天，被敌人抓到，她说自己是洗衣队的。一个叛徒认出了她，叛徒说："你讲呀！你过去很会讲话呀！"苦香说："我讲，我会讲！我认得我自己，我是苦香！"敌师长与团长要她取保做姨太太，放她出去。她想："你是什么人，我是什么人！"坚决不肯，说："要不放我回家，要不死刑！"敌人把她送到南昌押了一个月，判 12 年徒刑。

如是死刑就没办法了，是徒刑，只要给钱，还是可以买出来。她母亲就卖牛，借钱共筹 120 块大洋，用 70 块买通了所长，6 块买通看守老太婆，共花一百十几块大洋，把她保出来，在地主家做了两年保姆。后来国民党又逼她去后援委员会，她躲到山上。以后和那里挖钨砂矿的管理员（没有党派）结了婚，她和丈夫也历经了许多艰苦，最后借了 50 块大洋做小买卖为生。

她自己相信党一定会回来，如果有一口气，就可看到党，如留不到一口气，党也会知道自己是怎么死的。她说被打时就想着死，死是光荣的,党会知道的!解放时,看到了首长又是苦又是甜,不会说话了。自己没有党的关系很难受,三天没吃饭,只是哭,一路哭到宁都,找到党。

还有朱赞珍,1930年就参加了党。毛主席北上后,留下很多难民,不能走的,都留下打游击。1940年敌人反共高潮,逼迫出来自首,朱赞珍坚持不出来。73岁的老母亲和妻子、儿子都被敌人捉走了。母亲被活活打死。他没有办法,和其他人跑到广东韶关等地,才留下来。一个姓钟的老人,59岁,妻子被打死了,他想:国民党有"没"的时候,我们有翻身的时候,就把国民党联保主任的布告揭下来,藏在房子的顶板上,等着共产党回来。

苏区的人民在白色恐怖下,并未丧失当年党与政府在他们心灵深处播下的革命必胜的信念。"党和红军必胜",只有这个信念使他们活了下来。农民的韧性和信念凝聚在一起,坚如磐石。他们既能经受住人间最低下最艰苦的磨难,而当他们组织起来的时候,又能释放出无比的能量。像土地革命、抗日战争、解放战争都有农民奉献的巨大力量。苏区人民终于迎来了解放军,老百姓自动组织起支前委员会,就像公家人一样,把粮草集中起来,修桥、补路。每个地方,只去一两个干部,群众就帮助你,保护你。群众会命令国民党乡长几时几时把枪缴来,并说:"人民解放军来了,你们失败了,快缴枪!缴枪不杀!"我们一个县只带二十多个人,不带武装,就把"人民政府"的牌子挂起来了。人民的信念和解放军的信念结合在一起,红旗终于又插在翠微峰上,这是历史的真实,也是《翠岗红旗》影片的真实背景!

三 我走进了角色的生活

在竹坝乡见到了王健德,她是我军某位司令员(新中国成立后任副省长职务)的前妻,身高有一米六〇的样子,健康、朴实而又大方,对我很亲热,没有生疏感。访问几次后,我就搬到她的家中,和她同住一房。她随时都会和我谈她的丈夫,感情是那样深,那样浓厚。她说:"司令员讲过,革命一定会成功,现在吃点苦,革命成功就好了。"她说:"我没有出面工作过,但我的心是实的。……他什么都告诉我,驳壳枪在哪,书在哪,哪儿杀人多……有的婆娘一压杠子什么都说了,可是我,不会说,我要死就死我一个,不能讲出大家的名字,我是有儿子有丈夫的。"

有一回,她的婆婆病重,儿子又在南昌读书,没有钱,日子难以过下去,她想上吊,可是亲戚告诉她:"不到五年,他们就会回来的!"她终于又活了下来。她给母亲吃三餐米,儿子一餐米一餐红薯米,她自己只吃一餐红薯米一餐稀,为了供儿子读书,自己不吃三餐,借债度日。

王健德有时带着我去看她的果园,她手拿竹竿,赤着脚板,走进橘林。那潇洒轻松的体态,着实使我喜爱。她为我摘下早熟的红橘,边摘边谈,她总是会说起司令员过去对她的好处,怎样拉着她的手,怎样给她讲革命,一点也不嫌弃她的文化低。她说:"过年过节,他虽然不在家,我都给他摆上一双筷,一只碗,好比他在家一样。""我天天盼他,月亮是越盼越圆,谁知我竟是越盼越暗了。"1935年司令员还写信回来,情意深长,信上写着:"我现在很好,不要着急。不久就去打日本,打了日本再见面,回来同享幸福!"然而,战争是残酷的,3年、5年、15年……没有音信了。在抗战期间那位司令员又娶了新的妻子。解放了,人民共和国建立了,司令员回家乡看过他们,把儿子接到北京读大学,让亲友善待王健德……王健德多么凄楚呀!她至今仍忠贞地爱着司令员,一往痴情地爱,深挚地爱。这就是东方妇女特有的感情魅力!我听着听着眼睛潮湿了,可是她没有泪,似乎还生活在他们的初恋中。我替她不平,替妇女不平。过了许久,我才转过弯来,不再去痛恨那位司令员,而去痛恨战争,痛恨国民党反动派的残酷内战。妇女总要承受最最沉重的苦难。除了战争的生死,还要承受感情的磨难。妇女的耐力是那么巨大,她们承担了一切苦难,还在顽强地生活着奉献着!我为我们中华民族的妇女感到骄傲。

8月初,早上天还是黑乎乎的,只有月亮放射着耀眼的明亮,王健德就被她的外甥女康水凤喊起来,挑水、生火,忙着出去了。我照例做了自己的关节活动(自编的晨练)后,马上去和水凤担水。真是鸡鸣起舞,大自然在黎明中显得特别清新妩媚,微凉的晨风吹拂着劳动的身躯,感到特别清爽。担罢水去园中采麻,由不熟练到能应付,我心里很是高兴。吃早饭时已经9时多,饭好像特别香甜。一整天和她们同劳动,夜晚也不肯放弃和水凤去推米粉的活动。这女孩总是憨笑着,她经常带一群女孩子来看我,那样亲切、憨直、朴素!除了没有矫揉造作和虚假之外,她们绝不比城里妇女有什么高低之差。我在王健德家中,饭菜也很可口,真有乐不思蜀的味道,似乎自己就是这农家的一员了。

我在竹坝乡住了将近半个月。不久,上海的演员来了,也在乡里住下,住在祠堂里(农村小学)。我们和此地几个年轻的农村姑娘相处得极好,从她们的言谈笑语中,可以体会到农村少女的感情纯真、火热。在她们的帮助下,我学会了踩水车,真是高兴极了!这为我踩水车的那场戏增色不少。为了增加劳动妇女的力度感,我每天从小河边担水,也学着此地妇女赤着脚板,把两大木桶水担到大家住的祠堂。记得1946年冬,我在东北土改时,曾用洋铁桶担水,但这里却是大木桶,分量很重,开始我只能担半担,逐渐增加,后来我能担得满满的两大桶水,从河边赤着脚板走到祠堂,而且十分从容。此时我觉得自己已从内心到形体都找到了角色的感觉。在江西沿途,我曾尽量观察,田里很多都是妇女在劳动,赣南就更多了。妇女和男子一样肩荷重负,装束也很有特点,围裙很小,呈凸状,自乳房起至腰部即止,围裙可以擦汗,又可以包头。担东西时,肩上却披垫一块长方形包皮布,有时也折成三角巾的样子,从她们富有特色的劳动形态上我也找到了角色的生活气息。总之,这段生活很丰富,自己觉得确实走进了角色的生活,可以进行角色的创造了。

四 要用"开麦拉"的眼睛来检验自己的表演

经过将近两个月的生活和准备,9月25日外景拍摄正式开始。头一天,我只有两个镜头,又是中景、全景,没有感到什么麻烦。虽然并不熟悉导演,导演也没有提出问题,我心情很平和。谁知,第一批样片很快出来,我发现自己的化装很漂亮,很像洋烟广告上的大美人。我悄悄地哭了,这哪里是农村的少女呀?难道把在延安深入生活时所获得的宝贵经验忘记了?切记不要再出现塞声大姐批评的"英雄与美人"的表演了,一定要去塑造真实的苏区妇女形象!我把这个问题看得很严重,导演却并未提出异议。我心中很纳闷,后来才知道这是中、远景,又是开始的气氛戏,并不引人注意。导演在完成样片时早已剪得很短,又有其他的空镜头,确实没有产生我所想象的效果,但是,我也时刻注意自己的化装,不求美,只求真。

南方的夏季,太阳经常被阴云遮掩,又时时落雨,使得外景拍摄的进度很慢,而一旦太阳出来,为抢阳光,拍摄速度又必须加快,半个钟头之内，连推带拉要赶出五六个镜头。有一次拍特写镜头，戏是好的，只是录音师认为声音还要加重些感情，建议重拍。当我再一次表演时，不知为什么眉毛跟着动了起来。导演提醒我，我却不知怎么又想到了《白衣战士》时的两条眉毛了，马上紧张起来，心跳得很厉害。我恨自己为什么摆脱不掉杂念，这很影响表演。总之，还是对镜头的威胁感没有消除，对镜头的远、近、大、小的效果没有实感。例如：在近景与特写中过分强调感情饱满，"强调"的本身就是夸张。而对远景和全景却仍然极用力地去注意体验内心感情过程，又嫌多余。记得有一次，拍摄中景，我拉着孩子（小鸿由孙羽饰演）站在那里想念自己的丈夫。我问导演，此时我心中应想些什么？导演没有表情地说："什么也不用想，只向远处望着，就可以了。"当时，我心里很不舒服，责怪导演太不注意演员的表演了。张骏祥似乎发觉了我的心态，不久，他耐心地和我说："你不要不相信导演，因为他是从镜头里看你的戏，而你自己的感觉在镜头里却不一定看得出。在镜头的画面里，导演会看出哪样好，哪样不好。再有，正式开拍时，演员就会多加工，结果，往往这一'加工'就把戏破坏了。"他确实指出了我习惯于舞台表演的毛病。有一次，实拍后导演不满意我的戏，我很不理解，心想自己和刚才排练时一样呀，没有任何增减，为什么不满意呢？原来就是因为导演一喊"实拍"，演员自然而然地就加重了排练时的情绪。这就是导演说的"加工"了。我开始明白了自己不适应镜头的症结，于是在后来的拍摄中就慢慢去领悟，去适应。逐渐懂得开麦拉眼睛有大、小、远、近的区别，我必须克服表演上"唯恐不够"的心理，懂得宁可让它不够，也不要去加重（过火）表演。

两个月的外景拍摄，给了我极大的锻炼，也学习到很多东西，不仅懂得了自己和镜头的关系，还学习到导演对场景的选择，打开了我的银幕视觉，开始体会到视觉艺术的魅力。例如：我和猛子在大树下的水车上车水一场的场景选择和使用就很有意思；江家宅前的大树和石板小路；猛子北上抗日，离家前经过的竹架桥……导演反复使用这一场景，这样通过人们的视觉，留下了深深的形象感！从《翠》片起，我开始迈进电影这一视觉艺术的大门，懂得要反映的一切生活都要通过镜头来检验。这条路并不轻松，在大量的内景拍摄中，在导演和其他创作人员的帮助下，我比较吃力地完成了任务。我之所以说"吃力"，就是还不能自如地掌握电影表演，这里有表演功力的问题，也有适应镜头的问题。整个影片及时地在1951年春节前完成了，正赶上1950年24部国产故事片的展映活动，并获得了1951年第六届卡罗维发利电影节的摄影奖。1957年又获文化部1949—1955年优秀故事影片二等奖，每个主创人员还为此获得一枚奖章。影片是成功的，主要是剧作、导演、摄影等方面的成功。作为演员，我只是由于自己的气质和生活的积累，完成了角色的任务，并没有十分闪亮的光点。可是，由于苏区人民历尽艰辛而获得胜利的生活历程，感动了广大观众，于是也给我以好评。我既欣慰而又不安。

五 《翠岗》的余音

1951年春，影片完成后，当年就从捷克传来获摄影奖的喜讯。可是没有多久，文联竟召开了一次座谈会，研讨《翠》片是否存在严重的错误。批评剧本只写了红军家属向五儿隐姓埋名的等待，没有反映苏区人民的游击战争。我十分不能理解会议精神（也不知道已经批判《武训传》一事），会议开始只听剧作者杜谈检讨："当时、当地，确实没有游击队,我是写硬骨头和软骨头之间的人物。向五儿在她自己的环境下,做了她应该做的,我是把土地问题作为中心,但没有贯穿进去。这是个缺陷。"会上有些人说向五儿遭受的磨难太多,冲淡了对向五儿的理解,或者说在革命劣势下,还没有把向五儿的精神状态交代清楚。总之,会议的气氛认为影片有问题,应将向五儿的作为写得更不一般些才好。

但是,也有更多的人说了不同的看法,像著名作家周立波、评论家邵荃麟、钟惦棐、陈荒煤等都做了令人难忘的发言(幸好当时我都记在自己的小笔记本上了)。几经历史的沧桑,通过这种记录我可以看出他们不愧为人民的艺术家,没有违心地或是违背自己的艺术观念去迎合。太难能可贵了!周立波同志说:"看此片,我很感动,原因是在这个年代参加过斗争的人都很感动。江西是伟大斗争时代之一,影片就表现了江西时代,产生动人的作用。……日本影片反映原子弹下的孤儿,虽也令人同情,没有指出出路。而我们的片子不仅看到苦难,还看到人们的希望与远景。虽然反映的不到十分之一,但是,它反映了。对这样的东西不关心,那就不是政治家和革命的文艺家。"

邵荃麟同志说:"写出了一个中心人物。做奶妈不是屈辱,她精神上永远是坚持的。一个普通的农民妇女,受那么多的压迫,艰苦中还是坚持的。没有人物,没有性格是不能感动人的……向五儿就是在最尖锐的斗争中,坚持下去的。三代受着迫害,显示了中国人民在白色恐怖当中所受的迫害。向五儿是典型的,典型可以有各种各样的,向五儿是立了功劳的,没有忘记革命,不能说她是消极的等待。红军走后,游击队在当时是很少的,很多地方是全白点。这样反而表现出斗争的艰巨性。"

钟惦棐则说:"批评与创作不能离开历史的真实,这片子的成功,也就在此。在革命低潮中要找高潮,是不会真实的。典型问题,一个时代是否就是一个典型呢?向五儿的确代表了相当一部分的妇女。"陈荒煤同志则更坦直地说:"不同意作者说五儿是软骨头和硬骨头之间的人物,尽管导演、演员有缺陷,但是,这个人物的精神状态是向上的,凡是她能尽力的事都做了,不是动摇与消极的,她的注意力是集中在关心党和红军的。我们小资产阶级最爱留纪念品,但往往未把革命的纪念品留下。我们不能把她留下红军家属证当做消极的。不可能要求各种作品都按着一个类型去写,相反的,把五儿越写得平凡,越和广大人民更接近些,越真实。……如果没有向五儿这样的群众,游击队不可能存在。对毛主席的信念就是对党的领导的信念,这是非常深刻的。如果认为不写土地,就是缺点,那样就离题了……"

这几位都是文学家,又都担任着一定的文艺领导工作,他们态度鲜明,没有任何违心的表态。会上只有我是未曾担任任何领导工作的一个普通演员。我对剧作者的发言很反感,不明白他为什么说自己写了软骨头和硬骨头之间的人物(可能他受了压力),我则把深入生活中的感受坦然直率地讲了出来。我认为向五儿反映了苏区广大人民群众所受的苦难,也反映了他们心中珍藏着革命的火种,他们等待着,也斗争着。向五儿的心是和革命的亲人们紧紧相连,她不是软骨头和硬骨头中间的人物,而是一位充满信心、坚韧不移的母亲。会议没有达到发动批判的"领导者"的要求,也就这样散会了。谁知一年后,在文艺界的春节联欢会上,我看到了敬爱的周总理,他告诉我一件令人激动的消息。他说:"《翠岗红旗》,毛主席看了三遍,他很喜欢,并嘱中央的干部'千万不要忘记老苏区人民'。"我为领袖对人民的感情与思念深深感动。确实,苏区人民为革命奉献了一切,我们党应该永不忘记他们,并要永远为人民利益而去工作。同时,我也非常高兴,周总理的话为"软骨头和硬骨头"会议做了公正的结论。

谁知道在90年代,我才了解了这部影片的全部遭遇。电影史学家程季华同志在纪念电影艺术家蔡楚生时,告诉我蔡老是个品德高尚的好同志。他说:当年蔡老从第六届卡罗维发利电影节归来时,他曾坦直地写了份工作汇报,汇报中说电影节本来要给《翠岗红旗》以最佳影片奖,但由于中国电影代表团主要领导者之一有"左"的思想,极力反对,才改为摄影奖。蔡老当时还不是党员,作为副手,无能为力,十分遗憾,只好把真实情况写成书面汇报,以便领导了解情况。原来如此。可见"左"的思想,在50年代就已不断干扰艺术创作。此时我才明白:杜谈同志当时为什么在会上做了"软骨头、硬骨头"的检讨。他作为党员作家是多么驯服地听话呀!又是多么谦逊地肯于自我批评呀!就是这样的压力,一而再、再而三地压在他的作品上(以后几个本子都未能通过)。一个品德谦虚,不计个人得失,勤于写作的好同志,却历经坎坷,后来再也没有发表作品,也许是这些坎坷使他有惊人的省悟。在"十年动乱"中,他顽强得惊人,从不驯服地喊一句"林副统帅永远健康",甚而有人说他神志混乱了。他却说出许多别人不敢说出的真话。1986年,他因病逝世了。他是我难忘的一个老同志。

这件事又给导演张骏祥带来多少不公!

当时张骏祥还是一位党外人士,对于中国初期的共产主义运动,怀着无限激情与真挚向往,勇于拍摄《翠》片。而且在艺术上,他也极为努力。是他剪去了剧本的枝蔓,树起了主线,选择了富有特色的场景,对每个演员都给以具体指导,特别是对反派演员,他要求不能为演反派而反派,不能为展示演技去表演反派,要站在人民的立场上去演反派。他确实是一个难得的艺术家,当时却并未得到表扬。他在《翠》片之后,又导演过许多佳作,如《淮上人家》、《燎原》、《白求恩大夫》、《大泽龙蛇》,都受到观众广泛的欢迎。他还编写过电影剧本《胜利重逢》、《鸡毛信》等,为中国的电影做出了突出的贡献。十年动乱中,他却被诬为反动权威。但历史是人民所写,历史终于拨乱反正,给他做出了公正的结论。

我只和张骏祥合作过一次,却结下了很好的友谊。后来,我在创作上遇到问题,向他请教,例如:什么叫"旁白",什么叫"内心独白"……他都不厌其烦地细细回答。在创建儿童电影制片厂时,我得到他许多关怀。当儿童电影厂急需第二任厂长时,适逢他任上海电影局局长,在他的帮助下,顺利地把上影宋崇同志调到儿影厂。每次我到上海,他和夫人周小燕都欢迎我们去他家做客。而且每次都有欢乐而难忘的交谈,即使他在病中,也希望你能坐在床边和他叙谈,他总是兴趣盎然地听着、问着,处处流露出他对朋友和事业的关怀!他是一个高尚的艺术家,全心全意为人民的电影事业贡献自己的力量,也是我在电影事业上的引路人之一。

抗美援朝日记

1950年的冬天,中国人民志愿军为了保家卫国,支援朝鲜人民,抗击美帝国主义的侵略，雄赳赳、气昂昂地跨过鸭绿江。及至《翠岗红旗》拍摄完毕，我回到北京，全国人民已以最大的革命热情和实际行动来支援抗美援朝，踊跃参军，捐献飞机。文学家、艺术家深入生活，慰问演出，像巴金、梅兰芳、常香玉等艺术家都赴朝慰问或演出，常香玉还捐献了"香玉号"飞机……志愿军和朝鲜人民军在供应不足和气候严寒的困难条件下，英勇作战，迫使敌人退到了三八线以南，志愿军被人民誉为"最可爱的人"。北京电影制片厂除了派摄影队赴朝外，演员科的同志们也坐不住了，纷纷要求赴朝慰问，可惜很多演员都在拍电影，最后，厂长汪洋决定：在自愿报名的基础上，确定十四个同志（演员十人，音乐、放映四人），以深入生活为主，放电影及小节目演出为辅。经过十余天的准备，我告别了家人和孩子，离开了北京。

这是 1951 年的 5 月 22 日。我和李百万（电影《白毛女》中饰大春）分别担任队长和副队长。在沈阳经过与志愿军政治部和司令部政治部商谈，得到他们的同意，并领了军装和大衣，5 月 26 日晚再乘火车到安东。火车行驶中就遇到了空袭，警报发出，全车熄灯。同志们顿时紧张起来，不知谁开了手电，立即有人喝止："谁打手电？"火车到安东市正好解除警报，同志们才都轻嘘了一口气。虽然虚惊一场，但这是很好的体验，也是很好的演习。

我们准备许久的行动开始了，那就是渡过鸭绿江，到朝鲜去！29 日下午 4 时 1 刻出发了，由于敌军残暴的轰炸，我们不能走鸭绿江上的桥，只好走老义州的小桥。这道桥是那样的平常，我们简直不敢相信这就是鸭绿江！只有桥上一个哨兵引起我们的注意，果然卡车一走过了他，我们就出了国界。

夜幕下来,汽车仍然迅速驰骋,同志们的心情都在紧张地等待着应付那万一的情况。那边闪了两下照明弹,汽车立即停驶,停了一会儿,仍然点灯行进,司机同志是那样沉着机敏地驾驶着,不晓得走了多少路,只见那尘土飞扬,透过汽车的灯光映出前面车上稀疏的人影。车连着车,运输是这样的繁忙!一队队的战士们,背负着武器和行囊,无言地从车旁的空隙中穿行,他们毫无怨言地行进着。在同川江上,汽车太多了,挤在一道,偏偏此时来了敌机,前后枪声齐鸣,汽车都熄了灯,大家只有静静地等着情况的变化。此时,我的耳边响起了汪洋同志的话:"一个不能死!"我想,怎么办?如果有了情况,那只有跳下车,躲在大桥下……幸好车又行进了。一阵后,又来了飞机,并听到一阵巨响,不知哪里又遭到轰炸。深夜一二时,鸡叫了,我们到了目的地。这时下了雨,越下越大,同志们躲在屋檐下、羊棚里,静悄悄地等着分配房子,这又是一种体验。阿妈妮打开房门,说些什么不明白,大概是让我们进去。我们都睡在老乡的炕上。第二天,8点多了,有人来喊吃饭,大家爬起来,看见朝鲜老大娘咿呀而语,不明白什么意思,一会儿她端来了热水,叫我们洗脸。这种无言的关心,却形象地表达了国际友爱的感情。这样,我们开始了在朝鲜的生活。我想把当时留下来的日记呈上几则,虽然不多,却可以看到当时的真实生活感受。

5月30日

午后一时半会见吴主任,一个肩膀宽大,圆脸庞,精神饱满的军队政治工作者。他眼光炯炯地看着我们,询问我们的工作计划,朴素亲切,精明淳厚,是我们部队首长类型的一种。我仔细观察他的房屋,只有简单的茶缸、日记、杂志摆在桌上,墙上挂着一张军用地图。这样一个极其简单的办公室,却在发挥着无穷的工作力量(我还画了一个小图)。当我谈到"万岁军"(抗美援朝 38 军打了许多胜仗,被誉为"万岁军")的时候,他是那样谦虚地更正这件事情。我对他产生了一种好感,人民的先锋队,人民的功臣,却是那样真诚! 我能不爱他们吗!……工作很顺利地谈完了,他答应我们可以了解各种情况,甚至战场与被破坏的城市。

5月31日

旭日东升,美丽的朝鲜,再不是云雾缭绕,而是漫天晴空,苍翠的松林也被我们神妙的志愿军变成了一个露天的食堂,还依山就势挖了桌子和凳子,敌人再怎么也发现不了我们。朝鲜老大爷和老大娘是那样地爱护我们,在树林里,给我们拴上草绳,叫我们把头天夜里淋的衣裳晒晒,没有语言,却是心心相通的,我们深深感激。

6月1日

全体进行总结,批评与表扬,对队领导提意见。

夜晚去政治部放电影。夜色漆黑,在露天广场上放映,观众除了部队还有附近的老百姓,约有两三百人。敌人的飞机虽然肆无忌惮,却征服不了志愿军和朝鲜人民。敌人飞机八次出现在周围上空,影响了我们的放映,我们却巧妙地抓住规律,依然放完了第一部影片。同志们要求继续放映。但是,部队领导因为明天的工作,决定当晚不再放映了。大家都在深沉的夜色中愉快地走回。朝鲜的女孩子,三五成群的,唱着民歌回去……这使我想起了我们中国人民的抗日战争、解放战争时期,多么困难也没有屈服过,今天朝鲜人民也是这样没有屈服地战斗着、生活着!

6月2日

同志们分别采访、体验生活。

三位首长和我们具体讨论工作,我从形象上观察他们,29号首长是那样沉稳安详地盘腿坐在炕上,思考似的听着汇报,谈着问题;而28号首长则是那样精神焕发、目光炯炯,没有一点架子,亲切而不嫌麻烦地解决任何一个问题。至于"赵"呢,则拖着受伤的腿,毫不疲倦地谈着,是一个在战争中受过锻炼的知识分子。他们的共同点是愉快乐观不疲倦而又谦虚耐心。28号特别豪爽,喜欢就说喜欢,不喜欢就说不喜欢,一点不怕别人笑话。"赵"说:我们战士们并不是在一切问题上个个都是模范,比如说怪话,厌战……但是不要看现象,要看他们的具体行动,在几次战役中战士顽强地打击敌人,为了坚持阵地剩了一个人还在打!这说明他们基本上是进步的,抗美援朝的!没有一个战士说抗美援朝不好。

到12点钟的时候,28号打开了收音机,我以为他收听的是安东,他说:不!这是北京!当时我的心那样跳着,这是对祖国首都的热爱!我要记住那一刹那的感情!

6月4日

首长为我们做报告,年轻的将军风度,许多演员同志都为他这精悍的形象所吸引!他红军出身,久经锻炼已是这样成熟!是个有素质的指挥官。你还可看到他那在敌人面前傲然前进的神情,胜利和信心充溢在他的全身。我们党培养出多少这样有为的干部!我看到他有如岩石般的姿态,想到自己那种局促不安的样子,正说明了自己多么需要锻炼。

下午听了关于思想部分的报告,听的时候真是不时的眼泪出眶。是不是脆弱呢?不是一般的脆弱,因为我没有站在第一线上,但我想不是怕,也不是别的,我实在恨美帝的猖狂残酷,我说不出的爱着我们的战士!他们能忍受世界上最艰苦的生活,还能在这艰苦的条件下表现出最高贵的思想和最顽强的意志!就是意志和思想战胜了敌人,敌人的残酷征服不了他们完成祖国委托的意志!我在这朝鲜的农舍内,想起了祖国人民幸福自由的生活,相信人民知道这是谁捍卫了这幸福的生活。

6月5日至6月8日

这几天比较紧张,简直顾不上记日记了,脑子里充满了各种各样的激动,一时理也理不清。

肃川!一片弹坑瓦砾,美丽的电影院只剩下残骸,观众的座位全烧光了,只剩下铁架子一排排的立在那里,学校、病院、合作社连残骸都没有了。车站更是弹坑毗连,好像大地生了天花,车皮竖立在坑旁,恁重的铁轨搬了家。老百姓在弹坑边上挖下自己的住处,就是这样生存着,我连想也不愿意想一下,假如我们祖国的土地成这样了……

在日峰一里,和几个老大娘座谈,她们每个人都无一例外地遭受了美帝的摧残。痛苦、悲惨、恐怖、死亡把朝鲜人民锻炼得更坚强、更沉默。在她们脸上看不到表情。我曾经奇怪,为什么丈夫死了,提起来不哭?后来才明白是残酷使她们把痛苦埋在心里。现在的问题是她们怎样生活下去,怎样斗争下去。一个中年妇人,丈夫死了,兄弟死了,自己还几乎逃不出敌人的魔爪,管不了四个孩子,只能背着一个孩子逃出来!她的两眼凝视着前方,两手抚着孩子的头发,无目的地抚摸着……

目光里埋藏了多少仇恨！她说：父母都没办法管了，只有志愿军才救了她！辛酸的孩子太多了！

炸毁的坦克车上，又架设起了电话机，做了临时的火车站，里面照样地办起了公。

6月10日

为了参加军直欢迎副首长的晚会，我们也准备了小节目：十赞志愿军、蒙古舞、独唱及小提琴独奏，并放映了电影《易北河会师》。由于端午节到来，朝鲜妇女都尽其所能地穿上自己的漂亮的衣服，这是她们和平时期保留下来的生活习惯，晚会上荡起了歌声，给我留下了亲切美好的感受。

6月15日

在舒朗的晴空下，我们终于下到了连部。连长是立六次大功的功臣，个子高大但不魁梧，身体有病，好羞涩，总是不愿谈自己的功绩。战士李占元却健谈有些调皮，吊儿郎当似的，他说：自己好打仗，不好学习。我想他不是地道的翻身农民，一问，果然他是辽西会战时的解放战士，经过诉苦后党的教育，也成了优秀的功臣。他带着一个侦察班，曾在遭遇到美国兵时，机智地把美国兵让过去，投一个手榴弹炸死四人，敌人往回跑，他又一卡宾枪打死两个敌人。后敌人重武器上来，他从背面，一个个掩护全班退下去了。另一个刘贵臣镶了金牙，让人看了有不好的感觉，可他是一个突出的功臣，机智大胆地完成了许多任务，经过了战争的考验入了党，也是一个解放战士。战场就是课堂，解放军真是伟大的学校。

当我们在连部吃过丰富的晚餐后，进来一个同志，他说："你们来了多久？""半个月。""你是于蓝同志吧？"我猜想他是和我们同一火车回来的伤员，果然是他。他说："你那天的讲话给我们很多教育，我们开了一天会讨论，战士情绪很高，一定要回朝很好地打仗。"他们是第一批入朝负伤的战士，送回国内救治，伤愈后又来到朝鲜参战。我那天只是讲了真情的话，他们得到了同胞的鼓励，就表决心要更加奋勇前进，真令人感动！这位同志叫陈德俊，回朝后升任为副营长。（由于他对我的信任，以致在史无前例的"文化大革命"中，他破格地吸收了我的两个儿子参了军，我永远感激他在政治上对我的信任。）

6月21日

到了八连，收获不少，更令我们惊喜的是得到八连的帮助，可以用车送我们到平壤。我还得感谢新华社记者刘贵良同志给我的信息，他一再嘱咐要天黑以后再去，可是我们未等到天黑就出发了。这是多么千载难逢的机会呀！天渐渐黑了下来，我们看到了铁轨、火车，这是说就要到平壤了。高射机枪闪着火花，汽车熄了灯在公路上摸索着颠簸着行进。来往无数大小汽车，满载着人民军或是军用物资。公路上走着许多参军的青年向我们热情地高呼。汽车进了平壤市，竟有几条马路的交叉点上拥塞着那么多的汽车，指挥车辆的人员来往奔跑地指挥着……平壤，你这朝鲜的首都，为了你这美丽的城市重新发出和平幸福的光芒，人民在你的身边贡献出一切力量！

6月22日

早晨又遇到了昨夜带路的女同志，她热情地带我们到文化宣传省，见到许贞淑相，她庄严稳重，热情大方，满足了我们参观电影厂的要求。午后，穿过高射机枪阵地和铁路到了中央映画所。从这些高大的遗骸中,我们知道被破坏前,这是一个规模宏大的摄影所。在残剩的房屋,可以看到窗外美丽的山景,清爽的夏风吹到身上那么舒松,战前这是多么美好的工作场所呀!厂长、所长和著名演员俞庆爱、沈影等十几位同志热情地欢迎我们。很长时间,双方没有说话,只是嘻嘻地笑着和紧紧地握着手,此时不需要翻译同志,因为彼此都了解对方的心情。他们又带我们去参观了编辑室、录音室及洗印车间,只要是未被炸毁的房间,里面都有人工作着。

参观后,我们中朝演员围坐在美丽的小山坡上,互相唱着各自的歌谣、民歌,更欢唱着苏联歌曲,也尽兴地跳了各自的民族舞蹈,来欢庆这战火中的相聚。我们都是不可战胜的民族,所以我们特别兴奋和骄傲。

座谈会上,尹所长向我们介绍了几位获得国家荣誉奖的电影工作者的事迹(另有记录)。这里,我特别忘不了俞庆爱,她是朝鲜有名的女演员之一,在《我的故乡》中饰演母亲。战前她从事进步的文化与戏剧工作,在南朝鲜战斗许久才回到北方。战争爆发后她把两个孩子扔在家中,和她的丈夫柳铭(《我的故乡》中饰演瘸子)同上前线慰问与表演,为此她荣获军功奖章。不幸,在战争中,她的爱人牺牲了。当她听到这个消息时,汉城正在被敌机轰炸燃烧着,天上下着雨,脸上淌满了雨水,却没有一滴眼泪,因为仇恨像火焰一样燃烧。后来当她看到了和爱人一起工作的朋友时,才哭了出来。很快,她又想到这是全朝鲜的痛苦,擦干了眼泪,把爱人的照片珍贵地保存起来,更加坚毅地工作下去。短短的聚会,使我们彼此更加理解,使我更加深深爱着他们不屈服的性格。

夜已深了,他们依恋不舍地送别。我们离开了他们,汽车在飞扬的尘土中颠簸着。我们沉浸在幸福的会见中,敌机仍不断扔下照明弹,我们蔑视它们,因为胜利是属于中朝人民的。

6月24日(星期日)

到市场上看了一遍,人们有秩序地、沉着地交换商品。飞机来了,吹哨子,大家停止工作,隐蔽静候,附近都有防空洞。飞机走了就打钟,照旧工作。

牡丹峰上,看到东西平壤被炸的情形,更使你可以想象到这个城市原来是多么美丽!两个女孩子来了,穿着军装,我们请她们跳舞,没想到她们邀请我们到她们房内,里面有个小舞台。她们化了妆,为我们表演。这也是一种友情的表示!她们多么爱中国人民!

午后,我看到了在延安认识的金威,她是朝鲜同志(是电影演员金焰的大妹妹),沿着那条马路,她回忆起过去热闹美丽的平壤,使我想起了现在北京,人们都在假日里愉快地游玩欢乐!在金威家看到了金妈妈,她说:"要不是中国人,朝鲜完了!"她这句话多么深情!我们走了,这76岁的阿妈妮还要坚持在朝鲜祖国,她十分惜别,紧紧地亲抱着我们。她说:"中国人还要到朝鲜,我为什么还要离开!"

短短的三天,美丽的平壤!给我留下多么丰厚的感受!

6月25日直至7月6日

分别总结与排练小节目,参加纪念七一晚会。

观摩军文工团演出,与文工团座谈。继续听五次战役情况并联系商谈再次下连队的部队。(另有纪要)

7月7日

昨夜在公路上,汽车只能摸索前进,走了大半夜,睡眠太少,但为了抓紧时间深入下去，一早就到炮一连，正好赶上一场战斗。连长跑上跑下紧张地指挥着炮击方向。第一次当敌人飞机在2600米的高度时，我们被允许在外面观看。第二次当敌机俯冲到550米时，副连长叫我们到隐蔽壕内观看。我又想看，又怕扫射到自己，蹲在洞口观看着。后来才知道，这种俯冲还有很长的距离，没有什么可怕！我想战士也是如此锻炼出来的吧！炮兵们是那样熟悉业务，耳朵又灵，远远地就知道什么飞机来了！

飞机来了就是前线，飞机走了就是后方，战士们创造了多少奇迹。防空洞内整齐清洁，还装配电灯。阵地旁边挖有沙坑，装有单杠，你来到阵地上，只感受到他们的乐观愉快，而感觉不到丝毫恐惧。夜间我们睡在阵地旁的一个石洞内，应该说这是很保险的防空洞。但是当我们被激烈的炮声和耀眼的火光惊醒时，好像飞机就在我们的头顶，我不由得爬了起来，马上在地上摸了起来，摸摸和我同住的杨静、姚向黎等是否还活着，其实，她们也被惊醒起来了。我们拥抱在一起，静静地聆听着高射炮和敌机的轰鸣，我们这样贴近阵地，炮声震动着我的心肺，好像自己也参加了战斗。

7月8日

昨天夜里经过了一番紧张的战斗体验，早晨知道：我们的高射炮果然打落了一架敌机。为了看这架飞机，我们又走了四里路。烈日暴晒，行人寥寥无几，这里是铁路公路并行的地区，经常有敌机袭击的危险，路旁到处有伪装隐蔽的车辆和物资。当我们走下公路，越过小溪，到那飞机摔落的地点时，却在溪旁密密的丛林里。看到许多同志三五成群地睡在那里，外边一点也发现不了他们。他们是志愿抗美援朝的战士,夜间行进,白日休息,奔向前方。那些饲养班的同志更是天才的创造者,用雨布兜起的食槽,任隐蔽在树林中的马匹随意食用,自己睡在旁边!我心里在说:最可爱的人,你们辛苦了!好好地睡吧!看他们睡得那样香甜,可知他们夜里跑了多少路呀!

　　回到连部,知道是三班打下的这架F—47。指导员、连长讲述着打飞机的情况时,敌机又来了,我竟没有看到连长是什么时候到了指挥所,当我们要跑向高地观看的时候,他却又大声喊住我们,不许随便乱跑。我被这勇敢的保卫者感动得想哭!在我们请他签名的时候,他为了自己不能写出好的字,急得满头大汗!多么勇敢可爱的老实人!

　　以上的几篇日记,可以看到我们在朝鲜战场深入生活的真实感受。虽然我们没能到战争的第一线,但仍然受到锻炼和教育。7月中旬,我们又到朝鲜人民和烈士子弟家属中进行采访座谈,同样受到震撼,我作了许多笔记。7月20日接到电话,说22日有车回国,要我们21日回到军部。21日和烈士子弟学校联欢告别,后即回军部。22日晚乘东政放映队的卡车回国,未上公路前,颠簸至极,上了公路,天色已很晚,司机可以不开灯车开得又稳又小心。敌机不停地骚扰,雨又下个不停,但什么问题也没出,我们十分放心。黎明后,路越走越好了,天上虽然下着小雨,但同志们兴奋而又留恋地唱着朝鲜歌子。我坐在最后面,看到前面仍是笔直的道路,车子却忽然大拐弯了,我正在奇怪,就已经像坐电梯一样悠了下去。很快的一愣,我明白翻了车!我上身躺在地上,双腿却倒扣在脸上,有一些东西压在身上,但分量都不重,动了一下,我也就站了起来。这时我看到旁边的人都在行李堆里愣着不动,我立刻很清醒,对他们喊着:起来呀!快起来呀!于是在我附近的几个人挣扎着站起来了。这时我又害怕起来,假如有人压伤了怎么办?残废了怎么办?忽然我听到姚向黎大声喊:快点呀!我还在下面没出来呀!我恐怖也没有了,马上去找她。谁知她怎么又爬出来了。这时又有人喊:车下边还有人哪!快点呀……怎么没声了?我马上又恐怖起来,紧张得脸上起了鸡皮疙瘩,马上用力去拉发电机,好几个人去拉,怎么也拉不动。仔细一看,发电机下面什么也没有。我又想起了已怀孕的赵莹同志,不知她是否出来了?刚要喊,赵莹已经站在我的旁边说:"我出来了!"我又喊:小冯!冯光涛脸色苍白地应着。又想到东政放映的同志们不知怎样,人全在吗?他们怎么不自己点点名呢?这样才知道全车人安然无恙!原来是车子翻到梯田上,再过去一米就是深沟了,真是天助我也!这时的欢乐超过任何幸福时的快乐!话就说不完了,每个人都要说说自己的心情,这也可看出我们这些艺术人是没有经过锻炼呀!

7月23日回到了祖国的怀抱,只感到祖国的土地、房屋、庄稼都那么亲切、熟悉而又可爱。当看到田野上人们劳动、耕田、赶马车,那样悠然自得!多么幸福!铁道边,马路上,运输的车辆……一切都是紧张劳动的调子!这是为了保家卫国,为了抗美援朝!啊!亲爱的祖国!你多么坚强美丽!我更为这难得的生活体验感到充实、珍贵!那个时代的人们为了和平、幸福与理想,包括我们自己在内,是多么纯净、真诚而执著和勇敢啊!这一切生活不断地哺育着我,使我能获得创作的激情和力量,从而也贮满了我个人思想感情上的内含量!

形象的创造是演员、生活、角色的融会
—— 程娘子在《龙须沟》中诞生

我们自朝鲜归来不久，北影决定将话剧《龙须沟》拍成电影，并决定以北影厂的演员为主进行拍摄，记得只外请了北京人艺的叶子担任丁四嫂，我担任程娘子这一角色。当时，我只有喜悦，未考虑任何困难。因为，这是人民艺术家老舍先生的原作，又经北京人民艺术剧院焦菊隐导演改为舞台剧，演出后有轰动的效应，是一个十分吸引我的剧本。我们深入生活，积极准备，并已投入拍摄。谁知经过一段拍摄，厂里领导发现，由于演员语言缺少地道的北京味，难以达到原剧效果，决定暂停拍摄。过了一段时间，厂里又决定演员以人艺原班人马为主，只留下三个电影厂的演员：张伐扮演丁四，我扮演程娘子，封顺扮演冯狗子。这一改动，引起了我的不安。因为北京人艺已演出近百场话剧《龙须沟》了，演员阵容整齐，搭档和谐。扮演话剧程娘子的演员韩冰同志，是我在延安鲁艺的老战友，她自幼生活在北京，语音纯正，京味十足；再说她的舞台表演经验也十分丰富，在延安演《日出》中，她扮演翠喜，倾倒无数观众；在话剧《龙须沟》中，她演的程娘子也十分成功，受到观众的称赞。而我虽然在北京生活过几年，但那是中学时代的事了。当时根本没有接触过社会，而后我又在根据地成长，对农村人民略知一二，而对北京城里的劳动人民却是陌生的。我又是东北人，在语言方面，还达不到纯正的北京味，残留一些东北音调，和韩冰同志相比，实在有很大差距。

于蓝扮演的《龙须沟》中的程娘子。

我和导演冼群同志谈了自己的不安。他却说:"韩冰同志是演得很好,但她是另一种类型。我恰恰要你这样的,希望你能演出程娘子对丈夫的贤惠与体贴。"虽然我没有完全领悟出他希望的程娘子是什么样,但演员毕竟是渴望接受有魅力的角色。和导演谈过之后,我想我应该发挥自己的创造力,去创造具有自己特色的程娘子,于是我怀着炽烈的创作热情接受了这一角色。

舞台上,韩冰同志已经很好地完成了这个角色,我不能重复,更不能模仿,我必须完成由我自己去创造的程娘子。而自己在生活积累的记忆中,又没有留下现成的形象素材。该怎么办?只有到生活中去寻找角色形象的启迪吧!

1951年10月初,北影接受了《龙须沟》的拍摄任务。我们从舞台上演出的《龙须沟》,虽然已经知道了那里是多么贫困而又苦难的贫民区,但真实的贫民区到底是怎样的呢?看看我当时深入生活的几则日记吧!

10月9日

今天看了龙须沟的现状,也看了天桥一带劳动人民的生活、交易概况,获益不少。

没有想到,还有许多尚未整治的地区。大杂院的感受更深,生活条件那样差,院子竟比屋里的地面还要高,屋子太矮进屋直不起腰,连阴天,院里的污水往屋里流,有时和炕一边高有时甚至会漫过炕沿,阴沟的大蛆随着积水可以漂到炕上……生活条件这样差,还要活下去……

她们有不同的性格,但她们之间那样亲热,可能是大家都明白,在彼此不妨碍的原则下,必须互助。崔大妈帮张大嫂择豆角,张大嫂无言地张罗茶水,崔大妈却又热情地安置我们喝茶。

天桥内卖烟卷、卖大饼的大嫂们,真是女光棍的样子,能干、利落,毫无腼腆之处!当我们的同志想让她闻闻她的香烟是否变味,她手一推,干脆地说:"我甭闻,坏了我换!"

10月10日

德胜门的晓市上,做各种买卖,都有很多妇女,使我对程娘子外在的形象,可以有很多参考的机会。

能干利落的妇女,外表上都很整齐、精神,做事说话极为干脆、痛快。

也观察了她们数票子、卖货、整理货摊子的职业性动作。更发现了一两个职业性的小道具,如:香和鸡毛掸子。以后,这炷香和鸡毛掸子,成为我戏中重要的道具。香可以供顾客点烟。鸡毛掸子则是主人公爱好清洁的标志。每看到这两件道具,我好像就触摸到了角色的生活,也带来了角色的某些自我感觉。

下午到护国寺遛了一圈,三四点又到德胜门城豁口一带的大杂院。看见一个王大妈,大儿子有病,二儿子被国民党抓走了,在这住了五十几年……另一个大杂院住了五六家,有三家都是蹬三轮车的,一家捡破烂,拣煤核……一家则是刚开始驾驶军用汽车的司机,原来也是蹬三轮的世家。这个司机尽情地和我们聊天:"哪一个政府把粮食给稳住了?那会儿你刚蹬两万块。待会儿就不是两万了!这会儿只要劳动就有办法。你想着共产党来了,不动弹,天天给你大米白面吃?那不就是资产阶级了吗?你想吃肉,行啊!多动弹,别闲着……我为什么入了这行(指司机)?现在有八百辆汽车,就是没人开,我有技术,就得为国效劳。再说我爹七十几了,蹬了一辈子三轮,我二爹死了,还不就是四块板!老的死了,还让他再四块板?不行,得改个行当……蹬三轮算不得技术,国家一发展就不要了,我趁早把学会的技术捡起来!小的还能叫他再蹬三轮?!长大了得叫他念书!"他们对新中国成立后的生活感受,多么实在而充满真情!虽然这里没有程娘子的类型,但是,他们的感情和相互关系对我创作大有好处。

10月11日

今天又去龙须沟。

路上和导演谈我心中的两种形象,应如何选择?他提醒我:"不怕天、不怕地的女光棍,必定有所依靠,才能如此。"(他不赞同程娘子是这样的类型。)他使我肯定了程娘子是一个生活能力很强的人,对人善良、有同情心；对街坊邻居肯于热情相助，做买卖公平交易，认为和气生财……这样决定了我和冯狗子两场冲突戏中的人物情绪发展……由忍让发展到激烈的冲突，最后看到自己的丈夫又受到污辱，她再也不能控制，她和冯狗子厮拼了！

10月13日

　　今天自己准备角色，我想程娘子为什么要摆烟摊，而不去做针线呢？……可能她有熟悉这行业的家庭根源，我设想她的家庭开过杂货铺，日本鬼子来了，破落了，父亲就摆过烟摊……和疯子的关系，因为曾是恩爱夫妻，他落魄了，不能丢下他不管，得共患难……可是疯子不爱动弹，干什么都没劲儿，好说疯话，不由得自己也得说他两句……似乎找到了角色的生活根据……但必须再摸索……

10月14日

　　大家交谈了自己对角色的准备。互相提了意见，寨声大姐（原准备扮演王大妈）提出娘子要毫无腼腆之处，叶子（舞台和电影都是她饰演丁四嫂）提出要刚强有理性……这些意见很好，我需要进一步琢磨。

11月6日

　　今天到进康剧场，一进门，曲艺的特点就看出来了。魏昌贵点头哈腰急迎下来；曹宝禄没辙地摸摸头顶；一位坤角用布掸子打土，台上两位女角，风度各有不同，一位用大绸子手绢捂嘴角，另一位是小手绢折叠得方方的，轻轻一按嘴，一轻咳……可看出身份高低不同……很有味道。这些应是我和程疯子过去多年夫妻生活中司空见惯的人物……丰富了角色的生活记忆！

　　《龙须沟》又重新开始了工作。

人艺的演员需要熟悉电影的拍摄,而我对自己的角色还没有把握,更需要再到生活中去。饰演程疯子的于是之同志同意我的决定,并建议我要仔细分析,首先要让角色生活在自己意象之中。他说这是焦菊隐先生说的。当时我并未听说过"要让角色生活在自己意象之中"这个词意,似乎很有些神秘感,但后来我回忆起自己在绥米一带演出《二流子转变》秧歌剧时,不也曾为自己扮演的刁嫂这一人物很苦恼过,后来想起祖父的姨太太不就是很刁恶吗!她对人总是给以白眼,极为冷漠,而自己却总是至高无上。这位二姨太的形象与为人给我印象极深,我就以她为角色的形象基础……于是刁嫂形象很快地活动在我的脑海之中,排练中再去不断体会与感受,终于在演出中获得了成功。这不就是焦菊隐先生所说的"角色要生活在自己的意象之中"吗!这次《龙须沟》的拍摄,尽管跑了许多大杂院,交结了许多街道好友,但是自己的程娘子迟迟不能在头脑中活灵活现地出现。是之的提醒引起我的思考,加速了我的捕捉,并且感觉到越是自己不熟悉的人物,越要抓住这个创作的关键时刻。

新的演员班子边排练、边准备、边拍摄,这期间几则日记恰恰是我从生活到角色的重要记述:

×月×日

和苏嫂天天见面(宿舍门房苏宝三的妻子),却不曾留心她。今天,她吸引了我,平日见她办事按部就班,今天她竟大跑大叫。我常把人简单化,急就是急,稳就是稳,而事物并不如此,单一化的逻辑显然不对。

×月×日

我从妹妹住的医院归来,苏嫂看见我也关心地问起她,当我说:"出院后,还不知道怎么办呢!"(妹妹患的是结核脑膜炎。)她两眼圆睁,手一摆,大声地,以高出平时两倍的声音说:"这您可不能不管,这不是得把人救活嘛!"她那有气魄有胆量的劲头全出来了,透着对人真诚的关心。

×月×日

又到了苏嫂家,她谈起自己的苦日子。

"跟您说,我的心可狠了!丫头送人了,胖子(她的小儿子)才几个月,撂给他大姨,我的奶还捧着(涨着)哪……抖抖身上的土,就走了,连双筷子也没有拿……"

"我们一年没坐锅,我的姑娘饿得简直就得靠门框了,就那样,我腰里还别着把梳子,我和丫头见天把头梳梳。"我感觉这真是程娘子的劲头!

过去的痛苦使她回忆往事,两手撑着床边,听她丈夫叙说过去,眼睛睁得那样大,看得出她对过去的痛苦并不甘心。"我从来没想过死,我想着有一天我们能好,因为我们没偷、没摸、没做过坏事!"这是耐人寻思的,反映了劳动人民对于生活抗争的心态。

说到新中国成立后她丈夫学文化,她两眼闪出喜悦之光:"他比我聪明,我得先叫他进步,在工作上就帮他。"话里透着对丈夫的爱!

"别看我们缺觉(因夜间看门,睡得少),一醒了,我们精神就来,就痛快!"她两眼发光,头向上仰着,"我们不光是生活上提高,工作上也要提高。"

×月×日

和于是之谈了几天来的体验,他感到生动,认为接近角色了。他提出可以从苏嫂特殊鲜明的动作中,挑两个练习。开始可能觉不出她一言一行为什么那么大的劲,但练习练习,就可以琢磨出内心情绪的所在,而感到内外舒服了。

是之言之极有理。

×月×日

又去看苏嫂。

我们说话的时候,小猫咪咪直叫,她大嗓门地说:"别叫唤了,老爷子!"看得出她情绪有些烦躁。她对厂里不给家属工发厂徽很生气:"要是旧社会,我就低头忍了!……家属工这么不值钱?我要进厂三年,还能干出成绩呢!"她数说几件事时,经常一手在下,用手指数着,或一手在上用手背拍点着手心。

当我笑着宽慰她,说她不是"两饱一倒的人",苏嫂那么干脆地点着头:"啊,那不就混账了!"她两臂一分开,带一种轻蔑的笑意。

谈到丈夫,她说:"我要依靠他,不就得在他翅膀底下偎着吗?我依靠组织、公家!连他,我也脱离了!"她两手一起向上平伸,双手一拍:"老是他进步,我老得落后!"苏嫂多么自信、自爱、自重!

当时,我好像捕捉到一种她内心的自我感觉,也可以说那是美好而高尚的自我价值观。

×月×日

多少天来,我有意无意地练习模仿苏嫂的几个动作,还不怎么习惯。我试着假定自己就是苏嫂,去寻找自我感觉。

今天,工厂委员会要我(我是工厂委员)动员家属自己搞安全、卫生工作。全厂家属,很多是工人家属,她们集中坐在摄影棚内(当时没有礼堂或剧场),我看见苏嫂,不,眼前似乎坐着许多丁四嫂、王大妈、二春……我感到不能用平时文绉绉的语言,我应该用苏嫂的高嗓门来讲话,我应该和她们心碰心地讲话,让她们能听得进去才行。奇怪,我讲着讲着,下意识地把平日练习苏嫂的几个动作,自然而然地运用起来,用这些动作表达了自己的要求。这时,我觉得自己就是程娘子,正在向邻居宣讲着什么,这就是我寻找已久的角色的自我感觉。我保持着自己的情绪,更感到和家属的亲近。这个会议开得很成功,家属们并不觉得我是一个演员,而感到我是她们中间的一员。

前一阶段我和北影演员组的同志深入了许多大杂院,也结交了一些朋友,虽然对她们的生活有些印象,但是对她们每个人内心深处的理解却很少;外在的形象多是零碎的一些劳动或生活的动作……当北京人艺的演员参加拍摄后,我的压力更大了,他们的角色形象在舞台上已经树立起来了,而我还茫茫然。幸好在准备的过程中,我们宿舍的苏嫂跳进我的眼帘。突然,当我动员北影厂的家属去搞安全卫生工作时,我把自己融进了角色……其实角色早已经活跃在我的意象之中,当我用角色的身份去动员职工家属,我的程娘子就诞生了。日后,我根据剧中的规定情景,通过内心和形体的动作,再把自己融进了角色,我的角色就成功了。演员、生活、角色这三者的关系,好像是生活——认识——再生活——再认识。演员由于生活的积累产生了对角色的认识与理解,这就是焦菊隐先生所说:"你要生活于角色,首先要角色生活于你。"他还说:"脑内形象不完整,如何体现那个角色呢?那就是没有生命的形象。当你内在形象、外在形象都形成,角色就形成了。第一自我已很好地变成第二自我,再经过润饰阶段,形象就很好地完成了。"(摘自于是之第一次排练《龙须沟》时记焦菊隐的讲话。)我是努力去这样做的，并且用自己一颗火热的心去理解角色和角色的生活，因此我的程娘子虽不十分完满，但却是充满内在感情的。正像焦菊隐先生看过《龙须沟》的影片，对我的程娘子给予了中肯的评价："新中国成立前，戏的开始，程娘子性格不够稳定，但对地痞流氓的斗争演得很好，新中国成立后的娘子形象很丰满。"这也正是冼群导演所期望我的，我没有使他失望，我十分珍惜和冼群导演的合作。在当时，我怀着第二个儿子田壮壮，快要出生了，可是这也未影响我深入生活。我两腿肿得发亮，还在大杂院中跑来跑去。和冯狗子的重场戏还是生过壮壮未满二十四天时进摄影棚拍摄的。是冼群同志使我根据自己的个性找到塑造程娘子的依据，也是他使我和北京人艺的演员们融洽地、在互相探讨中完成了电影《龙须沟》中程娘子的塑造。导演和人艺演员都使我学到了很多珍贵的经验。特别是，当时我尚未系统地学习过表演体系，1954 年至 1956 年我才在中央戏剧学院表演干部训练班学习史氏体系，我的表演是在革命战争年代里，在广场、在土台子和简易舞台上的戏剧实践中，向文艺界的革命前辈们学习的，是革命文艺的前辈们在革命实践中摸索学习到的东西传授给我们的。这些方法应该说是符合史氏的原理的，因此，我对程娘子的角色创造，有着特殊的感情，我珍爱这段历程！

再做小学生

记得在建国初期，电影界第一批同志赴苏学习的时候，组织上曾问我是否想到苏联学习。我不假思索地说:"不!"我是演员,我要表演的是中国妇女形象,尽管史坦尼斯拉夫斯基表演体系是科学,但是,这需要拿出好几年的时间。我感谢了组织上的关怀,决定不去苏联学习。我按着自己的愿望投入了《翠岗红旗》和《龙须沟》的角色创造,并取得了一定的成绩,但创作中感到十分吃力,需要进一步提高。1953年,著名的话剧导演孙维世同志特地调我去参加她执导的舞台名剧契诃夫的《万尼亚舅舅》的演出,并让我扮演重要的角色之一叶琳娜。万万没想到,我们的排练很不成功。当时正好苏联专家列斯里在中央戏剧学院讲导演课,孙维世同志把列斯里请到青年艺术剧院重新排练,当列斯里看过我们的排练后,首先把我和另一位男主角给撤换了。大家为我捏着一把汗,怕我受不了。特别是孙维世同志更加不安。她说:"于蓝,谅解我,你可以留在这里看专家排练,你也可以回到电影厂,好吗?由你决定。"我当然不好受,但是,我不知道自己错

于蓝扮演的反面角色。

在哪里。我告诉她:"维世,别担心我,我决心留在这里学习。"她紧紧握着我的手,眼里有些潮湿。我很感谢她对我的深情。全剧重排后,我找到自己失败的原因,主要是对角色的理解错误。我和那位撤下来的男主角,都犯了一个毛病,把我们扮演的角色,单纯地理解为对生活苦闷的悲剧人物,而没注意到这两个角色面对苦闷的生活却不断寻找感情上的追求与寄托,他们充满了俄罗斯民族风情,特别是叶琳娜更富有女性对异性的挑逗魅力。而我们却单一地为演悲剧人物而演出,缺少了剧本所赋予人物的丰富色彩。这也是我对帝俄时代生活的无知,对契诃夫作品没有真正的理解……我深感演员多么需要丰富的知识和演技的提高。

1954年初,中央戏剧学院第一次创建由苏联专家库里涅夫执教的表演干部训练班。这不是以单位推荐的方式,必须经过严格考试。我报名了,又有同志善意地说:"叫你去苏联学习,你不去,现在倒要当小学生了。"我说:"演中国人民的形象确实无需去苏联,但现在苏联的老师来中国教史坦尼体系,这不正好吗?我愿意去当这个小学生。"田方是支持我学习的,送我一个厚厚的笔记本,上面写着"做一个好学生"。此时我已是两个孩子的妈妈了,如果没有他的帮助和鼓励,是难以坚持下去的!幸好我没使他失望。

我真的像一个小学生,努力而认真地准备了考试。记得我准备的是一首长诗《卓娅》的朗诵。为了很好地进入朗诵《卓娅》的意境,亲爱的孙维世同志把她的一身列宁装借给我。这也是我第一次朗诵,我不仅把它背诵下来,还注意演员对主人公的理解与热爱。我认为这次朗诵是过得硬的。同时还考了音乐和即兴小品。气氛严肃而紧张,但是我被录取了,从此开始了一年半的苦学。为什么要说是苦学呢？因为我们大部分的学员都是年近三十,离开紧张的工作岗位和繁忙的家务环境是多么不容易呀！大家十分珍惜。除了表演主课外还上马列主义、戏剧史、音乐、舞蹈……我们的腿脚都比较僵硬(常年行军走路),还要跳小天鹅舞,腿哆嗦了,仍然坚持学习,并参加考试,每门考试都力争5分的优秀成绩。我担任表演课代表,同时还肩负着党的支部书记工作。记得在举行毕业式的那天,我们每个人都穿上自己认为最漂亮的衣服。我穿了一件白色的短旗袍,衣襟上插了一支小红花。我们的专家库里涅夫看着我说:"于蓝,你很漂亮,但是太瘦了!"真是太瘦了,苦苦学习了一年半,这也是我人生经历中十分重要的一课。我极为珍惜这段美好而难忘的学生生活！

我们是从表演的 ABC 学起,记得那些课程是:注意力集中——肌肉松弛——想象——改变舞台态度(改变物品)——动作地点的改变——形体动作记忆(无实物练习)——判断事实——动作任务……本来我觉得注意力集中并不难,谁知许多同学都出了洋相。比如叫你看某人的脸或是脚,你总是没有看清楚,说的不符合实际。叫你听命令:喊一,不要动作,喊二,再做动作,往往大家都控制不住自己而颠倒了……此时我们发现,电话铃刚刚响就去接电话,还没有听见敲门的声音就喊"请进"了,舞台上这样的毛病太多了。经过注意力集中的练习,才有真听、真看、真感受……这是演员的基础训练。当然还有有意识的注意和无意识的注意,而且还要把有意识的注意变成无意识的注意;有积极的注意也有消极的注意,要把消极的变为积极的……要不断地转化、变化。像肌肉松弛要让自己身体全部由紧张转到松弛,或是局部

(手、腿)由紧张到松弛……这又对表演有什么作用呢？在练习中大家首先感觉到肌肉松弛与注意力集中不集中有着密切的关系，当你注意力没有集中在一定的目标时，你会全身不自在地紧张起来，当你注意力集中起来，你就会感到周身轻松自如，练习肌肉放松不但可以控制自己的身体，并可减少对注意力的分散。如天天练习，则可以监视自己的身体机能，驱除多余的紧张，它和注意力集中是有机的联系。

学习不久，我们做了形体动作记忆的练习，也就是无实物的动作练习。例如：切菜、绣花、包饺子、给自行车打气……不用实物而如实地模拟有实物的动作。这一练习有趣并很重要，正如我们的导师库里涅夫的夫人伊万诺夫娜（她也是一位优秀的表演教师）一段精彩的讲话："演员的艺术是个很复杂的艺术，很难找到方法训练内部技巧。钢琴家可以弹练自己的手指……演员怎样锻炼自己的技术呢？有一个史坦尼介绍的练习，那就是形体动作回忆的练习，谁要做一个真正的好演员，就每天强迫自己十五分钟或二十分钟的无实物练习。史坦尼说这些练习一定可以在演员创作过程中起到作用。……它可以锻炼注意力集中，观察力、想象力可以使演员有检验自己的感觉……演员应感觉自己是主人，能使自己不受观众的吸引才行。这样的练习中有劳动、也有专业。……应该做得很简单，但各部分应该很准确。如在动作中抓住很细小的部分，当你感到抓住这些东西时，这种练习就可以成为艺术品了。……不是做到相仿佛的程度，而是要做到准确的程度，你自己相信了，观众也就相信了。"她的一席讲话，给我们极大的启示，这是很好的训练。我们遵照专家的嘱咐，把它定为演员的梳洗，每天早晨作为晨练。第一阶段的考核就是"形体动作记忆"的表演，大家的成绩得到校领导和专家的肯定。我记得自己当时做了喂蚕吃桑叶的"形体动作记忆",成绩也是不错的。

再一个阶段是做小品练习。专家要求每个小品练习都要反映一点生活现象,每个生活现象都会包含着思想性,它好像剧本中的一滴水,每滴水都要表现人的美好情操。单人小品之后,通过交流的练习做双人小品。交流就是给予人家或是接受人家的思想感情。两个人沉默着,却要做到无言的有机交流。交流中有潜台词和内心独白,潜台词是台词下面隐藏的意思,内心独白是对象对自己的影响或自己对周围事件的态度。这些练习都是使演员走向台词与动作的阶梯。在这些练习中专家不时地提到应该有创作的热情,在贯穿的动作中要努力克服阻碍贯穿动作的反动作。这样就会产生热情。动作的逻辑性、顺序性更是重要的问题,有逻辑才能感到真实。这是很重要的艺术原则,可以说是基础的基础。过去我也学过史坦尼的部分著作,单纯地强调内心的体验,往往离开了动作的逻辑性、顺序性和规定的情景去体验,结果不是什么也没看见,就是什么也没接受,只表演悲痛或欢乐的情绪。这就出现了表演情绪和硬挤感情的错误。通过这些有机的基本训练,推动演员通过形体和心理动作(二者是有机的统一体)的规律,在舞台上或是镜头前能有如真实生活一样地再现生活的真实,把自己和观众都会带到真实的境界。

在学习中专家不断地告诉我们要注意生活。他说,你们的艺术是为了谁?第一次我们排演片断,他就叫我们请来了修建的工人,看他们是笑、是哭。如这样那是成功了。如果他们睡着了,就是失败了。我很高兴,他教给我们艺术永远是为人民服务的。他还说要通过艺术影响生活,通过艺术改变生活,使生活更美丽。但是他也告诫你,那种影响生活的片断,是使人一看就知道走向哪个方向,但不是教育人的口吻:"你应这样"、"你应那样生活",应该是艺术的,叫人感动的,使观众把呼吸节奏都改变了,是影响人们生活的。他们从剧院出来,心中还有演员的形象,好像是他们非常熟悉的人。这才叫真正的影响生活。他还说不能冷淡地影响生活,要拿出自己的感情来参加这个工作。作为艺术家要有独立的观点,敢于争论,要有创作的个性,不要胆小害怕,对事物应有自己的看法,哪怕是错误的,当你未认识时可以坚持。我很喜欢我们的专家,他和我们的艺术观点是一致的,并教会我找到自己的误区,走向一个更高的富有朝气的艺术创造的天地,使我对过去的表演做了深入的总结使之升华。

表演技巧虽是塑造人物形象的重要手段,但是,真正的功力还在于怎样认识生活,怎样揭示人物的内心世界。为了揭示角色(形象)的生活,就需要观察。首先观察人物,人们怎样表现感情,更多地猜测人的内心世界,不要只看外部,要看到他的内心世界,应该研究生活的现象,要思考现象的原因。演员需要到处观察,观察是创造形象的一个方法,观察能力是演员很重要的特性。生活不等于艺术,但它却是取之不尽、用之不竭的艺术源泉。这是我从实践和学习的历程中所获得的深刻体会。我们创作角色首先是深入生活去认识、去理解角色的时代和角色的生活,通过生活去捕捉角色的内心世界和动作的发展,从而再通过各种练习:个人的小品、双人小品、形体训练以及片断排练去体会和寻找角色的根据,使自己自然而然地生活在角色的规定情景中,通过各种适应与交流,特别是即兴的适应,诱发出既是角色的也是演员的真情实感,从而也才能通过演员自己的心(思想与激情)和形体把角色的内心世界揭示出来,使角色更加丰满。

我想举专家排练高尔基《小市民》时的例子。当时演员经过学习与理解对角色有了充分的认识,但是还是找不到角色的感觉。有一个男同学总是平静地演戏而激动不起来。这时专家叫他放下一切,去准备一个杀人的小品……而我扮演的姐姐达吉亚娜是个自以为了不起,对生活极端冷酷的人物,而我却找不到那种自我感觉。专家就叫我拿起马鞭,表演狠狠去抽打马的样子,我根本没有理解为什么要打出狠劲,课堂上把大家都逗笑了。后来,专家把我叫到他的身旁去观看另一个演员的小品练习,这时不知她在后台发生了什么事情,这位演员在场上满脸红涨,气吁吁地挪动(摔)东西……专家说这就是达吉亚娜,此时我才捕捉到了一点,这个人物对什么都不满意,似乎谁都对不起她……其实这些练习似乎都与我们排练的剧中人物毫不相干,但是要你找到角色那一点独特的色彩和自我感觉,也可以说角色的核心或者是角色的种子却是至关重要的。他又说:演员创造形象的意思是把自己变成别人,但归根到底还是自己。是否可以模仿别人? 不,不能把自己丢掉去演外在的特征,必须通过自己,从自我出发。他的比喻极为恰当,他说:演员演出角色,从自我出发就像 H_2O 的混合物"水"一样,是整体的分不开的有机的混合物。这些学习使我找到了创造角色的阶梯,我必须一步步、一点点去理解,去发现,去动作,去适应,逐渐把自己和角色融为一体。

学习也开阔了我们的眼界。专家运用学生自己的力量介绍了当时的一些表演理论。例如请蓝天野同志介绍了波兰理查·波列夫斯基的《演技六讲》,宋绍文同志介绍泰伊洛夫的《演剧论》(他自称是新现实主义的自律体系,反对史坦尼的表演体系),李守荣同志介绍了《苏联演剧体系》,作者是美国舞台艺术家罗里斯雷德……这些学习方法很好,生动活泼,节省了学习理论的枯燥时间,发挥了学习的主动性与责任感。

不仅如此,专家还注意丰富我们的戏剧艺术的素养,给我们安排学习西欧的几个名剧。他不强迫去精读,而是让我们自己挑选这些名剧的片断,进行学习排练。由于要扮演好其中的角色,就必须去用心精读整个剧本。例如:我和王之一、岳慎、鲁非、姚向黎几个人共同排练德国剧作家席勒的名剧《阴谋与爱情》;田华、嵇启明、蓝天野等同学排练莎士比亚的《罗密欧与朱丽叶》;宋廷锡、宋绍文等同学排练莫里哀的《屈打成医》;方掬芬、朱家琛等同学排练苏联阿·菲罗盖诺夫的儿童剧《玛申卡》等。我仅把排练中间和演出后的反应介绍一下,就可以知道我们是怎样努力学习的。在《屈打成医》片断给专家看后,他很高兴地说:这剧反映了人民的智慧,就像中国的《闹天宫》一样,孙悟空把所有的人都战胜了。这是从民间产生的喜剧,莫里哀是从民间吸取生活创作的喜剧。这就是戏剧的实质。《屈》剧中医生骗了所有的人,然而他所骗的都是正确的。你们抓住了剧本中的主要思想,就决定了如何正确处理剧本。主要思想抓错了,处理就错了。例如:《安娜·卡列尼娜》,你处理成她没有权利变心,那卡列宁就变成正面人物了。而托尔斯泰的思想是:"女人有权利选择自己的爱人,创造自己的幸福。"在排练中不仅提高了我们的戏剧文化素养,而且使我们在进行再创作时(不仅导演和演员)都懂得抓住剧本的主要思想,确定这个创作的主题思想。再如：当莎士比亚的《罗密欧与朱丽叶》排练演出后，竟得到了我国著名的戏剧大师曹禺同志极大热情的鼓励。他说："我第一次感觉到莎士比亚的动人，特别是你们每个人感情真实。当时我真担心演到谈爱情时，你们的戏就完了，可是，你们过了这一关。两个主角符合一般观众的要求，是我们心中的罗密欧与朱丽叶。特别是第二幕，没有什么调度，我感觉了你们在爱着。

"朱丽叶很好……我本担心喝毒药这场戏，而你使我相信了，使我感到了16岁小孩的勇敢、恐怖与热爱生活。例如，朱丽叶这女孩除了热情忠诚之外，还有一些聪明的话就更好了。因这16岁的女孩为什么懂得这么深刻？她是很机灵的，要有那么一点聪明就更好了。

"罗密欧也很好，很难演。

"排得很好，但读词听不见，你是说了，可是技术掌握得不够，让人听不清楚。

"长老的处理很新鲜，我原想是很庄严的东西，没想到是那么活泼的内心活动，但不够成熟。

"父亲的残酷很好，但是，贵族身份还应有一些，不会那么暴露。

"节奏明快的悲剧，给我一种积极的感觉，使我看后有为生活积极奋斗的要求。

"你们这样热爱你们的角色，是好的。如说庆贺成功太早的话，我看出了苗头，会开出美丽的花。"

我们小小的表演训练班，后来竟真的演出了世界名剧《罗密欧与朱丽叶》，并得到好评。

在每个片断的排练中，专家都会细致地提醒你怎样走进角色。例如：在《阴谋与爱情》中，当第一幕宰相走进办公室时，窗外安排了一声钟响的声音效果。他告诉演员，为什么要有钟声："你知道德国人是怎样工作吗？差几分钟或一分钟，他都不会走进办公室。德国人工作非常准确，一分一秒都不会错，并且一生都是这样做，绝对相信自己……"连宰相进办公室前，在过道里说了什么话，他都要演员自己设计好，以找到进门后的自我感觉。

更让我难忘的是，这几个欧洲戏剧片断顺利排演后，专家又有了新的安排。他对中国文学名著——周立波同志的《暴风骤雨》倾注了那样大的热情。他叫我们在《暴风骤雨》中选择几个片断排演。我非常高兴，因为1946年冬，我参加过东北的土地改革，对周立波这本书非常喜爱，书中所写的人物、生活与我在土改中接触的农民和他们的生活多么相似。开始，大家排练了书中的几个小片断。例如：田华和鲁非做了一个接生小猪的片断，并不吸引人。专家叫他俩停下，另演一个即兴小品，安排另一个规定情景。一个叫郭全海的男人（鲁非饰）劳动归来，在小河边洗洗脸，忽然发现水中漂来一件短衫，他用锄头捞过来，大声地问："这是谁的？"原来是地主家的童养媳刘桂兰（田华饰）晒的短衫被刮跑。她听到喊声，身着小马甲（农村的布背心）赶紧跑了过来。当她看见是一个年轻的汉子，不由得抱着双肩后退了几步……这样两人相识了。大家看得十分有趣。当时我想，我们自己绝对不会想出这么生动的会见场面……专家根据生活环境的可能性，想象多么活跃，给我们以极大的启发。于是再次排练《暴风骤雨》的小片断时，我们根据生活的可能性，演出了许多精彩的片断。我和胡思庆同学也做了一个片断，那是富农家的寡妇李兰英，自己抱着铺盖卷来找贫农侯长腿的故事。

为了介绍我们创作片断的活跃,我把这个段子写在下面,这是书中没有写到的故事。

李兰英抱着自己的铺盖,走进侯长腿的小屋。

侯:(莫名其妙而又厌恶地)你来干什么?深更半夜的!

李:我是一个人,你也是一个人,咱们一块住不好吗?

侯:你跟我一块?你玩他妈的什么花呼哨(花招)?唉!早先连正眼也不瞧咱一眼的地主娘们,这会儿倒找到我门上来了,真他妈的不要脸,滚吧!(李不动,死盯地看着侯。)

侯:你走不走!还叫我动手是怎么的?去!去!去!(李下)

(侯啐了一口,独自坐在炕上,闷闷地抽着烟)(少顷,李兰英又上)

侯:你又来干什么?

李:来拿被子。(李不动)

侯:干什么还不走?!

李:让我留这吧?我帮你烧火做饭,你下地回来也有口热饭吃。不行吗?

侯:别扯淡了,快走!

李:我是真心跟你过,你嫌我是地主娘们,你也想想,地主家的人也有好有赖。我娘家也是庄稼底子,我兄弟还吃过劳金(雇工)呢!(稍停)我到唐家来,是那一年我爹欠下唐家的饥荒,还不起,把我送到唐家做抵押的……

侯:别瞎编了,谁不知你娘家是个小富农。咱俩拉扯不到一块!

李:找到你家不就一块了!

侯:别啰嗦!天不早了,快走!

李：（不语）

侯：走！走！

李：我怕！

侯：怕什么？

李：怕狼！

侯：外头明光大月亮，你怕啥！

李：反正，今儿个我不敢走了，你看怎么着就怎么着，你不让我在炕上睡，我睡地下好不好？

侯：唉！……你这么赖，可叫我怎么办？

李：有什么不好办的？炕这么大，你睡炕头，我睡炕梢，咱井水不犯河水，谁也不碍谁的事。（说着把门关好，很快去铺炕。侯极端混乱地吸起烟袋。）

我们排练得相当有趣……可惜由于这两个人物与全剧的发展没有多大关系，正式演出时取消了。但是也说明了，我们想象思维开展了许多，比较能找到人物的细微关系。其他片断，像贫农白玉山夫妇的矛盾，白玉山爱睡懒觉，白大嫂不依不饶；贫农赵玉林一家对地主家小猪倌的关爱；还有地主韩老六大小老婆的厮打，狗腿子韩长脖的报信，说工作队来了……确实很丰富、有趣，受到专家夫妇的赞赏。专家说："艺术家能找到这样一种材料是很幸福的。为什么它（指小说《暴风骤雨》）是这么激动人，为什么周立波获得斯大林奖金？这是巨大的现实主义著作，并有那样大的社会力量和深刻的性格。你们工作有兴趣，就是因为作者有很丰富的生活，给我们看到人的真正成长……我对你们的工作满意，但也有埋怨，比如你们的服装都太好了……应该有不断增加的新东西,要热爱角色,注意语言。"

之后,我们又不断创新地进行排练,专家和夫人一同观看了我们的排练汇报。专家说:"你们表现出来两个主题,一是暴风骤雨,一是家庭生活,虽然都很好,但暴风骤雨的主题不明显了,要从反映家庭生活的几个片断中挑选一下,否则暴风骤雨力量就不大了。"这样李兰英和侯长腿的戏就取掉了。

专家的夫人说:"你们在舞台上生活真实、严肃,是值得感谢的!……完全可以看出作品的思想,我看到受封建折磨的人变成了有力量的人。在艺术中有一种主题,是世界各国人民都可以理解的,《暴风骤雨》就是这样的主题。

"每个演员我都喜欢,都有表现力,每个妇女都好,主要的男同志也好,演出很感动我。

"最宝贵的是舞台生活和观众生活融在一起,观众也好像进去一样。有些地方还要挖掘得深一些。很喜欢侯长腿、李兰英一场戏,看出贫农的孤独,要把侯长腿的性格早一点突出出来。

"你们完成了很大的工作,你们自己创作了剧本。应赶快考虑这个剧本,应把大致情况定下来,把台词肯定下来,才能更深地挖掘出人物性格。这里每个人物性格都能很快塑造出来,而一般剧本只有一两个人物很好。"

专家又说:"你们善于用富有正直意义的材料来揭发每个人物的生活,你们每个人都有自己的成功,知道自己做什么,为什么到舞台上来,有人一句话也没有,但是看出你们建设了自己的生活。你们在形象中找到了那么好的东西,这就是种子,很宝贵的是演员自己的东西找到了。你们会像不倒翁一样，总也倒不了。你们每个人都在培养出自己对艺术欣赏的态度、能力与估价。这是你们自己做的，把生活带到这里来。韩老六、杜善人饰演的地主们都很好，这并不是用笔写出的什么自传，而是自己去思考出来的自传。这是很好的学校。小导演制应很好地发展。每人负责一个场面，他是这个场面的主人。"专家夫妇给我们巨大的鼓励，实际都是专家的教学成果，他不是叫你走老路，而是叫你有创造地走新的路，教你学会怎样找到方向。此后他安排我和胡思庆、任德耀共同来做《暴风骤雨》的导演，每场又有小导演，依靠我们自己的力量，终于排练成功一出多幕话剧《暴风骤雨》，这成为我们毕业演出的四大剧目之一。最后又由任德耀、胡思庆和我改编拍摄成连环画《暴风骤雨》，由上海人民出版社出版，每个同学人手一册留为纪念。

当时毕业演出的四大剧目是高尔基的《小市民》，周立波的《暴风骤雨》，苏联的儿童剧《玛申卡》与莎士比亚的《罗密欧与朱丽叶》。这些演出自然是综合与检验了我们一年半学习史坦尼表演方法的成果。特别是《小市民》几乎集中了全班同学，每个人都是重要的角色。高尔基的作品内涵是那样深刻："生活是在前进着，谁要是赶不上生活，谁就要孤独地落后。"专家帮助我们理解了高尔基的思想，并帮助每个人找到角色的行为逻辑和生活态度。通过每个角色的形象行为，把这个难以看懂的话剧，深入浅出地、并极富有可看性地呈现在观众面前。因此当时《小市民》的演出引起全国话剧的同行们极大的兴趣，许多话剧团体从全国各地前来观摩这个演出。

库里涅夫和他的夫人两位老人十分可亲，他们要我们学会教学，更要我们塑造出人物形象去影响生活，不是教化地逼迫别人，而是艺术地影响观众,使观众在离开剧场后仍记住这些人物,好像是他们的生活之中的人物。

1956年6月我们结业,库里涅夫和我们分手了。没有想到30年之后,1986年在莫斯科举办国际儿童影视中心的年会,我在莫斯科的郊区看到了他们夫妇,在他的家里吃着可口的甜点和他们自制的果酱。虽然我也已两鬓斑白,但在他们面前我还是一个孩子,一个小学生。

只有小演员,没有小角色
——拍摄《林家铺子》的心得

1957年反右斗争激烈地"运动"起来,这是令人十分迷惘而又无法不投入的运动。当时,我自认是忠实于党的共产党员,自然不会也不能置身运动之外,这是十分复杂而又震动自己的一次运动。因此,我感到十分吃力,也很疲劳,很不想再去搞有关的政治工作,只希望去做些自己熟悉的业务活动。由于运动的关系,当时对自己所在的实验话剧院,也有些"伤情"了。就在这种心境中,我忽然接到了导演水华的电话。他说:"于蓝,我有件事想求你帮助。我正在拍摄由夏衍同志改编的茅盾原著《林家铺子》,原请舒绣文同志扮演剧中的张寡妇,现在她的心脏病复发了,不能前来参加拍摄。我想请你帮个忙,可以吗?但这个角色不是主角,是一个小角色,你能帮助吗?"我听了以后,不假思索地说:"当然可以,你忘了没有小角色,只有小演员这句名言了吗?一个真正的演员是不会关心角色的大小,只是关心这个角色是否能成为一个真实的形象。"水华十分歉疚,不断地说:"谢谢你了,谢谢你了!以后我们有机会,一定要再合作!"在延安时代,水华曾多次与我合作,几乎他排的话剧,都有我参加。现在他反而客气起来,这是因为进城以后,我们各自忙着自己的工作,相互没有再合作。这次是进城后的第一次合作!有了第一次,真的就有了接二连三的几次合作。而且日后,我们成了极为亲密的合作伙伴。

于蓝扮演的《林家铺子》中的张寡妇。

当时,我在实验话剧院工作。剧院集中了许多优秀的演员,由于总导演孙维世对我的厚爱,凡是适合我演的女主角,她总是把我定为 A 角。当时,剧院还不能同时排演两个剧目,这自然会影响到其他女演员的演出机会,这也曾令我十分不安。再加上反右中许多伤脑筋的事,使我对剧院的工作有些伤心。所以,接到水华电话之后,我没有任何犹豫地又跑到自己所熟悉的北影。

　　这时,《林家铺子》剧组已经从外景地浙江灵湖回到北京,并在新街口豁口外搭起了一条小街,街头还搭建了临河的小桥,大小店铺、茶楼、饭馆栉比鳞次,很有江南小城镇的味道。我因刚忙完了反右办公室的工作,匆忙赶来参加拍摄,并未认真读过剧本,更未读过茅盾的原著,也未去深入生活。只知道我所扮演的张寡妇是靠着自己十个指头为人缝洗,积攒了百十来块钱,押在林家铺子做本钱,得点利息。这就是她孤儿寡母的活命钱了。在30年代的旧中国,民不聊生,外患骚扰,经济萧条,日寇进犯的纷乱年代里,林家铺子终于倒闭了。张寡妇为了孩子,为了活命,她必须去讨回自己的活命钱。在警察的恫吓中,群众纷乱与无奈,张寡妇的本钱要不回来,孩子却在骚乱中没有了。这是张寡妇的重场戏,也是唯一的主场戏,当然也还有几场零星的镜头。由于自己在拍摄《翠岗红旗》时,曾到过江南并深入过江西,积累了一些江南劳动妇女的生活素材,再加上表训班的学习,有这些为基础,戏基本上可以完成任务,不会感到吃力。而面对这唯一的重场戏,演员必须理解导演的要求和镜头的处理,并要遵循他的拍摄要求。原来,水华和摄影师钱江决定:只用一个镜头,由升降机拉、移、升起,一口气拍摄完这组镜头。那就是从被挤倒的张寡妇由地下爬起,镜头拉出来,发现孩子没有了,她寻找儿子,遍寻没有,镜头一直跟着她后移,她恐慌之极地喊着:"阿毛!阿毛!"时,镜头再升起,看到张寡妇在混乱的人群中呼喊。这是一场母亲寻子的激情戏,我沿着角色的规定情景,努力去完成动作任务。在排练中,当我演到发现儿子被踩伤的身体时,忽然我记忆中,唤起了1946年,在大连港湾我曾亲眼目睹一个幼儿被电车碾轧而死亡的惨景,当时我的心就像被碾轧了一样的疼痛、抽搐……此时此刻,当我看到孩子的帽子时,我的心立刻抽搐了,我不顾一切地喊出:"阿毛!阿毛……"这个镜头成功了!

这场戏所要的真实激情迸发出来了!这就是"情绪记忆"的唤起,使我能充满真情实感地一口气演了下来!水华导演要求我实拍两遍,在两遍拍摄中我都迸发出了真实的感情,水华满意了。日后,他还告诉我,赵丹同志对这镜头也十分喜爱,他佩服我能在一个镜头里把戏掀起高潮。

话是这样说,戏拍完了,我总觉得意犹未尽。一个社会最底层的寡妇,她生命的全部意义就在儿子身上。钱丢了,儿子没有了,她怎能就此罢休?我认为一个镜头怎样也不能把张寡妇的心态充分表现。水华认为我的意见有道理,他和摄影师研究后,决定再为我加拍一场戏:张寡妇找儿子。当时在场地外景拍摄时,我调动自己的情绪记忆,全心投入。镜头对着我,从全景到中景,长长地移动镜头,一正一反地表现张寡妇的痛切情绪。我无需事先设计什么动作,一切顺着人物的内心感觉走与找。我怀着一颗碎裂了的母亲心,眼目和眼神都十分真切地寻找,拍摄现场上的工作人员都感动得落了泪,我自己也还满意……谁知,看完影片之后,我才知道加拍的这场戏全部被剪掉,一点影子也没有。我心里很不舒服,可又提不出什么意见,因为影片还是很好。我心里暗自琢磨,那样好的一场戏为什么不要?我真想去找电影文学本来看看,水华这样处理好还是不好。

记不得过了多久,我终于读到了夏衍的文学本,感到剧本确实洗练简洁,并不需要再去增添任何细节……从张寡妇个人的戏来看。加拍的那场戏确是饱满的、真实的,但是,从全面来看,从"林家铺子"倒闭的主体来看,张寡妇找儿子的细节,显然离开了主体,她怎样寻找、怎样悲痛都与主体无关了。如加上那两个镜头,张寡妇情绪上去了,而整个戏却拖沓下来了。"局部要服从整体。激情要有分寸。"此时,我对剪掉张寡妇加拍的两个镜头,心服口服。何况水华用声画结合的办法延伸了张寡妇凄厉的喊声:"阿毛!阿毛……我的孩子……"一直到剧终林老板在船舱内愁闷沉思的画面出现后,画外音仍然延续着那张寡妇悠长而悲凉的声音,船在雨濛濛中向远处驶去。这既延续了尚未演完的未尽情感,又寓示着悲剧还在继续。水华经常说:"不要把话说尽,事做绝。要言已尽而音未尽,声已绝,而音犹在耳,才能回味无穷,要让观众体味到画面外那深远的余韵。"我咀嚼着,思考着,水华以洗练的镜头组接和声画结合的处理,把夏衍剧本中深沉淡雅、含而不露的蕴涵,形象而准确地再现在银幕上,使我感到他们的创作风格如此和谐,真令我折服。作为一个艺术上极不成熟的演员,他们的艺术品位和艺术功力正像润物细无声的春雨一样滋养着我的成长,使我在艺术殿堂里又向前进了一步。此时此刻我更体会到真是没有小角色,只有小演员。这个"小角色"不仅在影片中起到了重要的作用,并使我获得了极大的教益。

"她演了一个好妈妈"
——《革命家庭》的拍摄

1958年,是个沸腾的年代,是一个丰富、复杂而又难忘的年代。是全国上下都在鼓足干劲、多快好省地建设社会主义的大跃进的年代。最突出的是大炼钢铁的运动。不论城市还是乡村,处处小高炉,人人炼钢铁。我们演员除了炼钢以外,还带着火热的心,到农村、工厂去深入生活。那时,也是人人写诗的年代。到农村后不久,我被调到宣武区马连道仓库做文化普及工作。我发现马连道许多房间的顶棚上都贴满了工人的诗。我心中暗暗思忖,我是一个文艺工作者,对这么多的诗词都没有拜读的愿望。读后也没有格外赞赏的心情,其他人员是否有兴趣呢?显然也看不出他们衷心喜爱!那么这是为谁而作?是不是形式主义?这些思绪只是一闪而过,也并未深思就过去了。

相反,我更感到那个年代的意气风发!"我为人人,人人为我"的思想境界确实极为普遍。当你遇到困难的时候,人人相助的人际关系确实会感动着你!真有"路不拾遗、夜不闭户"的景象。至今人们还流传着,思念着,五六十年代的社会风气多么好啊!当时,我和许多人一样,感到自己是向上的,精力十分充沛,似乎还有使不完的劲儿,可以做出许多许多的工作。就在这样的心境中,记不得是怎样得到了一本《我的一家》。这是一本回忆录,真人真事,十分感人,读起来令人回肠荡气地关念着书中主人公的命运。我的眼界和胸怀都开阔起来,原来不仅工、农、兵和知识分子中可以出现英烈,在平民百姓中的弱女子又何尝不出豪杰?我读过前苏联高尔基的《母亲》,而在中国岂止千万个这样的母亲?陶承同志就是这千万母亲中的一个,她是东方的、中华民族的一位革命母亲!她柔情似水,而又心强志刚。一个贫困的刺绣女工,丈夫去世后,为了让儿子能走丈夫的革命道路,她不苟图安全,勇敢地带着几个孩子走向革命的征途。我太爱她了,我怀着强烈的创作激情,希望把这本回忆录搬上银幕。

当时我已离开北影三四年了（因为在中央戏剧学院学习后留在实验话剧院）。正好，田方刚从电影局调回北影任艺术副厂长。我问他：北影是否有人愿意将《我的一家》搬上银幕？田方告诉我："听说第一集体正在组织这个剧本。"北影从1958年起，组成四个创作集体，每个集体有主创人员若干，可以自己组织与决定投产计划。水华是第一集体的负责人，我马上给他挂了电话，因为1957年拍摄《林家铺子》时，水华曾表示愿意和我有再合作的机会。我只知道他是第一集体的负责人，并不知道他还没有注意到《我的一家》这本书。他在电话中说："我还没有看到这个本子……"我的心凉了。但我仍说："不管谁来拍这个本子，如果你们找不到合适的人来扮演母亲，我希望我来扮演这个角色。"大概我的话打动了水华，他马上去找《我的一家》来看，很快，他决定自己拍这部影片，并聘请我来扮演母亲。于是，我兴高采烈地和剧组副导演欧阳红缨同志开始深入生活。

为了了解那个时代（第一次大革命到抗日战争的开始），我们首先翻阅了所有的《红旗飘飘》（中国青年出版社出版），并访问了健在的老革命，当然我更渴望着能找到回忆录的主人公陶承同志。在多方的努力下，终于在北京的香饵胡同，我们见到了陶承同志。香饵胡同是中央老干部的一个休养所。为了塑造这个人物形象，为了拍摄中的真实气氛……后来我曾多次走进香饵胡同，并和陶承同志成了忘年交，直到可怕的"文化大革命"之后，我们的心还紧紧相连。

因为有了电影《龙须沟》、《翠岗红旗》、《林家铺子》三个电影的创作经验，再加上在表演训练班学习了苏联专家库里涅夫的表演课，以及话剧《小市民》(高尔基的剧作)的排练,使我感到电影的表演不再十分困难了。但是《我的一家》中的主人公毕竟和我所扮演过的人物的经历不同,而在《翠岗红旗》中的向五儿又正和陶承同一时代,那么她们两个又有什么不同呢?当然,向五儿是苏区革命根据地中,一个由农村少女成长为坚强的红军家属的人物;而《我的一家》中的母亲,则是白区城市中贫苦的绣花孤女,在丈夫的影响下,成为革命的地下工作者。理性的区分比较容易,但是,我怎样才能把这个母亲塑造得与向五儿不同,而又是血肉丰满的另一个真实的人物形象呢?怎样使她既是书中的主人公,又是那个时代中更具有典型意义的革命妈妈呢?这是多么富有吸引力的角色创作呀!虽然这也是细致而艰巨的创作工程,幸好,我是在一位严谨而又刻苦努力的导演水华所领导的创作集体中工作。这段劳动创作也是我一生中极为珍贵的,它使我感到幸运!

于蓝在长沙看望陶承。

我创作角色的过程,很少先从技术性的设计开始,更多的是要深入生活,了解人物和她所生活的时代,用心去感受与理解角色的思想、感情和行为。因此,除了其他的采访、调研之外,和陶承同志的接触就十分重要了。

陶承同志是一个感情丰富、记忆清晰的老人。她给我讲了许多美好的故事,以及她生活中的许多富有情趣的事,由于这篇文稿不能写得太多太远,我只有忍痛割爱,把她启迪我进入角色的部分写在这里。

她说自己并不姓陶,因为小名叫桃英,是一个孤儿,没有姓,于是顺着音姓了陶。父母亲都因湘江发大水,先后死去。舅舅是个卖药的货郎,望着自己的外甥女刚满两岁,不会吃,不会喝,急得只是落泪。邻居有个干娘对舅舅说:"你一个孤身男人怎么侍弄孩子?把她交给我吧!我无儿无女的孤老婆子,能把她带大也就积了德。"这个干娘是贫农的女儿,也是一个苦命人。因为穷,先嫁给一个四十多岁的木工,没有三年,丈夫病死,她带着不满一岁的儿子又嫁给镇上的木匠。但是天灾瘟疫再一次夺走了丈夫和儿子。她给人家当佣人又学会了刺绣,才活了下来。

在桃英13岁的时候,干娘把她带进了湘绣馆去学刺绣。她要强,也愿意帮助干娘养家。这样,天天太阳刚出山,她就踏着露水,吸着新鲜空气,走进湘绣馆。湘绣师傅也是一位大嫂,见她心眼伶俐,手脚勤快,十分喜爱,于是耐心教导她,很快她就掌握了这门手艺。16岁的时候,湘绣师傅向干娘介绍了城里的欧阳家,说:"这家只有祖孙二人,日子不富裕也不太紧。那孩子长得好,又有才气,书念得好,年年考第一,他的名字叫梅生。"干娘说:"咱们也不能妄想高攀有钱人,那没有好处。就这样定下了。"桃英一夜没有睡好,她想:多么美好的名字,又多么凑巧,我叫桃英,"桃英梅生"放在一起,好像会有一个美丽的希望。谁知,三个月以后,因为欧阳梅生病重,奶奶等着花轿去冲喜。干娘担心梅生万一不好,桃英就要苦一辈子。干娘满含泪水地说:"我苦命的孩子呀!"桃英也哭倒在干娘的怀里,两个人为可怕的命运哭了一夜。鸡叫三遍时,干娘为她梳头洗脸,擦粉戴花,舅舅闯进门来,背起她就跑,把她放在轿子里,颠颠簸簸地离开了干娘家。在轿子里她只见脚下有一线光亮,其他地方全是黑暗暗的,她希望自己的命运哪怕只有这一线光亮也是好的。忽然轿子停了,她任人摆布地、昏头昏脑地做了许多礼节,在吃交杯酒的时候,梅生忽然摇晃了一下,脸色苍白得可怕,嘴唇不住地哆嗦。她的心轰然一下,厄运真的来了。仪式潦草结束。这一夜,她一个人睡在烛光摇曳的洞房里,十分害怕,又哭了一夜。

哭是哭,日子还得过。她按着习俗侍奉奶婆,梅生就睡在奶婆的房里,她可以在这里看到他。她好像又开始了新的生活。她怀着强烈的希望,希望梅生一天天好起来。过了好多天。一个早上她突然发现梅生好像在蠕动,并且艰难地抬起头来,朝着她傻傻地微笑着。他不会死去了!她浑身像过电流一样,立刻感到了温暖和希望。三个月后她终于熬过了苦痛和不安,和梅生圆了房。这一对青年夫妇熬过了苦难,充满幸福。是贫穷的命运使他们紧紧相依相爱,他们对人生充满了希望和追求。他们,特别是梅生受到五四新思潮的影响,心系祖国与民众,所以他不愿只安于个人的平静生活。陶承同志虽已年过六十,仍能背诵出当年梅生与她赏月时吟的诗句:

可怜秋月老,山塘翠已深。

国破民遭殃,岂能偷安生?

爱情诚可贵,国运更为高。

今日与妻聚,明朝寻真去。

当时,陶承同志当然不能真正理解梅生,但是,由于她对梅生的爱和信任,仍然同意梅生离家去寻找真理,自己带着几个孩子去迎接苦日子。这时大约是1923年。

三年以后梅生回来了,他已是共产党员。北伐军已进了长沙城,革命给陶承和整个家庭的生活带来了新的变化。她和孩子们从行动到感情都和革命连在一起了。可是好景不长,1927年蒋介石叛变了革命,发动了"四一二"大屠杀,白色恐怖笼罩着大地,到处流着善良人们的鲜血。为了工作,梅生迁移到武汉转入地下,陶承为了能帮助梅生,也在组织帮助下千难万苦地到了武汉,在龟山脚下安了家,县委机关也就设在这里。陶承既是主妇,又担任掩护同志,保护"家庭"安全的任务。同志们睡了,她要望风。深夜听见可疑的脚步声,她要马上爬起来,先检查收藏的密件是否稳妥,再到房前屋后转上几遭。哪个同志出外,她要等门,不回来就坐到天亮。她和梅生生活、战斗都在一起了,从此就是洗衣、做饭,她都觉得有了新的意义、新的内容。但是革命却处在不利的形势下,敌人疯狂地屠杀,摧毁一切。党的领导机关错误地估计形势,陷入"左"倾盲动主义。在这种错误的影响下,省委指示:举行年关暴动。汉阳的县委工作更紧张起来。梅生过度疲劳,在给省委写报告时,写到最后一页,他晕倒了,昏迷不醒,直到同志们把他抬到医院,再也没有睁开眼睛。他因脑溢血离开了陶承和孩子们。这真是晴天霹雳,陶承怎么也没有想到,昨天还坐在炉边和同志们讨论工作,起草报告，一夜间他就丢下她、孩子和一切工作忽然死去。当她看到蒙着白布单的担架从太平间抬出来时，眼前一黑，栽倒在地。她不知自己是怎样回到家中，当睁开眼，看到梅生已经安安静静地睡在棺木里时，她把着棺盖，不断地用头撞在棺木上。头流血了，嗓子哭哑了，她不知道剩下自己该怎样生活？在痛不欲生的日子里，地下党员张浩同志不断劝勉她："梅嫂子，你要坚强些，梅生死了，光悲痛也没有用！党会照料你们的生活。他的家庭，也是我们的家庭！"

当她看到眼前四个儿女日夜守在膝前，她知道自己不能死！此时远房亲戚来信，劝她带着孩子返回家乡，以免流落异乡，组织上也认为可行。她想回去或许安宁些，但是，孩子长大了，他们又该走向哪里？她没有忘记梅生对她和孩子们的期望，他们应该走梅生的道路！再想到张浩的话，感到有了力量，她要找党，绝对不能回家乡，要继续走梅生的革命路。她不顾将要面临的一切艰难，做出了一个真正的母亲的决定。她向张浩同志说："请给我工作吧！"张浩同志抓住她的手笑了，说："我知道你会这样的，陶承同志！"张浩同志拿出 200 块钱放在她手里说："党需要你这样的人，你还是住机关吧！"陶承却说："钱不需要，困难我可以克服。希望你们不要只把我看做是朋友的妻子，要把我当做你们自己的同志！"张浩同志笑了，频频点头并紧紧握着她的手！

陶承同志说的这一段生活，正是我对她尚未琢磨透的一段。梅生走了，孩子那么小，白色恐怖那么严重，远房亲戚的关怀，组织上也考虑到她和孩子们的安全，同意她回到家乡，而陶承同志却做出了相反的决定，带着孩子走梅生的道路。在陶承同志娓娓的自述中，再看到她那深情而执著的目光，我此时才读懂了她的决定，这就是她对梅生的爱的回报,也是她对孩子们的至爱与责任。她使我触摸到了自己将要扮演的角色核心,她虽然并没有高深的文化,却做出了一个真正的母亲的决定。这就是她的高尚,她的美好!一颗妻子和母亲的爱心,任何艰难险阻也挡不住她执著地追求理想和事业。这是我从她丰富的生活素材中,走进《革命家庭》中主人公周莲内心世界的开始。

一 母亲(周莲)形象的完成

当剧本交给夏衍同志进行第二稿修改的时候,我自己也在头脑中酝酿角色的创造。我感到陶承同志的长子欧阳立安的牺牲是她革命征途中最深重的打击!陶妈妈自己也告诉我,她经受过痛苦,但任何痛苦也没有这次深重!同志们安慰她,任何安慰也不能减轻她作为母亲的悲哀。深重的仇恨和悲痛,重重地压在她的心上,但是她没有倒下去。我们怎样才能把一个革命妈妈经历的苦痛,更形象更集中地展现在银幕上呢?我觉得按照陶妈妈生活中的素材,通过文学描述很能打动与感染人们,但这是文学形象。在银幕上则需要更集中、更形象的电影语言来表达,才能沟通人的心灵。我把这个想法和副导演欧阳红缨反复探讨,她也同意我的意见。这样我们又反复翻阅《红旗飘飘》,我看到了邓中夏烈士的妻子夏明同志所写的《最后的一次见面》。那是写敌人叫她和邓中夏对认。敌人把她带进审讯室,叫邓中夏来认她。邓中夏调过身子看她一眼,微微递过一个眼神:"要警惕!"接着转过身子对敌人连说几个"不认识"。夏明内心战栗了,但邓中夏那种泰然自若的神色和昂扬的气魄鼓舞了她,她也一次一次地回答敌人:"不认识!"敌人甚至把他们两人单独留在走廊里。他们警惕着敌人的阴谋,相视不认。宝贵的时间一分一秒地过去了,当敌人即将把邓中夏带走时,她多么想扑上去,拥抱住他,不让敌人带走他!但是邓中夏挺着胸脯,坚强地走远了。她的心碎了!我看到这篇回忆文章,马上交给红缨,请她也阅读。她和我同样感到这些共产党人为了崇高的理想和事业,胸怀那么博大,又那么相似!在敌人的法庭上,一对至亲至爱的人,面临生与死的抉择,是那样坦荡自若。这是多么集中、多么尖锐的动作形象!我们是否可把陶妈妈和儿子的诀别放在这个规定情景中(在法庭上)?我和红缨立刻把这份回忆文章送交导演水华,他阅后又马上把它送到夏衍同志手中。经过夏衍同志精湛的再创作,成功地把邓中夏夫妇的感人情节移植到剧中,母亲与儿子在法庭上,忍着亲情与事业的冲撞却不相认,使《革命家庭》的母子诀别几场戏,具有更形象的表现力和震撼力!

  作为一个演员,剧作家和导演给你创造了富有表现力的规定情景和矛盾冲突,你又怎样才能通过表演去完成这个任务呢?在当时我自己的生活经历中,还没有遇到过这样尖锐的矛盾,我应该怎么演?我知道演员必须通过自身去真情实感地演出,那就是演员必须"从自我出发",引发出自己恰如角色那样的真情实感。我当时已经是两个孩子的母亲,我懂得如果是我自己的儿子,我也要心碎。但是我的儿子却只有八九岁,他还不懂革命的意义。我想假如他长大了,一定也会和父母一样,会懂革命的。当张亮同志扮演的立安(影片中名江立群)出现在审讯室门前,我运用"假定"和"想象",把他看做就是我自己的儿子新新,他长大了,已经十七岁了!可是他以前还是孩子,什么也不懂(在想象中我感觉到自己的儿子稚嫩可爱的样子),而此时他却是成熟的共产党人了,他什么都不惧怕,还怀着纯洁而乐观、无所畏惧的心态,去嘲笑敌人,叱骂敌人。我为儿子的成熟而感动,排练中控制不住地涌出了热泪。这是"假定"与"想象"使我感觉到了自己儿子的真实形象,真实地体验到母亲悲痛而又欣慰的感情,因而能比较好地完成了这场戏。实拍中妈妈在和敌人斗争,努力平静地说:"不认识。"但是当敌人真的拉走了儿子,母亲忍禁不住地溢出了泪花。我对自己的表演是满意的,导演、摄影都是满意的。谁知后来在剪接中,导演发现儿子被拉走这一镜头不应该叫母亲站起来(即我满意的那个镜头),但景已拆掉也无法再补,因此打算剪掉这个镜头。我听了很难过,我请求导演保留下这个镜头,他考虑后,决定把这一镜头的开始,母亲慢慢站了起来那部分剪去,留下母亲的双目中有愤怒、有悲痛、有控制而又溢出了泪珠这个特写。这个镜头虽令人遗憾,但是导演保留了演员的真情。这是可贵的合作。我觉得作为共产党员的我,更是珍视这份真情,我有理由为这份真情骄傲。接下来的镜头是母亲从审讯室出来,在长廊上看到儿子远去的背影,她再次强忍悲痛,强制自己平静地走回牢房。这是一个大全景,在我转身的刹那间,导演又用大近景,让观众清晰地看到母亲强忍悲痛的目光和她的内心世界。我很喜欢长廊中的两个镜头。它使演员再次宣泄了内心强忍着的悲痛。母亲和儿子的诀别这一大段的戏,由夏衍同志提供了最佳的剧本基础,又由导演和演员的精心合作,从修改剧本到影片完成,不仅把戏推向了高潮,也把母亲的形象丰满地展现出来。

电影是集体创作的综合艺术,这是千真万确,剧组内导演又是一个创作中心,导演的创作可以左右一部影片的艺术水平高低。我作为一个演员,得益于导演的很多,特别是水华导演和我多次合作,就更能得到他的艺术滋润了。导演的构思和镜头语言的运用得当(镜头的组合切入点、突出点和剪接点),就会把人物(角色)的心灵亮点,恰如其分地展现在观众面前。当我们拍完法庭上母子相见不相认的戏以后,我又在思考,如何把母亲接到儿子的遗书这段表演再上一个台阶,这对我的难度很大。恰在此时,导演找我说戏,他说不想再去渲染母亲的悲痛,只想让观众看到一个屹立不倒的真正的母亲。但他又说,牢房很狭小,能否体现他的意图还没有把握。水华总是十分谦虚,我作为演员首先必须沿着他的思路去体会,而后要真实地再现母亲的真情实感。我对导演的意图认同了,但,这也绝不是一个母亲的雕像,我必须做到是一个真实的有血肉的母亲。这样,在拍摄时,我调动了自己对儿子的爱,仔细咀嚼儿子信中每一句话。这些话确实能使我的心脏战栗着,手战栗着,我要大声号啕!但不能号啕,我必须忍住、忍住……我的手、我的心、我的全身都战栗着。水华从信的近景开始,镜头慢慢移到母亲的侧脸,直到信读完,他把镜头又缓慢地拉出,拉远,拉到母亲隐忍着悲恸的全身。尽管这一镜头远未完成水华的理想(他在日后对我说:"当时怎么没有想到把那面墙拆掉?那样可以更好一些。"),但是,小小的牢房内,只有母亲一人的身影,孤单、悲恸而又蕴有儿子留给自己的爱和力量。然后镜头又推向母亲的脸,使人看到她的爱和力量。通过这两个镜头的拉推,母亲从支持丈夫寻找真理直到儿子牺牲的一生历程,经过全摄制组的努力,影片中的主要段落基本完成。仅剩下母亲的初嫁和婚后生儿育女的几场戏,正需要画龙点睛似的画上最后两笔,使龙活起来,亮起来。没有想到,当时我已将近四十岁了,虽然化妆师尽力把我化得年轻些,但是拍摄出来的样片简直看不得,那就是一个40岁的我,而旁白中却要说:"我,16岁那年……"这是60多岁的母亲,回忆自己16岁时出嫁的情景。当时我只知道自己太瘦,吃什么营养品、打什么营养针都不能使我丰满而年轻,因此很难拍出 16 岁的模样。怎么办?大家都着急了。导演请来了厂长和许多名家,在化妆镜前细细地端详我,美工师提出了服式和发式的解决办法;摄影师、照明师、化妆师都提出了各种想法,最后决定运用色彩和灯光来解决我的脸型,再加上我自己在表演上的控制(不增加自己脸上的皱纹),只用眼睛看着干娘……终于在众多艺术家的设想下,16 岁出嫁,难舍干娘抚养情的戏起到了。我常常笑谈自己这个 16 岁,不是演员演出来的,而是多位艺术家共同塑造的!

接下来是婚后,周莲感到老天爷给了自己一个称心如意的丈夫,有才学却又不嫌弃自己。这一段也是十分重要。夏衍同志写了一场戏,两小无猜的夫妻,互相嬉戏追逐,周莲终于发现从外边归来的梅清(影片中的名字)竟拿着一双小鞋,这说明周莲已经怀孕,周莲羞涩地跑回屋内,镜头推向屋门外一株石榴树上,停在已结子的石榴特写。这当然是十分诗情画意的比喻,可惜我和孙道临同志都已年近四十,体态也都已中年,无论如何努力也难再现小夫妻的纯真稚气。果然,看完样片,大家都笑了,水华也沉默了,显然是失败的戏……当水华浸在苦思之中时,我蓦然想起小时候看到父亲教母亲认"方块字"的情景,那正是 20 年代的时光,认"方块字",太富有时代气息了。我马上大胆地向水华陈述自己的意见。不用追跑,就用认"方块字"的细节,同样,再以母亲教子认字的细节,就可以解决"石榴结子"的内涵。水华的眉头慢慢展开了,他说:"对!我的姐姐和小姑姑也是那样认方块字,而且姐姐怕被人看见,那种羞涩忸怩的状态……"这样,水华导演只用三个镜头:周莲婚后刺绣,看着丈夫的背影,起身去沏茶。再从梅清写字的近景,看见周莲送茶过来,梅清拉着她的手教她认字。周莲羞涩地认着天、地、日、月(镜头推近"方块字"特写)。再从天、地、日、月特写化出,拉出到周莲膝前二子一女的识字图。一推一拉十分简洁美好,既解决了时间的跨度,也达到了"石榴结子"的意境。时代气氛、生活气息都跃然画面之上。这是从演员的实际出发而又富有韵味地交代了剧情的发展,确实令人满意。这一改变,也得到了改编者夏衍同志的赞许。上映后,曹禺同志对我说:"于蓝,真没想到你这个八路军,还能演出那个时代的人物心理状态……"得到剧作家曹禺同志的赞赏,当然是十分宝贵的。影片的序曲(出嫁、婚后认字、教子识字)经过拍摄中的改动,完成了"画龙点睛"的作用。另外,影片在家庭生活中,除了严谨的革命任务外,导演又丰富了许多亲情的情趣。例如:丈夫随北伐军进城后,给妈妈剪革命头(短发),全家出动,十分热闹;儿子从苏联归来,与母亲弟妹相会,兄弟、兄妹间的逗趣嬉闹,饶有趣味;母亲去棚户区探望女儿,再一次全家欢聚,既神秘又庄严……每次的家庭相聚都使影片充满清新活力。我们每个演员在拍摄这几场团聚时,都感到由衷的快乐,好像我们就是这家庭中的一分子。有了这些充满浓郁生活情趣的片断,自然又给母亲这个角色绘染了丰富的色彩。因此,我所创造的角色,母亲周莲的形象,在剧作、导演和全摄制组的努力下,比较好地完成了。这当然更来源于回忆录的作者——陶承同志的深厚生活基础。

  人们都说电影艺术是遗憾的艺术。我们的工作是否完美无缺呢?当然不是!我们的影片和我自己的表演也留下了一些遗憾。那就是:在我接近陶承同志时,我特别理解了,她在丈夫逝世后,在这一关键时刻并没有倒下去,是因为她要让孩子们继续走父亲未走完的道路。巨大的悲痛和凝重的抉择！多么了不起的母爱！可惜这场戏却留下了遗憾！正像剧作家陈白尘同志在《〈革命家庭〉的风格及其他》一文中所说："……作为观众，我是希望在这关键的地方，多停留一会儿，多看一会儿的，作者们偏偏把我们匆忙拖走了。比如梅清死后，周莲伏案而泣，孟涛三言两语便把她送到上海去了。"的确，这场戏无论导演和演员的表演，都显得过于简单了。我虽也曾提出过一些设想，但是又怕把戏扯远了。水华因为各种压力，一时拿不出更恰当的方案（当时，他因进度慢，违反了"大跃进"多、快、好、省的要求，曾被批判）。当然除了这段戏之外，个别地方还有疏漏。但是广大的观众是十分宽容的，他们认可并接受了《革命家庭》，称它为好影片。当时有的青年人说："那个年代的人，多美好啊！"这是对那个时代共产党人的赞颂呀！

于蓝在《革命家庭》中的剧照。

我们这个创作集体在个别的时候，也曾由于意见不同或是其他原因发生争执，但是，都是为了影片的质量精益求精，整体却是一个和谐温馨的创作集体。导演水华在艺术上是有名的"水磨工"（周总理赠名），永不疲倦的探索者。他为人温厚、执著，能凝聚创作的集体。摄影师钱江（《林家铺子》、《祝福》的摄影师）为人端正、纯真、寡言少语，而他的镜头却情蕴丰厚，色彩、构图有如多幅油画展示在你的面前。美工师池宁（他是《林家铺子》、《早春二月》的美术设计）耿直、恬淡，造诣深厚，不厌其烦地为影片营造真实的时代气氛。录音师蔡军更是叨叨不止地追求质量。当时是同期录音，常常是我们大家都很满意了，他却因为声音，还要再拍录一次，甚至引起大家的斥责，他也在所不惜。制片主任史平是个精明能干的女强人，善于关心大家，但是为了质量，她却可以牺牲一切，力求影片的精美。这部影片的演员更是令我难忘，像孙道临、张亮、刘桂龄、石小满和我构成一个"革命家庭"，著名的演员张平、田方、陈强、石羽、于洋、温锡莹……都参加我们的影片个别场景的演出。现在想起那些拍摄的日日夜夜，记忆犹新。一个充满探索与追求的创作集体，一个温馨难忘的大家庭，这是我极为留恋的一段创作历程。

二 难忘的外景拍摄

《革命家庭》本来也是北影七部献礼剧目之一，由于时间紧迫，难以齐头并进，为了保证献礼剧目的质量，《革命家庭》主动让路（同时，也因水华导演的《林家铺子》已完成并已定为献礼剧目）。这样，我们在国庆10周年的前夕才开始拍摄《革》片。这是人民共和国建国十周年之际，举国大庆，民情沸腾，好像多大的困难，都不在人民的话下。因此，摄制组所得到的协助,是难以忘怀的。时至今日,21世纪已经来临,一些年长的人,仍无不赞叹"文革"前那些年代的美好风尚。我们的外景有两场是表现重大的历史事件,一是北伐军胜利进入长沙,一是30年代地下党的飞行集会。要营造出浩大的历史场面,真实地再现当时情景,任务是十分艰巨的,但是,正是党和人民帮助我们再现了历史的真实场面。我把当时给陶承同志的信原文刊登于下,就可感到当时的盛况!

亲爱的陶妈妈:

记得上次我给您的信中,说到我们——《我的一家》摄制组,马上就要拍摄1930年在上海"五一"游行示威的大场面,并且让您等着我们的好消息。现在让我向您汇报一下,真的是个好消息。妈妈,这次工作使我更感到生活在社会主义大家庭的幸福。首先我要说的:作为一个演员,能扮演您——亲爱的陶妈妈,真是幸福极了。

这场戏要表现我们在敌人刺刀下得到胜利的激情。我们选择的拍摄地点是最繁华的南京东路,并且决定邀请三千群众演员参加演出。妈妈,虽说过去我演过几部电影,也参加过几次群众场面的拍摄,可是从没有像这次这样的紧张和担忧。原因是:三千人参加演出,而且是在南京东路;南京东路是您熟悉的地方,它不仅是五条马路交叉的中心,又是先施、永安几大公司的汇合点。电车、汽车、无轨电车……都要从这里经过。三千人不要说是演戏,就是站在那里也要妨碍交通,何况我们必须在这里拍摄十六个镜头,并且要表现出我们的游行队伍充满着胜利的激情,勇敢地和敌人的马队进行搏斗!面临这样庞大而复杂的工作,我几乎不敢想象它的结果。可是,我们在上海市委和群众的帮助下,却是那么意外顺利地完成了任务。

不能妨碍交通,可又必须妨碍交通。这个难题是怎样解决的呢?上海市交通大队最后决定帮助我们断绝交通,但是,只许十分钟!十分钟!多么短促的时间呀!我很清楚地记得,平时当我自己等候车辆的时候,哪怕它只迟到一会儿,我也要焦急不耐地埋怨着。而十分钟,将要影响多少人的情绪呀!所以,不能再喊短促了,它是多么宝贵呀!

在这宝贵的十分钟之前,为了保证拍摄的顺利,交通大队的同志要求我们绝对不能暴露目标,否则会引出许多看热闹的人群。不仅三千群众演员不能露面,就是南京东路的化装(根据剧情的要求,必须把南京东路化装成二十九年前的样子),也只许在拍摄前的几分钟内化装完毕。这需要多少美术专家呀!可是,我们生活在社会主义大家庭里,这些困难就根本不存在了。先施、永安、老九纶……许许多多公司、商店的店员同志们帮助了我们。他们在规定的时间,爬上了十几层的高楼,几分钟内就把这条大街化装好了。"国营……""迎接国庆"……这些崭新的横幅牌匾,立刻被"不惜血本""大甩卖"等破旧的布幌暂时遮盖起来。

妈妈,您知道隐蔽在马路两旁商店里的三千演员又是从哪里来的吗?上海市的工人同志们是多么热情地帮助着我们啊!上海市搬运公司第三场的党委,特别挑选了五百名优秀的工人代表来支持我们,并且大部分是三十岁以上的老工人。因为他们经历过旧社会的痛苦生活,所以这次参加拍摄,他们个个充满了与敌人斗争的激情。另外还有许多纱厂都分别抽调两三百工人支援我们,他们不仅自备早点,并自带服装(他们自己搜集1930年样式的服装)。他们是那样热情而又严肃地对待工作。记得,当我在统一纱厂党委书记面前,为了怕烦扰她们而流露出不安心情时,她却爽朗地说:"同志,我们不是为你们工作,这是政治任务!"他们不仅把这次工作当成政治任务,而且把它当成一堂阶级教育课的课程。一个年轻的女工问:"如果我装扮成探望亲戚,是不是可以穿得漂亮一些呢?"一个年纪大点的女工马上告诉她:"不行!旧社会可不像现在,看亲戚的也没有漂亮衣服。"另外一位工人大声地嘱咐着:"同志们,拍戏时把手表摘掉,旧社会工人哪有手表!"

妈妈,除了工人同志的支援以外,上海市交通大队在紧张防风任务的同时,还抽调了两百多位身强力壮的小伙子来帮助我们。他们不仅要演工人,还要演压迫工人的巡捕。扮演巡捕的四五十个同志,因为要对付将近三千工人的反抗扭打(虽是假戏,但由于工人的情绪高涨,假戏几乎真做起来),当这场戏拍完,好几个小伙子竟累得躺了下来。

上海体育学院马球队的同志,带着他们心爱的骏马也来参加工作了。当他们第一次化装后,这些素有训练的马匹怎么也不肯让他们骑上背来。最后由于熟悉的声音多次召唤,它们才认出这些满脸大胡子的外国巡捕原来就是它们的主人,这才乖乖地驯服起来。

当然,上海电影、戏剧界的同行们更是全力相助了。

在拍摄前最紧张的时刻,街道里弄办事处的妇女们也都出来在各个里弄紧紧把守着,帮助交通大队维持秩序。

一声炮响,十分钟的拍摄开始了!四架摄影机在不同的角度同时开动。在"敌人"戒备森严的马路上,唰的一下,从先施公司的路旁闪出一杆红旗,这时,在五条马路上隐蔽的工人群众,冲破了"敌人"的阻碍,会集在鲜红的旗帜下面。口号声,演讲声,与"敌人"的警棍殴打声混成一团。就在这紧急的时刻,您的孩子——立群(即立安)爬上了电线杆,高声疾呼鼓舞同志们前进!这时先施公司的顶端雪花一般的撒下了色彩缤纷的传单,这标志着这场戏结束了。亲爱的妈妈,假如不是生活在社会主义大家庭里,这样的镜头怎么可能完成! 一个老的电影工作者感慨地说:"资本家的电影厂连做梦也不要想,根本办不到!"妈妈,你说对了,这就是今天我们能顺利完成任务的根本原因——因为我们生活在社会主义祖国的大家庭里,不论走到哪里,都会遇到许多这样感人的事情,都会得到人们的了解和帮助。妈妈,我们真是幸福极了! 我真要大声欢呼:"我亲爱的社会主义祖国万岁!"再一次祝您

节日快乐!身体健康!

于 蓝 9月12日(1959年)

这是9月12日寄出的信,15日陶承同志就接到了我的信。她及时给我回了信。

亲爱的于蓝同志:

今天下午四时接到来信,多么亲切啊!你太热情了,写了四页信,说了不少事情。为着这部片子,你们费了多少心血,开会、设计、布景……尤其是去外地拍外景,人地生疏,正因为有当地党组织的支持和各处同志的协助,所以你们才顺利地克服了困难,胜利地完成了任务。我向你们祝贺。南京路、永安、先施、大世界、外滩,我很熟悉。我在上海住了将近十年,那里有多少使我难忘的事啊!你的长信,使我好像又到了上海,引起我许多回忆,也似乎跟你在一块,见着同志们在工作。

你从上海来的第一封信里谈到,你们到大场公墓(龙华公墓)二十三烈士(现在查明共有二十四位烈士)纪念碑前开追悼会,献上花圈,扮演立群的张亮同志致悼词时声音哽咽,同志们都流了眼泪……读到这里,我也禁不住自己的热泪滚了下来。于蓝同志,亲爱的!我不是爱哭的女子。但,这种骨肉之亲、革命的情感,有时不是用理智所能克制得了的。于蓝同志,这是革命的情感啊!我非常感谢同志们到大场去扫墓。今年上海天气十分热,在北京住惯了,到南方会不习惯的,何况你们还要在马路上工作。希望大家注意健康,最好利用白天工作,晚上早点睡,好消除白天的疲劳。

我的手臂神经痛了两个多月,我性急不耐医病;不过,现在给你写信,却忘记了手痛。

请勿远念,慢慢会好的。

…………

我不需要什么东西,请不必带。只要你身体健康、一路平安,我就高兴了。望同志们保重,回北京后来我处谈谈。

安好!

陶 承 9月15日

亲爱的陶妈妈:

又有好多天没有给您写信了。妈妈,祝贺您国庆节日快乐!这几天是否又累坏您了?大家都说只请您收信而不要回信,如果有什么重要的意见和指示,就请小妹妹欧阳义给我们写信吧!

现在我向您汇报一下在常熟拍摄外景的情况。

我们第一次在上海拍摄南京路时,遇到了阴雨和台风的困难,而在常熟天气却配合得特别好。我们22日晚到常熟,23日至24日做准备工作,这两天都是阴雨,而25日开始工作时,却突然放晴,26日正式开拍。连拍四天,都是晴空万里。蔚蓝的天空,时而出现朵朵白云,真是美极了。当我们工作结束时,30日天又阴起来,而10月1日这个伟大的日子却又是万里无云,风光无限好。天老爷好像很了解我们,也很体贴我们,真是"配合"得好极了。

我们在常熟拍的是北伐军进长沙城的群众场面。扮演北伐军和工人纠察队的是驻苏州的部队,扮演女兵的是从常熟师范和工厂挑选出来的个子高大而健美的女孩子们;男女群众则是由常熟各团体和居民来大力支援的。苏州部队的战士为了帮助我们,从苏州夜行军一百里路赶到常熟,而29日下午拍摄完毕,他们马上赶回驻地,担任国防任务去了。学校里扮演女兵的同学有人剪掉了自己蓄留已久的长辫子而毫不在乎。开拍前一天,几十个女兵都需要穿戴起来看看是否像样,结果发现全部服装都是肩头过于宽大(因为都是男军装),我们全体女同志连夜动手拆掉军装的袖子,又由常熟的缝纫工连夜改装起来。这一天,部队、学校、机关、居民,都分批地到人民运动广场排练,一直工作到深夜。群众的情绪高昂,我们更感到无限兴奋。虽然已经夜阑人静,但毫不觉得疲倦,都兴致勃勃地伴着满天星斗而归。

第二天一睁开眼,看见紫蓝色的天空更是愉悦。这时虽然已是初秋,但在南方仍有炎夏的感觉,特别在烈日暴晒之下,那些未参加过这样工作的同志,真有些吃不消。部队的战士,除全副武装外,还得背着军毯、草帽之类的东西,更是汗流浃背。他们从早晨七点就开始和群众一遍两遍地配合排练。等到十一点钟,阳光恰到好处时,鞭炮声起,尘土飞扬,我扮演的您挤进了人群,用惊奇的眼光注视着北伐军进入长沙城的巨大历史事件!在我身旁的群众演员中,有一个老大娘高兴极了,她告诉我她的儿子在北京工作,他不久将会看见他的阿妈在《我的一家》影片中出现,该是多么高兴呀!这个老大娘还与我在另一个镜头里一块演了戏,她演得很好,把大家都逗乐了。妈妈,几乎所有的人都看过《我的一家》这本书,所以大家都是那样愉快而熟悉地参加着这个工作。街上很多市民,未经邀请就自动带着古老的服装来帮助工作。拍摄的那几条街道,为此都不能及早整装迎接国庆,一直到 29 日夜晚,他们才突击整装,油漆粉刷,一夜未睡,毫无怨言。有一家店铺还为我们留着上好的早点叫我们吃,所有的人们,那种为人民工作的新风格真是感动人。部队的同志说:"这不是你的或是我的,而是我们大家的工作,是我们大家为人民而工作!"妈妈,正是为了这个目的,他们才工作得那样好,那样出色!本来北伐军进城的场面虽然不像南京路有时间的限制,但是,戏却比南京路难拍,因为所有的群众都要有欢欣鼓舞的各种表情。但是,有了第一天拍摄的经验,再加上他们严肃认真的态度,很快就掌握了这场戏的表演,第二、第三、第四天都极顺利地完成任务。

为了等样片的电报,加上国庆到上海不方便,我们在常熟度过了一个极快乐的国庆节。

常熟是江苏省的红旗县之一,生产建设各项工作都好。城外遍地都是丰产稻和试验田,满目碧绿一望无边,再加上环绕城郊的河渠,水上有顺风张帆的木舟,更加点缀了这座美丽的县城。

国庆节前夕,家家户户整饰门面;所有的店铺都张挂着精巧瑰丽的各色灯笼;沿街插满了五色缤纷的彩绸旗子,再加上古老的楼阁,一到夜晚灯火辉煌,真是迷人极了!我和几个年轻的同志,趁假日到郊外名胜兴福寺玩了一趟,一路上都是芳香扑鼻,原来道旁的桂花正在盛开。我们登上虞山之巅,眺望全城景色,在这个胜利的节日里,她显得更加秀丽妩媚,使人流连忘返。

　　在常熟的工作很愉快,节日也过得非常舒畅快乐。那时候我们都在想,不知妈妈在节日做什么,是在收音机旁收听国庆大典的实况呢?还是在欢腾的人群中观礼呢?妈妈,您一定也极其欢快地度过了这个喜庆的日子。

　　再有好消息就告诉您。

　　祝您快乐和身体健康!

于　蓝　10月6日

亲爱的于蓝同志:

　　你的信多么富有感情,真像一篇好散文。读了你的信,喜得我心怀开朗,笑意生春。你们在常熟拍外景的场面真动人,使我感到了"江山美景乐余年"。为了拍北伐军进长沙的场面,我们的解放军战士夜行军一百里路,女学生剪掉了久留的辫子,店员、街道居民都来热情相助……是呀!到处都看到人民的热情支持。我看到这里,自己也年轻了。常熟工作比上海顺利,恐怕是因为秋天的气候比夏天好。拍外景是艰巨的工作,除了同志们的努力,气候也有很大关系。同志们要多注意健康。

我病了几个月，久病思良医，这几天吃中药，好了点。正像你来信所说，10月1日国庆节那天，我到天安门观礼去了。看到87万欢腾的群众，虽然站了几个小时，脚腿都站酸了，也不觉得累。

感谢你在百忙中又给我写了长信，告诉我不少事情。我应当回信，写几句话也好啊！

国庆时写了首诗，写得不好，抄来给你一笑。

庆祝建国十周年

十年建国万年红，

国庆大典礼炮鸣。

全民抖擞山河壮，

人间此日来东风。

党的政策真英明，

和平灯塔耀天空。

主席健康又多寿，

人民幸福乐无穷。

陶　承　10月14日

1959年建国10周年，那个火红的年代，确确实实燃烧着每一个公民，大家都是发自内心地欢呼共产党万岁！毛主席万岁！没有整个时代的激情和社会的帮助，影片中这样盛大的场面是难以完成的。我作为一个共产党的女演员，能欣逢盛世，与党和人民共同完成这部巨片，也是十分骄傲，永志心头。

三 《革命家庭》几经风雨

晴空万里的艳阳天,也会有几片黑云掠过。当我们的影片已经决定拍摄的时候,突然传来康生的"指示":"我在上海多年,不认识陶承,这个人可能为了宣扬个人……而且这又是写错误路线……"这个意思就是不应该拍摄。而且听说回忆录《我的一家》刚刚出版,康生就说是假的。幸好我们的夏衍同志很坚定地说:"我们不是写的真人真事,主人公不叫陶承叫周莲(这是'左联'的谐音)。影片不止写了她一人,还集中了当时其他革命家的素材……再说,毛选四卷中若干历史问题的决议已经说过了:路线虽是错误的,但那些牺牲在敌人屠刀之下所有的这些同志的无产阶级英雄气概,乃是永远值得我们纪念的。"北影几位厂长也为此片力争。尽管康生还警告夏衍"你要小心……要负责任……",但大家终于顶住了"左"的干扰,1960年影片和广大观众见了面,得到了群众和专家们的肯定与称赞。

在史无前例的"文化大革命"中,《革命家庭》当然不能幸免,被列为"毒草","罪状"是为错误路线树碑立传。特别是田方扮演的领导人老刘,也被冠以"为刘少奇涂脂抹粉"的罪名。影片原本是彩色故事片,因为"四人帮"要批判它,当时电影的掌权人把它印为黑白片,进行多次批判。以至于"文革"后,百部爱国主义影片再次出现荧屏时仍是黑白片。导演水华目瞪口呆地说:"怎么我的彩色片变成黑白片了?"直到他去世,也没有能看到自己拍摄的彩色片《革命家庭》。我也只能为他的遗憾而凄然落泪了。

更可悲的是回忆录作者陶承同志,在地下斗争中,她牺牲了丈夫欧阳梅生和儿子欧阳立安,在民族解放战争中牺牲了幼子欧阳稚鹤。应该说她不仅是一个革命的妈妈,更是一个无愧的共产党人。"文革"前她因年迈,已离开北京,住到湖南第二个儿子应坚的家中颐养天年。谁知1968年3月,不知"四人帮"在政治上有什么需要,又把她押回北京。她被关押在一个公安分局,搜身、审讯、睡在水泥地上,后又押进秦城监狱,整整五个半年头。年老体弱再遭受精神上的折磨,使她突然病危,奄奄一息。由于在她身上挤不出任何所需要的口供,只好把她送进医院,又怕她死在北京,马上又从医院拉出来,于1973年夏,由公安人员押回湖南。可怜的老人,一路上打着点滴昏迷不醒。她不知自己昏迷了多久,只知道醒过来之后,却已半身瘫痪,从此再也不能行走,一直还受着公安部门的监视。1975年7月,她给敬爱的周恩来总理写信申诉。在总理的关怀下,才获得了自由。打倒"四人帮"以后,组织上安排她住到干休所,由党组织妥为照顾,安度晚年。

在这段灾难时期,老人始终思念着我,担心我为这一本回忆录拍成的电影,也会受到迫害。"四人帮"粉碎后,她从报纸上看到五届政协委员名单中有我的名字,她虽然手已拿不起笔来,还通过一位热心帮助她的教师梅嘉陵同志和我通了信息。后来我因工作关系有两次机会经过湖南,专程到长沙看望老人家。当得知我即将到达干休所时,她让同志们把她的轮椅推到大门口,一直坐在那里,等着我的到来。

当我来到长沙郊外马坡岭老干所时,远远地看到,一位老人满头白发在风中飘动,我马上跑过去,老人双目满含泪光。我只喊了一句:"妈妈!"就再也说不出话来,俩人紧紧地拥抱着,周围的同志也都落了泪。她因生活不能自理,而又要减少同志们的劳累,总是自己从轮椅上下来,扶着矮矮的板凳,用手移动板凳,代替别人的搀扶,又依靠板凳,

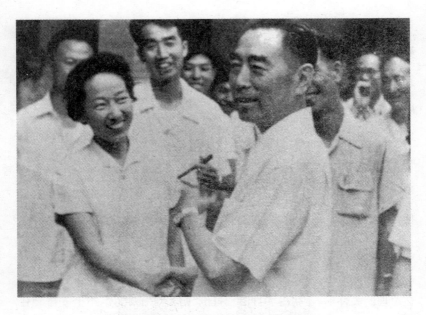

周恩来握着于蓝的手,对大家说:"她演了一个好妈妈!"

移动着她的躯体。为了减少大小便的困难,她穿了开裆裤,我忍不住再次流下了热泪。这一天从上午到黄昏,我们促膝倾谈。夜深了,她才说该睡觉了。我扶着她上床,她还迟迟不肯睡去。长沙的天气是那样闷热,她仍然穿着布衣、布裤,搬着板凳活动着。汗水湿透了布衣。我虽然笨手笨脚,也亲手为她缝制了一条黑绸开裆裤,以减少她的汗水的浸渍。次日,我要去江西采访,告别妈妈。妈妈又亲自做好了熏鱼,让我带在路上吃。我们紧紧地拥抱、握别。这是妈妈的爱,永远温暖着我。记得1960年康生说他不认识陶承,说陶承所写的可能是假的,而周总理却说:"不是假的,确有此事。"特别是在1961年,敬爱的周总理和电影工作者同游香山时,指着我对跟随他的记者们说:"她演了一个好妈妈!"这个好妈妈就是陶承同志。这是对陶承同志一生的公正评价!

摄影记者拍下了这珍贵的一瞬,我一直珍藏着。1986年7月11日,陶承同志永远离开了我们,享年94岁。她虽然走了,但陶承妈妈和她的一家,还有回忆录《我的一家》以及影片《革命家庭》,永远活在中国人民的心中。

永远的江姐
——《烈火中永生》的诞生

  1961年冬,我住在医院里检查身体,从《中国青年报》上读到了小说《红岩》部分章节的连载,这些连载吸引了我,使我忍不住地要读给同室病友听,很快其他病室的病友也被这些连载吸引来,我的朗读成为她们病中最为美好的精神营养。刚刚出院回到家中,就接到了欧阳红缨的电话。她说读了一本好小说《红岩》,希望和我合作把它拍成电影。真是志同道合,此时我早已萌生过学习导演的念头,就告诉她完全赞同。不久,我又接到张水华的电话:"听说你和红缨要拍摄《红岩》?"我说:"是的。"他说:"这是一部非常好的书,我也很喜欢,你们能让我来拍摄吗?"我马上回答:"当然可以,我们就是要向你学习导演。"可惜,未过多久,厂里委派欧阳红缨去和崔嵬同志联合导演《小兵张嘎》。我和红缨分手了。《红岩》就在水华的率领下,诞生了日后脍炙人口的影片《烈火中永生》。红缨和崔嵬同志联合导演的《小兵张嘎》也是久映不衰的好影片。应该说我和红缨都很幸运!

《红岩》是革命先烈用鲜血和生命谱写出的史诗,它又像崛踞隽永的群雕,屹立在"白公馆"和"渣滓洞"这个特殊的战场上,烈士们有如高山峻岭,任何威逼诱诈都不能丝毫动摇他们对共产主义的信念。我们怀着无限崇敬的心情进入了拍摄前的准备工作。

创作的第一步是要把小说改编成电影剧本。第一创作集体的编辑宋曰勋同志首先加入了我们的创作小组。我以副导演的身份和他一起工作,并由他联系了中国青年报社《红岩》的责任编辑张羽同志,不久通过张羽又和作者罗广斌同志在青年出版社见了面,并商定1962年夏我们在北戴河聚集,由作者自己动笔改写剧本。

1962年夏,北戴河来了三位作者,他们是罗广斌、杨益言和刘德彬。而小说上却只刊登了前两位作者的姓名,并没有刘德彬。罗广斌说:刘事实上是作者之一,由于反右倾运动,说他有右倾错误,于是正在那时候出版的《红岩》,不许刊登他的名字。但,这三位都是分别在"渣滓洞"和"白公馆"的灾难中得以生还的共产党人。罗广斌是四川军阀罗广文的胞弟,罗广文亲自向国民党特务头子徐远举说出弟弟的住址,要求徐远举好好管管他的弟弟。这样罗广斌被捕进了渣滓洞和白公馆(这一点在1963年,我们在秦城提审徐远举时得到了印证。以后也在徐远举所写《血手染红岩》中得到证实)。他在渣滓洞、白公馆的监禁、审讯中,耳濡目染地受到众多革命先驱的影响,是一位坚定的共产主义战士。他生活丰富又充满炽热的创作激情。杨益言当时是一位进步青年,被关押在渣滓洞。1946年国共和谈前夕,他被释放出来,是一位热情内涵、外表冷静的作家。而刘德彬则是和江姐同在川东被捕,并一同押往渣滓洞的青年。他和前边两位作者共同整理烈士档案,而后写出了《禁锢的世界》这本回忆录。刘在三人中显得更朴实敦厚,言谈很少,经常露出温善的笑容。他讲述了江姐在被押送过程中对年轻同志的关爱和狱中的斗争事迹,十分感人。对我后来扮演江姐的形象,起到了比较有利的作用。但是,促使我在表演中富有实感的是刘自己从血泊中苏醒后的感觉与情景。他说:当时大家都扑在牢门上,争着用自己的躯体阻挡机关枪的扫射,以保护其他同志。他中弹倒下了,当他苏醒过来时,只感自己的手很温暖,举起手一看,全是血。原来自己倒在同志们的血泊中,血还是热的。四周没有机枪声了。他发现敌人已经逃跑,在狱中的一个墙角处,劫后余生的同志们正在那里奋力挖洞,准备逃出去。他挣扎着站起来和他们一同去挖,终于逃出虎口。这个温厚的同志,给我印象极深。罗广斌在"文革"中被迫害致死,而刘虽然活到今天,但是却身患不治之症,只剩下杨益言同志还在继续写作。当时听他们谈了许多亲身经历的斗争。那些为真理、为正义而献身的志士,永远活在他们心中,也永远活在我们的心中。

1962年冬,又经罗广斌联系,我和水华前往重庆,更广泛地接触了在那个时代里进行斗争而还幸存的共产党人。使我们了解了解放战争中,四川地下党和国民党反动派斗争的翔实材料。许多共产党人惊天地、泣鬼神的事迹,更是感人。归来后,由我和宋日勋记录出来的资料近20万字,最后由宋整理这份资料。我视它为珍宝,一直藏在家中。这些材料使我感受到了烈士们的言谈笑貌和铁骨铮铮的革命精神。这是我走进江姐形象创造的重要阶段,它们好像随风潜入夜的春雨,细而无声地润进我的心房。

1962年虽已经经过贯彻"调整、巩固、充实、提高"的八字方针,国家的经济困难大有好转,但在政治思想上仍是强调阶级斗争的年代。我们每个人也都充满着革命的情怀,尤其是面对革命先烈的磅礴业绩,我们更加强调了他们斗争中的革命性,因而在剧本的构思过程中大大影响了作者,致使作者完成的剧本没有获得可以拍摄的通过令。在1963年夏,水华和我、赵元、宋曰勋在羊市大街影协又整理出一稿(第三稿),结果仍然不佳,不能投入拍摄。没办法了,又经水华和汪洋(北影厂长)的努力,说服了夏衍同志,答应帮助我们完成《红岩》的拍摄文学本。

在这一年的初冬,我和宋曰勋先往广东新会,向在那里休养的夏衍同志汇报。北京已是寒冷的冬天,到了广州,我们从乘坐的机舱中走下来的时候,暖流袭人,有如进入温室。从北到南,温差如此之大,立刻感到祖国幅员之辽阔了。乘车到了新会,尤为让我惊奇的是,北方妇女只能用白玉兰做个香料装饰,四五朵一小束,或系在领前或插于鬓边,就已香气袭人了。而新会街道两旁,尽栽着茂盛壮大的白玉兰树,不仅景色迷人,而且到处散发着浓郁的香气,使我兴奋难忘。我们向夏衍同志汇报材料后,在他写作的余暇,我们陪着他,或徜徉于树林花园之中,或漫步僻静街头,他知识渊博,文化底蕴深厚,斗争经历丰富……他的一生真是"读万卷书,行万里路"。我们感到老人温厚、亲切,创作精力旺盛,非常愿意和他接近,聆听他的话语,获益极多。这是两代人的忘年之交,十分珍贵。

最令人难忘的是,我们汇报了三天,结束汇报的时候,夏衍同志忽然问:"你们为什么不写江姐?"我们愣住了,不知他为什么提出这个问题。原剧本虽然只有江姐两场戏,但是还是写了江姐的呀!他看我们没有回答,语调平和地说:"江姐的经历多么感人,她有丈夫、有孩子,而丈夫牺牲了,她又被捕了,她的遭遇是感人的……老百姓会关心她的命运的!"由于我们幼稚,根本没有理解这正是他对电影艺术的谙熟和丰厚的创作经验,只似懂非懂地点着头。我们担心过多地写革命中的伤痛会受到批评的,而夏衍同志怎会不怕?夏衍叫我们这几天不要打扰他,他开始写作了。不到一周,夏衍同志的文学本拿出来了。此时,水华也赶到新会,第一个阅读了文学本,读后他交给我:"于蓝,夏衍同志的本子可以投入拍摄了。你不要再提意见苛求了。"这是第四稿,我一口气读下来,觉得剧本真实可信,真的可以投入拍摄。可是,我的心里仍在想剧本不像小说那样感人,革命的劲头写得不够足。但,为了能

于蓝在《烈火中永生》扮演的江姐。

及早拍摄，自己又没有任何具体建议，也就未提任何意见。回想起自己当年"左"的思想已相当可观了，文艺知识又极为浅薄，根本不懂夏衍同志既集中了时代、人物、环境的勾画，又为导演提供了足够的再创作余地。这是事后我在几代人的口碑中得到的印证。虽然不能说这个是无可挑剔的或极为完满的剧本，但这部影片却实实在在地感染与激励了几代人的成长。正像后来有人评述夏衍同志的剧本特点，是通过人物的命运来塑造人物，把党性原则融化在艺术规律之中。夏衍同志确实是电影的先驱者，真正的行家里手，把我们引上了成功之路。

剧本诞生了，我们又马不停蹄地筹备拍摄。这已是1963年的深冬了，我和水华、赵元再次入川，重点选择场景，更重要的是又到贵阳访问了韩子栋同志（华子良的原型）。我在新会时，水华和赵元已在北京将摄制组人员和演员选得差不多了，只有叛徒甫志高和主要人物许云峰尚未选好。贵阳归来后，我推荐了上海人艺的嵇启明来扮演甫志高，我曾与他在中戏表演训练班同学，知道他的演技能力。这很快得到了导演水华的认可。但是主角许云峰，水华却迟迟未定。记得我向水华推荐过汤化达，他曾主演过《上饶集中营》，扮演赵宏，给我印象极深，而水华却摇着头不肯认可。过了一阵，我又推荐田方，我认为他具备了许云峰的革命气质，可是水华仍然没有点头。我不断揣摩，他想要一个什么样的许云峰呢？最后我说："你觉得赵丹如何？"水华这次没有摇头，沉默良久说："许云峰在剧中不是绝对的主角，他肯吗？"确实赵丹当时是影坛的红星，每部影片都是绝对领衔主演，而电影《红岩》中许云峰绝对不是一个唯一的主角。这部影片是反映一个革命的群体，只不过许云峰和江姐两人在这个群体中更为突出而已。但是我想一个好演员绝不在乎戏的多少，更在意的是这个人物形象是否丰满！我对水华说："那我给他写信，问问他是否愿意来。"水华又叮嘱我：别忘了告诉赵丹这不是绝对的主角。1961年《革命家庭》上演之后，我曾在上海和赵丹为拍摄《鲁迅传》共同做了两个多月的准备工作，比较了解他。果然，他很快给我回了信："于蓝，我多么羡慕你和水华这个创作集体呀！我来，我一定来！"因此我们至今可以在银幕上看到赵丹同志在影片《烈火中永生》留下的闪光形象。事后，我思考水华为什么不用田方去扮演许云峰，而用了赵丹。那就是他认为田方到延安多年，经过根据地和革命队伍的锻炼，他早已"延安化"了；而赵丹一直在白区，也就是国民党统治地区，从事革命的文艺工作；他又在新疆受过盛世才的迫害，有过监狱斗争的生活经历。这样他扮演在白区进行地下斗争的许云峰，可以说一举手、一投足都会带有白区工作的感觉。水华对演员的选择真是精心至极。

　　还有关于小萝卜头的选择。外景都已拍完，我们回到北京拍内景时，还找不到一个大脑袋、细脖颈的小男孩。这时副导演赵元从音乐学院找来小方舒，悄悄地对我说："我找了一个小女孩，没有这样的小男孩，你看怎么办？"我一看这小女孩，那双晶亮的大眼睛，还多少有点忧郁的色彩，心想这个形象很好，可惜是个女孩。因为有舞台剧经验，使我很快产生了一个想法，马上在赵元耳边说："你先叫化妆师给她做个头套，然后照张相，再送给水华看！"赵元照办了，果然奏效。水华看了照片，马上商定叫小方舒来扮演小萝卜头。

　　做副导演的工作，使我深深体会到一位导演除了艺术上要有创造性的构思与缜密的形象思考外，还有许多行政性的组织与计划工作，也是极为繁琐的。例如拍摄的经济预算，工作人员的安排，拍摄计划和拍摄日程，与当地的领导和群众的关系……很繁琐又很实在。水华在党员会上希望我来代他做党支部书记。按惯例应该由共产党员的导演兼任书记。此时水华早已经作为少慢差费的典型在北影厂受过批判，他的精神压力很大。在党员会上，根据水华和同志们的要求，我接受了支部书记的任务，但是心中十分忐忑紧张。到了重庆，第一个外景地是拍摄影片序幕的第一组镜头，地点是在船舶往来拥挤的朝天门码头。为了展示当时的时代背景：蒋介石在美军的支持下，进行了灭绝人性的内战。重庆是蒋的最后巢穴，要把蒋匪装运武器、壮丁去打内战的船只和装卸美军支援的大炮、坦克、子弹的军舰交错行进在嘉陵江和长江交汇处的情景表现出来。这样浩大的场面，有几个镜头还必须运用升降机拍摄大俯瞰，那时拍电影还不可能使用飞机航拍。

在江面上如何使用升降机？也只能架在停泊在江中的木船上，别无办法。摄影师带着摄影机，要随着升降机离开江面六米之高，才能拍摄下俯瞰的镜头。湍急的江水冲击着木船，木船的摇摆造成了摄影师在高空拍摄的危险和难度。而此时，摄制组早已流传一些流言飞语，对导演和摄影师的拍摄要求提出责难，认为既不安全又浪费（要花很多钱才能租用船及武器）。面对这些压力，我为导演和摄影师捏着一把汗，但是为了营造时代气氛和艺术的真实感，必须如此做下去！我作为支部书记，责无旁贷。我自告奋勇担当安全小组的组长，认真仔细地去布置与检查工作，认为确实稳妥，万无一失，才让导演、副导演发号施令，指挥这场战斗。直到拍摄任务全部顺利完成，大家撤离现场时，我才松下了这口气，和照明组的同志们轻松地抬着灯具、电线（当时的电线极粗极沉重)离开朝天门码头。

接着第二组镜头是重庆山城的繁华街道,有美军吉普的野蛮驰骋,有街头巷尾的特务搜查,有繁杂的行人车辆,许云峰出现在马路边,他要准时地去迎接江姐……拍摄也比较困难,但却顺利完成。可能由于拍摄许云峰的上场,引起导演对江姐的考虑。这天晚上拍摄归来,水华导演找了我,他说:"于蓝,现在江姐的戏增多了,我建议你把副导演让给赵元,她现在担任的场记,字幕上是不上名的,而你既是演员又是副导演,将来你的名字将两次出现在字幕上。"我当时根本想也没有想过片头字幕的问题,亏得导演对我的了解和提醒,我马上说:"当然啦!应该写上赵元的名字,她做了大量的工作!"在水华的启示下,我高高兴

于蓝在《烈火中永生》扮演的江姐和赵丹扮演的许云峰。

兴地从副导演的岗位上退了下来。江姐就要出场了,可是千头万绪的琐事,使我好像离江姐的上场还很远呢! 我真感谢水华及时把我推向角色的准备。

其实,一年多以来,我怀着对江姐和许多先烈们的热爱和崇敬,一直在为电影《红岩》的诞生而努力工作着。从剧组建立起,江姐的事迹和言谈笑貌无时无刻不在我的心中汇集。一个贫困的少女,寄人篱下,度过许多艰苦岁月,从错乱复杂的社会生活中,她省悟并向往着"投身解放人类的事业,并不仅仅是为了解放自己"的思想境界。为了这个崇高的事业,她无私地奉献了一切,她真正做到了在为共产主义事业牺牲的时候,面不改色,心不跳。江姐是真实的人,和许多烈士一样,他们的高尚的精神境界并非像有些作品那样"纯属虚构",而我怎样才能演出这个人物的真实形象? 我脑中闪出了夏衍改编后和我们分手时的叮嘱:"于蓝,你演江姐,千万不要演成刘胡兰式的女英雄,也不是赵一曼!"他当然不是贬低这些银幕上的成功形象,而是提醒了,江姐就是江姐! 我真感谢他的叮嘱。沿着这个提示,再根据江姐的素材,一个普通的、"平凡"的城市妇女跃然站在我的眼前;但她又不是普通的城市妇女。而是成千上万的普通知识妇女中的一个,在人群中她一点儿也不显眼,但,她确实是肩负着重任的地下共产党人。我也知道作者是把许多女共产党人的革命精神集中在江姐的身上了,但是许多共产党人的精神是她们共同具有的性格,而江姐除了这个共性之外,还有她自己独具的个性。那又是什么呢? 在她的众多素材中,我发现当别人激动不已或哭或闹的时候,江姐都显得格外冷静。例如:她最敬爱的,也是引导她走向共产主义事业的小学老师丁尧夫被国民党特务抓走后,全班的同学惊慌、痛哭、喊叫……而她却没有哭闹,内心极为悲痛,外表却很是沉静,但她的内心并不平静,她在想:"如果丁老师是共产党,那我就做丁老师那样的人。"类似这样的异常镇定或是沉思不语的事例很多。这使我感到她绝不同于一般女孩子。在纷乱中,她在思考,她是一个善于思考的女性。因此在许多纷杂变乱的情况下,江姐都能有条不紊地去处理、去解决面对的问题。使人感到她是那样沉静、成熟、有办法。总之,我从她幼小的年岁中发现了这一个特点,也从她成熟后的许多斗争事例中发现出这一点,而且我找到了她之所以沉静的根源,那就是她善于思考。因此,她在敌人的审讯、拷打中,能够格外平静,善于对抗。这使我在表演时,不仅要去表现她斗争中的平静,而且要找到她在斗争中内心的思维逻辑。这些逻辑就能使我从内到外地展示出江姐的个性和她的成熟。这也是我们表演艺术所要求的不是表演"结果",而是要展示出形成结果的过程。

同时,江姐又是一个有血有肉、最重感情的女性。她对丈夫爱得很深,但是丈夫牺牲了,她在年轻人的面前(她从重庆带到华蓥山的青年),怕他们恐慌,没有哭,只是沉痛地说:"我们要从失败中吸取教训……"而在深夜,她裹在被子里苦苦哭泣。第二天有几个同志陪江姐到云阳进一步打听消息,一路上同志们怕她难过,为她担心,而江姐却尽量找些话题,避开这方面的情况。当他们证实了老彭牺牲的消息后,江姐又回到重庆,向组织汇报。

组织上决定她不要再回去,留在重庆,而江姐却坚决要求回去。因为那里是她和老彭一同开辟的工作,这条战线上的关系只有她和老彭知道,别人难以代替。领导终于同意了她的要求。临行前,她去看了云儿。她在组织面前没有哭,住在好友何理立家中也没有哭。此时,当她看到自己和老彭的爱子云儿,再也忍不住了。她抱着云儿痛痛地哭起来了。可是,帮助带孩子的同志,回到家中听说江姐看到孩子哭了,这位同志误会了江姐,认为江姐怀疑自己冷待了孩子,十分不满,跑去向何理立责难江姐。何理立也十分不理解,很不高兴。夜晚她和江姐睡在一张床上,生气地问:"你到云儿那儿去了?""是呀!"何说:"你怎么下去才两个月,人就变了?就是苦一点,也用不着垂头丧气,为什么要跑到云儿那儿去哭?人家说你埋怨人家虐待孩子了!人家要我把孩子领回来。你又不是不了解我的困难!"

江姐没有任何解释。何理立生气地背对着江姐睡觉了。过了一阵,何觉得自己脸上有水滴,她转过头来,大吃一惊,看见江姐用力地擦眼睛。江姐对她说:"我没有告诉你……老彭牺牲了。我回来是向'三哥'(党的领导人)汇报情况的……你的担子很重,秋元(何的丈夫)在牢里……我下了决心,准备不告诉你……我没有亲眼看见,但人家告诉我,脑袋都砍了下来。我向'三哥'汇报的时候……没有哭,在你这里我也可以忍住,可是看见云儿,我突然忍不住了。而且我以为陆家的人都出去了。你是了解我的,这么多年,我从来没有为自己的事埋怨同志们,你和朋友们去解释一下吧!……"何理立不愿相信老彭牺牲,但面对事实她也哭了起来。她挽留江姐不要再下去了。可是江姐说:"不……那里也已经打乱了,除了我没有人了解情况,只有我去,才能接上关系。别人不能代替我,我自信能够摆脱我心里的痛苦!"

江姐只住四天就走了,就这四天中她还做了大量工作,中间江姐还带了云儿到谈竹安的宿舍去看他。谈竹安就是江姐在遗书中提到的

"万一不幸,就将云儿托付给你了……"的那位同志。屋外河边有个长堤,江姐一边带着云儿晒太阳,一边和谈竹安谈老彭的牺牲。谈竹安当时感觉到,老彭虽然牺牲了,江姐还是把工作摆在第一位,坚决下去,只是没有过去那样开朗愉快了。何理立说:"当时她下去确实很危险,但她还是去了。过后我想,江姐看到云儿为什么哭得那么厉害?当然,老彭牺牲后,她控制了很久……但是,另方面江姐是不是也有对自己将来有想法,也已准备着万一的情况下,不能回来……因为江姐曾问过我:一两岁的孩子能记住他的爸爸妈妈吗?当时我还责备她太脆弱了。"何说不下去了。可见江姐已经预见到自己可能遇到的一切,她时刻准备着牺牲!这就是真实的江姐,这就是江姐的人格魅力。直到现在,每当我对人们谈起江姐这段生活,我仍然抑制不住心中的泪水。她就是中华民族的好女儿,她是美的化身,永远感动我,教育我!在创作的过程中,我想她是那样纯净,绝不能有任何矫揉造作。要把她的朴素、善良、平和,对人的关心、对亲人和同志的爱心,对事业的责任感和对理想的执著,要把她那看似平常而又极不平常的思想境界展现出来,也就是把真实的她展现出来。这对于我来说是极为艰巨的任务。记得我在创作笔记中写着:"要永远纯洁无瑕、全心全意地生活在规定情景之中!千万、千万别从结果着手。"

当然理解与掌握江姐的内在精神气质之后,还要通过作为演员的我,从自我出发,假定与体验,并生活在角色那些特殊的、具体的规定情景之中,不断激发出自己的真情实感和思维过程,再根据导演的要求,反复实践、排练,尽量争取达到导演的要求才能实拍,最后通过导演的剪辑,才诞生出江姐形象。所以江姐的形象,并不只是我个人努力的结果,我只是其中主要方面之一。

电影中的形象,如没有剧本的基础,没有导演艺术上的总体构思,那么真会像浮萍一样,只能浮在水面,任风吹流,也很可能就是演员自己了!在《烈火中永生》中江姐的形象,导演很清晰地提出,希望她是"温柔的女性,坚强的战士"。在导演阐述中有解释、有要求。当时,我似乎并未感到这些要求的推动作用,而起作用的是拍摄中导演对人物的要求、对镜头的处理给我极大的导向和助力。我印象极深的有几场戏:

(一)江姐的出场——江姐身着当时比较时尚的打扮,从人群中走出,准备下船,突然一个穷孩子被人挤倒,江姐下意识地、自然地扶起孩子然后走下舷梯,发现许云峰和她打招呼。这样一下子把江姐出众的风度在嘈杂拥挤的人群中亮相了,既出众又那么平常和善地关心着群众。这样处理把共产党人的本色和华丽外表有机地融为一体,真实可信。

(二)在许云峰家中传达南方局指示前和云儿会见这一场戏中,水华把两位共产党人之间的亲情充满情趣而又和千万个家庭的普通人物的生活一样展现出来,表现出江、许都是生活在普通老百姓家中。汇报前又让江姐把不习惯的华丽衣饰脱下,换上日常生活的旗袍、毛衣,展示出真正的江姐风貌。汇报结束之前,窗外传来警车驰过的尖啸声……这都启示我在表演上极细致明亮地刻画出江姐就是这样普通的妇女:既是年轻的母亲又是一位真正的共产党人。

(三)审讯中,导演对徐鹏飞的要求是"急躁"、"急于取胜",对"女性的蔑视",造成他达不到目的,更加急躁、暴怒……这一系列的要求,使徐失败再失败而暴跳如雷。给予江姐的是沉静地观察,平静地揭露,轻轻地激怒敌人,把敌人引入错误的判断。徐鹏飞一而再、再而三的失误,而暴跳失控……扮演徐鹏飞的项堃带着真情实感的急躁与暴怒,更使江姐异常平静。江、徐一静一躁的对比,帮助我完成了在审讯中战胜敌人,使敌人阴谋不能得逞的规定情景。当然江姐在敌人的暴怒下受了重刑,火烧、刺竹签子……水华又以监牢中同志们的关怀等待的镜头,表达了时间的长久和同志们的关爱。最后,水华并未让江姐受酷刑后再挣扎走回,而是用担架抬回……不见酷刑后的伤残形象,只看见担架经过的地面上,留下斑斑的血迹……牢房中昏迷的江姐。再加上龙光华送水,遭到猫头鹰的枪击,龙光华倒下去了,但他庄严地爬起来,命令敌人把水罐捡起。敌人当然不会捡起,龙光华自己在停止呼吸前仍奋力把残破的水罐送进牢门口,破罐中颤动着残留的同志们送来的清水,这组镜头牵动了观众的心。周总理在审看这场戏时,轻轻地喃喃自语:"很感人嘛!"作为演员,我观看了这场戏的拍摄,深深感受到同志们的关爱!所以当我"苏醒"后,再站起来时,看到那么多战友的真情,很自然地产生了演员的真情激动。

(四)江姐和小萝卜头的会见。小说中是刘思扬在白公馆看到小萝卜头,而影片中,夏衍同志把两个牢房集中到一个地点在渣滓洞,并让江姐听到小萝卜头说自己是"老政治犯"这句经典的台词。这是生活中小萝卜头——宋振中自己的真实语言。这种窒息感人的语言,更烘托了时代的真实感!这一真实感直接撞击作者和剧作者所塑造的江姐形象,因而更加感人。

(五)江姐就义前的平静,是江姐本人真实生活的经历以及她品格上的魅力都告诉我，应该怎样去表演这一段共产党人的生离死别。而导演也给我安排了丰富而真实的细节：如对监狱之花的嘱别，对孙明霞和战友的告别，特别是和许云峰共赴刑场，让我和许云峰同时各自用对共产主义理想必胜的目光来告别同志们！我自己满意这场戏，特别是影片的音乐，用壮烈的国际歌旋律来衬托我们的告别。不管什么时候再看这场戏，我仍然激动、入戏！记得1995年世界第四次妇女大会，在"中国妇女与电影"的非政府论坛上，我们向全世界介绍中国妇女的银幕形象时，江姐是胜利前夕牺牲的一位，我就采用了这个片断向世界妇女介绍。没有想到，肤色不同的众多国家的妇女代表观看这段戏时，全场二百多个观众同声唱起国际歌！这是我作为演员最幸福的时刻！这时，我也同样为我们的小说作者、剧作者、导演和整个摄制组感到骄傲！这是在导演和摄制组全体同志努力下才取得的成绩。

再如：影片中江姐在县城的古城下，看到自己丈夫彭松涛被杀害后的情景。那场戏是场地外景分两处搭起来的布景，阴雨纷飞，路上稀少的农夫三三两两的议论，直到江姐看清布告上老彭的名字和头像……本是心肺撕裂，但革命大业召唤江姐忍住了天涯哭此时的剧痛，强制自己在纷飞的细雨中走向华为。布景的真实感，细雨蒙蒙，造成路上行人欲断魂的氛围，都帮助演员对规定情景产生真实感。无论环境气氛和形象造型以及雷声雨点的处理，摄影师、美工师、录音师以及服饰和化妆师都对我的造型、线条、色彩、发型付出了心血。我不会忘记在拍摄现场和整个摄制过程中，大家团结一致共同为影片质量而奋斗的情景，不由得深深感谢他们！当然由于党对我的培养和我在革命历程中的生活，作为共产党员的我，能够理解和感受到江姐的思想境界，从而也可以唤起自己真情实感,来完成这个角色的塑造。

记得当年影片完成后,作者罗广斌带来当年团代会的几位同志来看完成样片,得到了他们的认可,说是高标准的。他们对胡朋、甫志高、华子良都认为很好,项堃、张平不错,对江姐也认为演得真实自然,并说这是江姐,不是于蓝。这对我真是过奖了,其实有很多地方不尽让人满意。例如:在和双枪老太婆会面那场戏,我还应该演得更好一点,该是在这位妈妈的劝慰下江姐还是哭了起来,但最后,她忍住泪水对妈妈说:"我不能带着眼泪干革命。"这样就比一直控制不哭出来会更好些。后来从外国代表团的观看和国内领导与群众的肯定的结果看来,应该说我们摄制组是基本上完成了任务,向广大观众反映了新中国成立前夕,我们共产党人在白色地区和敌人的斗争与正面战场同样艰巨,但也同样取得了胜利。影片为共产党人的先烈们谱写了他们为理想而奉献的高风亮节,他们是我们后辈终生学习的楷模。影片完成后,1965年夏末,我在山西绛县南柳大队劳动锻炼时,接到了三位作者来信,说他们病倒了。我正在激动之中,马上给他们回了信:

敬爱的罗、杨、刘三位好同志:
....

看到了你们的笔迹,想起了我们在京时的许多交谈和论战……尽管你们和我们或是我们自己之间(指赵元、朱今明和水华)有多少争论,有多少次的激动和争吵,但是《红岩》—《江姐》—《烈火中永生》那一段工作,是我们谁也忘怀不了的,谁也珍惜它!不是吗?你们为了它,损失了身体的健康,而我们却什么也没有丢失,相反得到那么多,那么深厚的革命教科书！够我们学习一辈子的！

　　这封信反映了我们当时的真实思想，文艺工作者经过这样的创作历程，是多么宝贵与幸福。更为宝贵与幸福的是，周总理为我们决定了片名《烈火中永生》。

　　那还是1964年的12月份，我们拍摄工作基本结束，后期的剪辑和音乐合成都尚未进行，但是工作样片已经给周扬同志和林默涵同志（当时他们负责党的宣传工作和文化工作）看过，也给一些了解历史情况的人看过，可以说是一片赞扬与鼓励。忽然，有一天接到通知说："江青同志"要来看片。当时意识形态领域已经开始了批判斗争，文化部整风学习，夏衍和陈荒煤都已经过批判，靠边站了，厂长汪洋可能开始检查，厂里决定由副厂长田方和导演水华及主演之一于蓝陪同观看。听说江青要来看片，知道她是30年代的老演员，50年代初她又担任过中宣部电影处处长，因她的身份，大家一直很尊重她，很愿意倾听她的指教，都在静静地等待。此时，江青身穿一件黑色斗篷到来。一进门，她说："今天，我不是你们请来的，我是因为别的原因，我自己来了。"其实，罗广斌早就告诉我，江青自己要拍一部《红岩》，剧名叫《旭日东升》。江青这段话说得十分冷漠与严峻，似乎责怪我们没有去请教她。

　　因为我是主演之一，坐在她身旁陪她同看。她在看片中，一会儿说"倒水声音太大了"，一会儿说"关门的声音太大了"。这本是一个工作样片，这些技术性的小问题，自然在"混录"时会加以调整的。她是一个老电影工作者，当然会知道的。这些只不过是透露她的不满与嘲讽而已。她一会儿说"许云峰的气质不对"，一会儿又说"江姐没有英气"……气氛十分紧张。看到一半,护士给她送药,她说要休息一会儿,只好暂停审看。这是任何高级领导审片时没有的现象。她身着斗篷走来走去,我为了倾听她的指教,只好跟着走来走去,她却一言不发地走着,高傲冷漠,真使人受不了。

影片结束,大家围坐在她的前边,平心静气地准备聆听她的"指教"。她冷冷地,第一句话说:"噢,这部片子,看来他们是不愿意拍彩色的。""他们"指的是谁?是指靠边站的夏衍、陈荒煤?对党内自己的同志为什么要讲成"他们"?为什么这样的对立?这样的强烈责备?有话不明说,真令人不解。气氛压抑极了。

大家聆听着,等待着,沉默着。停顿了好一阵,江青开口了,她说:"这部影片太糟了,不要修改了……电影不像桌椅板凳,做好了还可以锯掉一点,小改也没有用,改也改不好,就这样上映后再批判吧!"她又停顿有顷,接着说:"也不要像以往那样,一下子把影片放到仓库里,可以拿出来,大家批判嘛!发行公司也可以赚一点钱嘛!"

真如晴天霹雳,大家蒙了。还有什么可以商榷的吗?没有。就是"要批判"!"不准改"!"不准收起来"!"要大家批判"!问题严重极了,只有等着批判!可是批判什么呢?她也没说出来,大家更不知道。为什么会这么严重?错在哪儿?痛苦和苦闷笼罩着我、水华和田方,在回家的路上,谁也没有说话。厂里也不知该怎么办,大家在苦痛中熬煎。日子一天天过去了。后来厂里要我到中宣部向周扬同志汇报一下,希望他给想点办法。他却在办公室内踱来踱去,慢慢地说:"最近,还有些影片受了批评,比如《霓虹灯下的哨兵》。"这也是当时已受到好评的影片,我真不懂,这部影片错在哪?要批判什么?继而,周扬同志思索了一下，并不十分顺畅地说："还有一些影片要批呢！……批吧！……"当时，我感觉到他是尽力宽慰我们，但是，似乎他也有难言之隐。那天，他并未流露出什么信息，但，我只感到他也很不平静。在十年动乱中，我才知道毛主席早已在1963年作了批示："各种艺术形式——戏剧、曲艺、音乐、美术、舞蹈、电影、诗和文学等等问题不少，人数很多，社会主义改造在许多部门中，至今收效甚微。""许多共产党人热心提倡封建主义和资本主义的艺术，却不热心提倡社会主义的艺术，岂非咄咄怪事。"还多次说文化部是"帝王将相部"、"才子佳人部"、"外国死人部"。他还对"文联和各种协会整风情况报告"作了批示，说这些协会："……竟然跌到了修正主义边沿。要不改造，势必在将来的某一天，要变成像匈牙利裴多菲俱乐部那样的团体。"（以上毛主席批示摘自《中国共产党的七十年》。）后来在"文革"中批判十七年的"文艺路线"才知道毛主席有这些批示。当然，当时周扬同志的压力已经很大了，又怎能帮助我们呢？

正在苦恼万分的时刻，一个偶然的机会，我遇到了周总理的秘书许明同志。她说："听说你和阿丹演了一个很好的电影？"我马上把江青看影片的前后经过告诉了她，并说江青要让影片上映后进行批判。她十分惊讶，我马上请求她转达："是不是请周总理帮我们看看，大部分领导和看过的同志都说好，而江青却……到底应该怎样看待这部影片？"她点点头应允了。

敬爱的周总理日理万机，听到了我们的困惑和要求，马上答应了我们的请求。敬爱的邓大姐也和总理一同来到了钓鱼台，准备审看样片。那天由于钓鱼台的电影放映机有故障，画面总是跳动，影响视力和影片效果,周总理决定易地再看。不是第二天就是第三天,周总理来到了新街口原新影的标准放映室。邓大姐因身体不好,未能前来。那一天到场的还有文化部的领导,像管电影的赵辛初副部长和管电影的李橡局长等等,这都是周总理请来一同审看的。这次审看地点是和江青看片同一地点,但气氛却完全不同。周总理向到场的同志们一一打了招呼,平易近人,亲切安详,大家一点也不紧张,只感到关系平等、自然,轻松愉快。

看片开始,影片字幕编剧写的是"周皓",周总理好像发现了新人,马上问:谁是周皓?导演告诉他这是笔名。这体现了周总理一贯关心新人的态度。看到龙光华给受酷刑后的江姐送水,被狱中看守长"猫头鹰"开枪射击而牺牲时,他"唉"了一声,竟喃喃地说:"很感人嘛!"周总理看片的反应,使人消除了紧张,有了安定感。他不是挑剔,如有不足,总是给以积极的建议,他并不回避江青已有批评,该肯定的,他还是给以实事求是的肯定。

看完样片,总理认真听了两种不同意见的汇报,又问:"除了这些意见,还有什么外界的人看过?看的人不少吧?电影系统是否全看了?"厂宣发部门的同志说:有一个外国工人代表团和日本电影作家代表团看过,一致反映很好。我恰恰接待了这个日本电影代表团,也亲耳听到日本剧作家的意见,就向周总理做了汇报:"日本代表团团长(井手雅人)说,像《早春二月》拍得很好,但是日本有很多这类影片。而此片在日本是没有的。影片告诉人们应该怎样生活,这是一部好影片。他们很喜欢。"也有人(接待代表团的工作人员)向总理汇报说,团长井手雅人当晚就给日本国内打电话,说看了一部好片子。周总理听后点点头,再一次要求文化部、电影局的领导同志充分讨论讨论,快点提出意见。他不是武断地定调子,而是按照组织原则允许大家讨论后拿出意见。他又问赵辛初:"文化部有什么意见?最好两三天内把意见拿出来!"在讨论过程中,总理还研究了这部影片该叫什么名字,他提出或叫《江姐》或叫《烈火中永生》,最后他确定了:"还是叫《烈火中永生》吧!"这真是使我难忘!国家的总理,那么多的国家大事,他还如此热爱与关心电影,就像爱一个孩子一样,还要帮助给它起一个名字!为此我们厂要我去请郭沫若老人为我们题写片名。郭老二话没说,挥毫而书,写了"烈火中永生"几个遒劲隽永的大字,至今还闪耀在银幕上。

周总理对影片中许云峰、江姐一被拉出监狱就是迎接解放大军的场面,说:"这太快了,就义应该有形象的表现,当时,许多共产党员牺牲时,都高喊'共产主义万岁'。应该有一点壮烈的场面……"这时,我又担心地说:"赵丹已经回上海了,怎么办?"周总理说:"打电话叫他来嘛!"其时,赵丹已在上海受到批判,抬不起头来。周总理说可以叫赵丹在银幕上有更好的形象。周总理还说:"今年上映的还有《霓虹灯下的哨兵》、《节振国》……"意思是说这些影片都不错,给电影工作者以极大的鼓舞!临别时,他走到门口,转过身来,笑着对我们说:"现在支持的人不少了!你们赢得了观众!"周总理的到来和江青多么不同呀!周总理坚持组织原则,不独断专行,允许大家讨论,让大家拿出自己对影片的意见,同时又多么鲜明地保护对人民有益的影片呀!

在周总理的关怀下,经过一部分修改,1965 年夏影片终于得以上映了,而且得到广大观众的赞赏。当我夏末到山西绛县南柳大队去劳动,经过太原市时,受到少年宫少先队员们的热烈欢迎。每个孩子都给我写了对烈士充满无限热爱与敬仰的信（可惜这些信在"文化大革命"中都烧掉了）。1966年三四月间，此片要送到日本，又遭到江青阻拦，但中宣部因此片受到周总理的关怀，还是坚持把影片送到了日本，并受到日本观众极大重视。这一切都说明由于广大观众的喜爱，江青的阻挠没有得逞。然而，1966年爆发了"文化大革命"，以江青为首的"四人帮"，否定了建国后十七年的一切工作，抛出了"文艺黑线专政"论，说文艺黑线从30年代"左联"开始，又粗又长。《烈火中永生》当然不能逃过厄运，也受到了批判。1966年"造反派"发"文艺黑线"的材料，就公布了1965年11月江青在部队文艺工作座谈会上批判众多部优秀影片的讲话，其中就有《烈火中永生》。她竟诬蔑这部影片为大毒草。说《烈》片是为当时重庆市委书记翻案；把华蓥山的斗争诬为城市领导了农村，违反了毛主席农村包围城市的教导……总之，诬蔑《烈》片是反对毛主席革命路线的。这就不难看出1964年12月下旬江青到北影责难《烈火中永生》的用意所在了。而当时在山雨欲来风满楼的气氛下，敬爱的周总理勇敢地捍卫人民的利益，他的感觉和爱好是和人民一致的。他要保护一切有益于人民、受到人民欢迎的文艺作品。他的高风亮节永远是我们学习的楷模。20世纪结束了，新的千年已经到来，《烈火中永生》经过历史的考验，至今受到人民的热爱，是百部爱国主义影片之一，而许云峰、江姐也永远活在人们的心中。我作为演员，为自己的幸运而激动，因为我们在风云变幻的20世纪中，把人民挚爱的先烈形象，通过自己全身心的投入、至爱的拥抱和刻苦的劳动，把先烈的魂和形都留在人民的心中。

江姐永生，而我有机会来到江姐的故乡，则是很久以后的事了。90

年代的第一个春天,四川自贡市委副书记邢惠琳同志邀请第四届儿童少年童牛奖的评奖工作到自贡举行。我很感谢她。这不仅把优秀的国产新儿童片介绍给了自贡的小观众,也圆了我多年的一个梦想,能看看江姐的家乡。

会议结束后,我到江姐的塑像前献了鲜花,再到她的出生地,拜谒了她的故居。沿途层层梯田,一片片鲜黄、嫩绿的田地,远处衬托着青山和碧水,真是菜花飞扬豆花香,丛丛绿竹,水波倒影,令人感到天地和谐,生机盎然。不久,穿过公路旁的小路,看到了几间瓦顶土房坐落在田间,这就是江姐的堂兄江泽洲的家。老人家热情地迎接了我,他指着前方左角处的一段残垣说:"那就是江姐住过的房子,现在只剩下这些了。"我赶紧走过去,用手抚摸着残垣……记者们马上跑了过来,一定要我谈谈感受。我再也忍不住地落下了眼泪。我说什么?江姐和我是同时代人,我们都怀着同一个理想,为实现共产主义而奋斗,而她为这壮丽的事业奉献了青春和生命,我却是一个幸存者。仅仅因为扮演过她,却到处享受着人民对她的爱戴,我控制不住地哭了。刹那间,我想到她除了一个儿子云儿之外,什么也没有了。我的心那样酸楚,似乎有一种埋怨情绪:为什么不把这残垣修复?返回宾馆的途中,许多心绪困扰着。但是,现在新的世纪已经来临的时刻,我再回想江姐故乡之行,眼里再次映现出远山近水,黄绿相间的和谐大地,是那样美丽、安详。那里呈现出人民安居乐耕的情景,这不就是江姐为之奋斗的理想吗!这美好壮丽又充满生机的大地不就是她和先烈们奉献之果吗?那小小的一块残垣和美好的大地亲昵相伴,不也是这些先烈们广阔胸怀的写照吗?现在我回想自己当时归途中的思绪和酸楚,显得多么卑微狭小呀!

是的,在 90 时代的后期,在江姐和先烈们曾经活跃过的沙坪坝闹市中,我曾站在联欢的舞台上,把江姐的誓言——"如果需要为共产主义的理想而牺牲,我们每一个人都应该、也可以做到脸不变色心不跳"再一次重读的时候,台下许多观众依然热泪盈眶!江姐是全国人民热爱的先烈之一,而重庆市的人民更是深深地热爱着她,她美丽的魂魄会永远活在我们人民的心中。作为一个演员,我能扮演她,真是至高无上的荣幸。

当我告别自贡市时,自贡的著名作家魏明伦赠送我一首词:

赠于　蓝(白描散语)

红岩江竹筠,银幕江雪琴。此江姐,彼江姐,观众难分彼此!好一座光辉塑像,赛多少闲花野草?不枉您五十年粉墨生涯,七十岁巾帼高寿。

头白矣!童心未泯,舐犊情深。晚霞里婆婆指挥,娃娃合唱,声声短笛儿歌;催小草青青,映老天蓝蓝,青出于蓝胜于蓝!

巴山野狐魏明伦辛未初春即兴漫笔

作家这样敬重我,实在不敢当,但他真情切切,对我是极大的鼓励!影片公映后,我也记不得有多少观众写过鼓励的信,而在改革开放的初期,沈阳市有一家人,老少三代,点名要看我演出的《烈火中永生》,我极为激动。因为我原以为我们的影片是 60 年代的创作,必定会有局限性,今天的人们也许不会再爱看它了,而这家人却坚持要看这部影片,令我激动而又有些不解。后来在松花江畔,看到一位退休的老年女工,当她知道我是江姐的扮演者,竟抓住我的手哭了起来,她说:"没想到,我这一辈子在山沟里还能看见江姐。"我渐渐明白,她不是错把我当成江姐,而是把热爱江姐的深情洒向了我。我既歉疚不安,又极为激动。我认识到这是江姐的精神、江姐的作为,永远活在人民的心中。就在90年代最后的一个冬季,我又遇见了一位难忘的观众。那天我在早市上购买猕猴桃。正在挑选时,来了一位两鬓斑白并不相识的老人,有六十来岁的样子,他见我动作迟缓,便热情地帮助我挑选,帮我算账,待我准备提起买好的水果时,他却坚持要帮我提。两小箱猕猴桃有十余斤,他要帮我送回宿舍。我坚持不让,他却说:"你为我们演了一辈子的戏,我为你做一点点小事,有什么不可?"我这将近八十岁的老演员,却第一次感受到我的职业有如此重的分量。更没想到的是,他边走边谈,他的语言简练到位,他亲切地评说着我的表演:"我最喜欢你的两部戏,一部是《龙须沟》,它可以用一个'真'字表达;另一部是你演的江姐,可以用一个'魂'字来表达!你真把中国人的魂演透了。"他的话久久地留在我的心中,并不是因为他在夸奖我,而是因为我们素不相识,他却如此熟悉我的影片并了解我的表演。这是多么宝贵的中国观众,他热爱反映中华民族之魂的艺术作品,并珍爱那些代表民族之"魂"的先烈。作为一个演员,能去捕捉民族之"魂",并努力把民族之"魂"呈现给人民,这是多么值得热爱与骄傲的工作呀!我再一次品尝到创作的幸福。

七 关爱与坎坷

人民总理的关爱

在旧中国我只是一个中学生,从十岁起就尝受了统治者丧权辱国勾结帝国主义的苦难,使我家乡沦亡,过着灾难深重的黑暗生活。是中国共产党领导我们推翻了帝国主义、封建主义和官僚买办资本主义,使疮痍满目的旧中国开始了历史新纪元!新中国诞生了!党和政府依靠人民群众,医治了战争的创伤,涤荡了旧中国的污泥浊水,短短的三年内国民经济恢复到历史的最高水平,使人民过上了安宁和平的生活;接着,胜利地完成了社会主义改造。这个伟大的变革使人民群众迸发出空前的热情,热爱党、热爱新中国。

在举国欢腾安乐的气氛中,1953年春节,文艺界在北京饭店的大厅里举办了盛大的联欢舞会。多么荣幸,敬爱的周总理也来参加联欢!有那么多的老艺术家,我不好意思靠近总理,就远远地坐在一边。当时有远道从香港来京的著名影星夏梦,也有30年代的老演员白杨等。舞会开始,大家起舞了。我以为总理自然要先邀请香港来宾,谁知总理走向白杨,首先邀请了老演员白杨。我深受感动,这是总理对老艺术家的尊重。接着,总理才去邀请夏梦,对这样年轻的香港来宾,也是够尊重了,总理处理得十分得体,我深深敬佩总理的政治风度和素养。

我也有幸受到邀请和总理一起跳舞。周总理亲切地对我说:"《翠岗红旗》很好,毛主席和我一起看了三遍。主席很称赞,并嘱咐干部'不要忘记老苏区的人民'。"我被毛主席和周总理思念老根据地人民的感情激动着,心中默默地想,我们文艺工作者也不要忘记老根据地的人民,要更多地反映他们!

敬爱的周总理有一阵没有跳舞,他坐在桌边休憩观赏。我感到他的思绪似乎已经离开会场,我动也不敢动地望着他,不愿打扰他。此时,总理却面向我,轻轻地说:"你看,伯钊同志(李伯钊,当时中央戏剧学院的副院长)是红军时代的演员,她是第一代……"我随着他的话也注视着李伯钊同志那矫健的舞姿,跳得那么熟练、欢快!总理停顿了一会儿,语重心长地说:"你们是第二代!"我体会此时他那短暂的停顿,似乎是回到了刀光火影、艰苦卓绝的长征路上和硝烟弥漫的战争年代里。现在歌舞升平,人民当家做主了!他多么寄希望于第二代呀!当然,还有更年轻的第三代!他相信第二代、第三代的文艺工作者会继承他们第一代人开创的革命道路走向前去!

1954年,我被通知担任第二届全国政协委员会的委员,并要我在大会上作一个发言。后来,典礼局局长余心清老人告诉我,这是总理指定的发言。我以一名普通的东北流亡青年,历经新旧社会的不同感受做了发言准备。大会是在中南海怀仁堂举行。这里,过去曾是明清两代王朝议政的殿堂,现在这里是第一届全国人民政治协商会议的会址。在这里曾庄严地协商中华人民共和国的诞生;国旗、国歌也是在这里决议而飘扬激荡到全世界的!在这崇高庄严的会场上,当我坐在第一排等待发言的时刻,我的心跳得几乎要迸出心房,双手拿着稿纸竟在颤抖,因为不是演出,而是在这神圣的殿堂里议政,我真怕自己要晕台了!这时,我的背后传来了轻轻的声音:"于蓝,心跳了吧?不要怕!"那样亲切,那样安详!这是谁呀?我多么感谢他!我微微地转回头……多么惊讶!怎么?原来是敬爱的周总理!他老人家洞察与了解每个人的心态!面对他那平和与鼓励的眼光,一下子缩短了我和与会的政治家及各界代表的距离!我终于摒弃了过分紧张的心境走上讲台,发自内心的真情实感又激励着我动情地宣讲了党领导人民怎样走向胜利,又怎样进行社会主义改造的伟大业绩!会场是那样的安静,好像我说到了他们的心坎上。我的发言不时赢得会上热烈的掌声。这一切都是敬爱的周总理,以他平易近人的风范给我以勇气和信心,使我在讲台上成长了!使我适应了党和政府所给予我的庄严使命,成为国家政治协商会议中的普通一员。

  1956年中央实验话剧院诞生了,建院演出的剧目是岳野同志编写的话剧《同甘共苦》,受到各界的重视。一天,听说周总理也来观看演出,大家十分兴奋。导演孙维世同志嘱我演完自己的角色后到观众席中和她一起陪伴总理观看演出,以便及时听取意见。这一天后台气氛十分活跃,大家心气十足,都铆足了劲要好好地演出。我自然也不例外,感到格外幸运,总理能亲自来看演出,我一定更要好好地演出自己的角色。当我卸完装,坐到总理身边陪他看下边的戏时,他却轻声地说:"于蓝,你戏演得不错,但是就是太用劲了。表演要掌握分寸感。"总理一语点中了我的要害,恰恰因为要为总理更好地演出,就使足了劲,所以也就过了火头。"表演要掌握分寸感",这句话以后经常在我的耳边萦绕。总理懂得艺术创作的规律,更深知表演艺术层次的高低。"分寸感"恰恰是表演艺术成熟与过火或不足的分界线,正是总理教导我省悟了这一点,使我逐渐走向成熟。周总理不仅在政治、经济、文化、历史……各个方面经常以精辟的见地诲人不倦,而且使我惊奇的是,在表演专业上,他又能以平等切磋的态度来指点你,这个指点又是那样准确,正像画龙点睛一样,使你的创作达到成熟的境界。

在 20 世纪的第一个十年里,男女学生是不能同校的,在男学校里自然也不能聘请女教师。唯独有一个女孩子,她敢于自愿地到男校去任教。男学生不敢叫她老师,男教师也不敢叫她在全校男生面前讲话。但是,她不怕,在学校的风雨操场上,从初一到最高年级的全校男生都集合在那里了,没有人敢叫她去,她自己去了。学生们看见出现一位女教师,全场都哈哈大笑。这位女教师神色自若,她采用不说话的办法,只用炯炯的目光扫视周围。有顷,因奇异而发出的笑声停止了,女教师开口了:"你们不笑了我再讲话。"(前边是摘自邓颖超 1986 年 4 月 7 日在全国政协妇女联谊会上的讲话。)从此她打破了男校不请女教师、不准女教师在男生面前讲话的惯例! 这位年轻的女教师,就是我们大家最敬爱的最亲近的邓颖超大姐、邓妈妈、邓奶奶。一个豆蔻年华的少女,敢如此大胆地和封建习俗奋争。日后,在中国革命的各个历史时期,就是她和周恩来并肩站在斗争的前列,叱咤风云,为中国妇女和劳苦大众推翻三座大山,做出了不朽的功绩。那时,她就是周恩来至亲至爱的战友,她被周恩来昵称"小超"。但,我始终不知道"小超"这个名字,只知道她就是我敬爱的妇女领袖。

就是这个"小超"大姐,在 1957 年的春天,全国电影工作会议闭幕的前夕,那天正是"三八"国际妇女节,她让敬爱的周总理把电影工作会议上的十几位女演员都请到了紫光阁。他们夫妇和大家促膝谈心,细致了解大家的工作和生活,平易近人地交谈叙话,之后在紫光阁的门前合影留念。和煦的阳光和习习的春风徜徉在中南海紫光阁的庭前,温馨满足的笑容,同样徜徉在十几张幸福的脸庞上。当时,我属于年轻一代,在合影时,我悄悄站在了边上,而亲爱的邓大姐似乎发觉了我的心态,她走到我的身边轻声问:"身体好吗?怎么瘦了?"我不好意思地回答:"是有点不好,医生叫我到外地去疗养治疗。""到哪去?""可能到杭州。"我当时未十分在意地回答了这几句话。

1957年,周恩来、邓颖超与于蓝等参加影联大会的女演员们在一起。

不久,经当时总政文化部陈沂部长的帮助,我果然去了杭州。在未住进疗养院之前,暂时住在朋友孙铮同志(画家莫朴的夫人)家中。一个午后,我出去散步归来,只见门前聚集了很多人,在谈论着什么。当我走近门前,他们用惋惜的目光看着我。"你怎么才回来?""你知道谁来看你了?""谁?"我问。"周总理!"真是惊人的春雷,虽然总理和我见过面,也有过交谈,但,那都是在各种会议的场合。现在,他日理万机,国事繁忙,怎么会到我的住处来看我?没散去的人们,又争着向我讲述总理刚才怎样和他们交谈,"那样亲切随和,就像一个普通人一样,简直不像一位总理。"他们说:"总理什么都关心,问长问短,从柴米油盐,直到生儿育女都是他关心的大事……秘书几次催促,他才离开。"人们怀着幸遇总理的欣喜之情,久久不肯散去,深深地沉浸在这邂逅的幸福中。此时,孙铮的老保姆喊我到屋内,并拿出一封信交给我,竟是周总理的亲笔信!(这是总理走后,又叫秘书送来的信!)我的心怦怦地跳着,目不转睛地迅速地读着:

"于蓝同志:小超大姐告诉我,你在西湖养病,并且要我顺便来看看你……请告我休养情况如何……"此时此刻,我第一次知道邓大姐被总理昵称为小超。我马上和赵路同志(我的老战友,她趁党校春假期间送我到杭州疗养)赶到总理下榻的宾馆,总理秘书告知总理公务正忙,今晚邀请你们在望湖楼共进晚餐。当晚,在望湖楼见到总理时他说:"我是受小超大姐的委托,一到杭州就给疗养院打电话,谁知哪个疗养院都没有你。还是晚上和北京通了电话,她去问了田方,才知道你住在美术学院。"我不安地望着总理,给他添了多少的麻烦呀!总理却不介意地招呼我们坐下。记得在座的还有彭真同志以及一些领导。总理请我们吃了花子鸡,还告诉我们为什么这种用泥土封起烘烤的鸡叫花子鸡。我们坐在总理身边,他饶有兴趣地谈起中国电影,说张瑞芳在影片《母亲》中扮演的母亲很好,并说金焰也还可以……他使我们由紧张不安转为轻松自如。谈话中总理还询问了赵路的情况,知道她正在党校学习,马上严肃地说:"你可要早些回去,不要耽误了学习。"亲切而又严肃,有如父亲般的关怀,深深印在我的心头。(总理是陪同苏联伏罗希洛夫元帅赴杭参观之暇,会见我们的。我已把总理的亲笔信笺送交给党史资料馆。)

自此,小超大姐和周总理对于我来说,是那样的亲切温厚,他们的关怀会把你和领导之间的距离缩小了、拉近了,你会觉得他们就生活在你的旁边。

1958年夏,我还在中央实验话剧院工作,剧院排演了郭沫若同志在抗战期间所写的名剧《棠棣之花》。此剧当时在重庆演出曾十分轰动,著名演员舒绣文、张瑞芳等参加了演出。邓颖超同志和周总理也去观看了他们的演出,给以高度的评价。建国后,我们实验话剧院再次排练,同志们都希望邓大姐和周总理也能来指导我们的排练。那一天,正好我在剧院值班,忽然一阵笑声传来,门被推开了!我多么惊讶,怎么邓大姐来了?她见我十分惊讶的样子,马上笑着说:"是我不让他们通报的……"她那潇洒平易的神态,使我拥抱了她,同时,也使传达室的同志松弛下来。当我请她坐下来的时候,她露出自己攥紧的拳头,叫我猜里面是什么,我还没猜到,她就像孩子一样把拳头松开来:"你看!"原来,是一把小小的茉莉花。她把这些小花放到我的手中说:"喝茶的时候放上几朵,香得很!"一位总理夫人和我们就像姐妹一样贴近、亲昵。我陪她去看了排练,她提了很多宝贵的意见,然后以鼓励的眼神望着大家,似乎在说:"你们会成功的!"然后她带着满意的微笑离开了我们。大家留在排练厅内,是兴奋?是欢乐?难以用语言表达,只是更加紧张地排练了。我却感到,她留下了茉莉花一样的温馨和幽香,萦绕在小小的排练厅内。

从1957年到1960年间,电影界由于"左"的思想干扰,历经"拔白旗"、"打擂台"、"反右倾"等政治性的批判,电影工作者无论在创作上或生产上都处在困惑和紧张的阶段。为了电影创作得到发展,1961年周总理批准电影工作者于6月间在北京新侨饭店举行创作会议。会上他不仅发表了许多精辟的有关艺术规律的讲话,还为电影工作者安排了一天游香山的日程。电影工作者在空气清新的大自然怀抱中,心旷神怡地散步谈心,几年来紧张不安的气氛一下子松弛下来。记得我和田华、赵丹等一起散步,田华说:"我们几个演员在一起拍张照片吧!"一下子,许多演员都跑拢来,笑语喧天。周总理在一旁也笑意正浓,为大家的气氛所感染,轻声慢语地说:"我也参加一个!"大家高兴极了,又跳又叫,因为周总理读书的时候也演过戏,当然和我们是同行了!大家把他拥到前排中心的位置上,他却说:"今天你们是主角,我只是你们中间的一个!"温馨暖人的话语,使我们每个人的心都和他靠得那么近!大家没有理由不听他的话,并且谁都愿意抓住这个千载难逢的镜头,谁都愿意留下永生难忘的这幸福的一瞬!不只是演员,来了那么多的电影工作者。遵照他的愿望,大家让他站在人群之中,并紧紧地靠在一起。摄影师及时地摄下了电影史上这一珍贵镜头。拍摄一结束,他竟向摄影师及其他记者,指着我说:"她演了一个好妈妈!"(指《革命家庭》中的周莲)摄影师当然未放过这一瞬间,马上又拍了照片。我真幸运,竟获得了总理的赞许,并且能永远珍藏着总理对我们演员的关爱。7月1日的晚上,是党的四十大庆,总理让我们在人民大会堂欣赏了中央乐团的交响乐。我们全体与会电影工作者尽情地享受了党所给予的幸福。

"文革"中我成了"牛鬼蛇神"

在讲述我的"文革"岁月之前,我想先说说我在"三反"和反右运动中的经历。

1953年,中共中央针对一些干部的贪污与浪费的现象,决定展开一场反贪污、反浪费、反官僚主义的三反运动。这场斗争采取运动的方式,大张旗鼓地形成社会舆论和群众的威力。对典型的重大事件,像天津的刘青山、张子善等巨大贪污者判处死刑,执行枪决。至今人民还怀念中央开展这一运动的意义。但是,在追查贪污犯的"打老虎"阶段,运动中也发生了一些过火的偏差。有的单位甚至规定,必须打出多少只"老虎"和追回多少赃款,这样真"老虎"、假"老虎"都出来了。当时我所在的北影,为了取得"成绩",就发生过这样的"故事"!副厂长彭后嵘同志,主管经济,为人严格正派。而在全厂大会上却由一个民营厂的商人对他进行揭发,说他接受了一亿多人民币(建国初期的币制)的赃款。揭发者有鼻子有眼地说,是在当时厂址后边的胡同内交的赃款,彭放在自己的帽子里拿走了。由于延安"抢救"运动的经历,我怀疑了。因为即使按当时旧币制,一亿多的人民币,无论如何一个便帽是装不下的。何况这位彭后嵘同志曾和我同住一个院内,从未见他大吃二喝,同样,都是住的一居室,也未见他穿好的或购置贵重物品。我虽不相信,但领导上却相信,把他从"三反"办公室主任的岗位上撤了下来,送他到电影局接受审查。他走时对厂领导说:"希望你们不要把我弄得妻离子散!"他毫无畏惧地离开了厂。

他走了,"三反"办公室主任的头衔落到我的头上。当天夜里,笃、笃的敲门声把我惊醒了。打开门一看,是一位姑娘,我马上把她请了进来。原来她是那位私商的女儿,边哭边说:"我爸爸自杀了,前几天他不断地说:'我造孽了,我就是死,到了阴间地府,阎王爷也不能饶了我。我诬陷了一个老革命……(指彭后嵘)!"当时,我第一次做办公室主任,毫无经验,马上把自己的爱人田方喊了出来,问他怎么办。幸好,田方做过领导工作,当时又在电影局任职,比较懂得政策。田方叫这女孩马上到市政府办公室,并写好了地址,告诉她,那里专门解决违反政策的事件。后来,这位商人是否抢救活了,我不太记得。但是,我厂派到那里的"打虎队"(三反工作队)马上撤了下来。不过,令人遗憾的是彭后嵘却还是经过了一个漫长的审查阶段,才回到家中。在我自己的家族中,从国民党空军起义的二弟于振超,因负责空军体育活动,经手一些账目,也被打成"大老虎",几乎自杀。在别的单位也有不幸的同志,由于承受不了这种屈辱而自杀。"三反"本是一个极为正确的举措,它有利于清除党的队伍和国家干部中的腐化分子,有力地抵制旧社会的恶习和资产阶级的腐朽思想对革命队伍的腐蚀,对于形成健康的社会风气起了极大的作用。但是,由于不能认真总结以往"运动"的经验教训,离开了调查研究而走向唯心的判断,更谈不上法律程序……致使这次运动也伤害了一些同志,而以后的多次运动又都有过严重的偏差,最终出现了史无前例的"文化大革命",让人痛惜万分。

1956年,我在中央戏剧学院表演培训班毕业之后,协助导演孙维世同志创建实验话剧院,就没有回到北京电影制片厂,而留在剧院工作。由于是创建,我不仅要把剧院的剧目演好,还要做些其他方面的工作。1957年,我从杭州疗养归来,看到报纸上不断有些鸣放的意见发表,由于自己是跟党走过了抗日战争和解放战争的岁月,因此对报上刊登一些过火言辞,心中就有些不满。例如:"现在很多穿草鞋的人做了领导……",言外之意,共产党都是没有文化的人在领导国事。我认为他们所指"穿草鞋"的人正是经过两万五千里长征的老红军,其中不仅许多人是有文化的,而且还有许多人是在战争中,边打仗边学习的工农干部,他们的文化水平并不低。这类鸣放持续了很久,《人民日报》在6月8日发表了《这是为什么?》的社论,一场全国性的急风暴雨的反右派运动猛烈地开展起来。我所在的实验话剧院在中央戏剧学院党委领导下,也开展了反右斗争。最初在剧院的党支部讨论时,张平(《停战以后》影片中饰演顾青的老演员)说:"党应该接受延安'抢救'运动的经验教训,不能再搞运动了,否则就又要打击一大片了。"但是,我却在想,党报已发表了好几篇社论了,肯定形势严峻,要听从党的召唤!只要实事求是就不会打击一大片!

当时我们受戏剧学院党委领导,剧院也有一个核心领导小组,院长舒强是组长,副院长兼总导演孙维世是副组长。他们两人参加学院的核心领导小组,他们可以看到有关运动的文件,我们只能听到传达。剧院的领导小组成员还有我(兼办公室主任)、刘铃(剧院支部书记)、王一之、林韦等。运动越来越深入,在我这个反右办公室主任的身上,发生了一件令人啼笑皆非的故事。办公室主任,主要负责材料的打印收发、传递信息以及定案后的文字整理。剧院有一位导演,写了一份"意见书",是对剧院领导个人工作作风的意见,交给了我。当时正值领导小组开会,我把她写的"意见书"给与会的领导(包括被提意见的领导在

于蓝在农村体验生活时摘棉花。

内)每个人都看过。大家看后,我把它放在自己的提包(藤制竹篓)内。由于会议时间长,会后马上又要准备第二个会议,我顺手把自己的笔记本和会议记录全扔在包内。平时我经常有"马大哈"的毛病(也是众所周知),谁知忙来忙去又犯了毛病,竟然忘记把这份"意见书"交人打印。大约耽误一周,我仍未想起。这天,剧院领导小组开会,领导质问我为什么把贺昭的"意见书"藏了起来,不去打印。我马上想起这件事,立即把"意见书"从提包的底层找了出来,解释道:"你们都看过了,我确实是忙乱中忘了打印。"可是这位领导不相信,说这是和右派有千丝万缕的联系。会后,有人竟贴出大字报《于蓝这是干什么》,小标题是"与右派千丝万缕的联系"。很奇怪,大字报贴出后并没有任何大字报来呼应

它，说明大家并不以为然。紧接着，领导又在另一次会议上说："刘铃和右派只有一纸之隔。就像窗户上的纸还没有捅破，捅破了就是右派。"我也不知道自己哪里来的勇气，马上急切地说："他不是还有一纸之别吗！我不同意划为右派，我们划得太多了！"会议不欢而散。恰恰反右的后期，中央提出了不能超过的百分比数，刘铃才得以幸免。

和我一同参加革命的赵路，当时正在中央党校学习，鸣放中她提出：搞运动一定要在调查研究的基础上进行，否则就像历次运动一样必然扩大化。后来运动深入，她仍坚持自己的意见，就被认定是"右派"。由于黑龙江省委对她的保护，虽未定为"右派"，但却划为党内内控的右倾分子，以后没有再委以任何重任。她明白自己的处境，抑郁而病，又因医治不当，在"文革"中不幸早逝。她是一个刚正不阿的好同志，后来却未能有所作为，就离开了我们。在鸣放中确实也有极为偏差的言论和观点，应该经过讨论与教育来解决，不应扩大化地当做反对社会主义的敌人来处理。由于反右斗争的扩大化，致使许多有才能的知识分子和政治上有热情的青年，被错划为"右派"分子，受了长期的委屈和压抑，甚至在底层过着屈辱的生活，使他们丧失了为社会主义发挥才能的机会。反右扩大化给党在政治、经济、文化各项事业的发展上带来过重的损失，怎能不令人叹悔痛惜！

不管怎样说，历次运动都没有烧到我，我也自认自己是一个革命的左派。没想到在史无前例的"文化大革命"中我变成了"牛鬼蛇神"，甚至成了漏网的反革命分子——黑线代表人物。

我们这些钻到艺术创作里的人，对政治斗争毫无嗅觉。1965年夏，文化部已经批判夏衍、陈荒煤，我却并不能理解，只知道自己改造不力，需到生活中去锻炼改造。北影决定对知识分子进行改造，由我领队带着一批生产创作人员，到学习毛泽东思想好的地方去改造。山西绛县南柳大队队长周明山是学习毛著的积极分子，我们就到了那里。冬季我们全体又去山西的侯马参加"四清"。不管是学习毛泽东思想，还是参加"四清"，我只想把自己改造好。在南柳劳动的强度超过了历次劳动的强度，当地大多数农民都有条件在劳动之后，冲些白糖水或红糖水来解解乏。而我们却"左"得厉害，不许大家喝糖水，我甚至有时还要暗中检查，大家是否真的不喝了。由于苦拼、苦干（当然，我们也和群众结下了深厚的友谊），我获得了文化部毛著学习积极分子的称号。

"四清"后期，1966年春，不断在报纸上看到一些文章和消息，感到北京和全国似乎要掀起什么活动。6月1日，《人民日报》发表了《横扫一切牛鬼蛇神》的社论，"文化大革命"开始公开化了。首先在各院校掀起揪斗校长、老师的所谓"斗黑帮"的活动。恰在此时，我们奉命结束"四清"工作队的工作，返回北京。

到京后，车站上冷冷清清，没有单位领导或家人的欢迎，只有一两个工作人员命令我这毛著学习积极分子和部分同志去"社会主义学院"学习（这本是民主党派的学院），并嘱不要与单位和家中通电话。我毫未在意，心情愉快地走进这所学校。学院门口有许多解放军站岗，面无表情，对我们的态度十分严肃。每个学习班都有军人负责管理，也是十分严峻，不苟言笑。我只感到有些奇怪，往常解放军对我们文艺工作者是十分热情的，但也未往心里去，依然谈笑风生。很快，一个负责领导的军人指责我："于蓝你为什么要笑？"此时，我才发现自己已处于被监管的地位。我再仔细琢磨，原来这里集中了北京许多文艺单位的同志，大多数同志互相认识,但是大家都保持着距离,谁也不和别人多说一句话。这时,我的头脑中才稍稍明白,"文化大革命"在我们身边开始了。

在社会主义学院,学文件,交代问题,也不断有外单位前来外调。要交代与调查的问题都是与夏衍、陈荒煤以及其他领导人有关,例如:你与××有什么接触,你参加的工作与他们有什么关系……我都按照实事求是的原则做了回答。有一天,北影的人都要回厂参加批判大会。会间休息,许多人去看大字报。我一贯对大字报不太感兴趣,准备留在会场和厂里的同志们聊聊。谁知厂里负责会议的同志躲着我,即使我走到他们的面前,他们也是极为冷淡地避开。我迷惑了,这次"运动"到底是怎么回事?和我又有什么关系?

社会主义学院真有山雨欲来风满楼的味道。谁和谁都不多谈,大家默默地等待着运动的发展。一次,外调的人又找到我,我仔细地回答他们的询问后,慢慢地爬上二楼。忽然发现学习班的军人都伸着脖子,探着身子往楼下张望。因为门是开着的,我站在过道里,可以顺着他们的目光,透过窗户看下去。我看到院中广场上聚集了许多人,他们围着一个穿着纸背心的老人,似乎在批斗,又似乎在呼喊口号。天哪,原来那位穿着背心的老人竟是我们电影界多年的老领导夏衍同志,他也被拉到这里来批斗!这个触目惊心的场面,使我马上想起反映第二次世界大战的电影中,德国法西斯对待犹太小女孩的精神侮辱,那女孩背上背着"犹太"二字。现在夏衍同志的纸背心上,同样有着两个醒目的大字,写着"夏衍"。我的心恐怖而酸楚地跳着,几乎跳到嗓子眼。我猛然意识到这场"文化大革命"的特殊性和恐怖性。

接着,在社会主义学院也来了一些北影厂的"革命群众",里面有几个原来是国民党的三青团员。他们在我们中间挑出几个人，任意辱骂与批斗。我的心流着带血的泪，这些人要干什么？他们本是反革命组织里的人，政府宽大了他们，而他们今天竟如此疯狂地辱骂和批斗革命者。我们很多人忍受不下去，都写了汇报，得到的回答是："要正确对待群众。"

我也看到了演员剧团的人，他们中也有三青团员，竟把陈强同志和夏衍同志一样如法"炮制"，叫他穿上纸背心，写上陈强的名字，拉回剧团进行批斗。在社会主义学院的院子里，也常进行类似批斗，像干学伟（电影学院导演系教授）、凌子风（北影导演）、董国瑛（北影导演，从美国回来）等，被拉出队伍，大声质问："你是什么人？"如回答不上，就批斗辱骂。只有董国瑛不动声色地回答："我是破鞋烂袜子！"因此，她轻易地躲过了批斗。后来我曾悄悄地问她，你怎么会这样回答？她说："厂内的大字报上就是这样写的！"多么屈辱的帽子，多么可笑的场面，一群野蛮的人，如此肆无忌惮地污辱别人的人格。那种声嘶力竭的批斗，也实在让人难以应付。我在想，如果质问我，我该怎么回答？我苦思苦想竟给自己找了一个帽子——"修正主义分子"。因为我曾跟苏联专家学过表演，又曾在莫斯科国际电影节上获过奖。苏联既已是修正主义，那我也就是修正主义分子了。用形而上学的方法给自己找到罪名，也逃过了被侮辱的批斗。

1966年8月13日下午，厂里来了大批红卫兵，用几辆大卡车把我们从社会主义学院载回厂内，接受批斗。一路上颠颠簸簸，车篷低压，昏暗拥挤，我们就像犯人一样，被监视斥责。我的情绪极低，不想看周围的人脸，一直闷着气。到厂后，天色已完全黑了下来，我在卡车上等了许久,才被轰了下来,又被大扫帚在头上狠狠地扫了一下。原来我是这群"犯人"的后尾,前面发生了什么事情我一点也不知道。后来同志们告诉我,汪洋排在第一位,说他是文艺黑线的孝子贤孙,穿着孝袍(纸做的),打着幡,捧着摔老盆;北影四个创作集体的头(水华、崔嵬、凌子风、成荫)抬着纸做的棺材,表示抬着文艺黑线;"假整风"时的领导吴小佩("文革"前文化部进行了一次整风,"文革"中被称为"假整风"),当时她代表"左派"来厂整大家的风,现在她也成了众矢之的二号走资派,头戴蛇头,身后挂着狐狸尾巴。这群"牛鬼蛇神"抬着纸的棺材绕场走了一圈。群众拿着大扫把,在每个人头上或是身上横扫一下,这就叫做"横扫牛鬼蛇神"。我当时没有看到,只是跟着长长的队伍走了下来。然后我们每个人都停立在广场上,我的面前有一堆东西,那是纸糊的帽子、衣物,仔细一看还有许多纸条拼做的裙子。每个纸条上都有字,叫我大声念出来。原来是:"我是陈荒煤的红人"、"夏衍的红人",念到第三条,我看不太清楚,我是近视眼,看上去好像是"周场"二字,我念出"我是周场的红人"。身边的红卫兵怒吼了,"你故意装蒜!""老实一点!""再不老实给你厉害看!"我真不知写的是什么字,我想蹲下去仔细看看,忽然想起周扬也被批判了!啊,明白了!"扬"字的提手写得太短了(把"扌"写成"土"了),我马上说:"我是周扬的红人!"这才算过了关。然后叫我把这条裙子系在身上,再戴上一顶纸帽子。红卫兵不许我们抬着头,总是喊着"低头"!谁知我戴的纸帽子太大了,一低头,帽子就掉了下来。如是多次,帽子都掉了下来,红卫兵只好不再叫我低头。看样子每个所谓的牛鬼蛇神都站在那里,受着不同形式的批斗。此时一群红卫兵过来检查批斗成绩,为首的头儿看到我没有低头,生气之极,大喊:"为什么不低头?"我只好再低下头,而纸帽子也就随之落在地上。此时看管我的红卫兵马上在头儿的耳边悄声说:"帽子太大了!"头儿无奈,只好不再对我吼叫而悄然离去。我心中好气又好笑,对我来说,不论纸做的帽子还是政治上戴的帽子,真的都太大了。这天晚上揪斗还未尽兴,老天爷却不答应了,雷鸣电闪,声音越来越大,雨点也噼噼啪啪地落了下来。我脑中突然出现了剧作家曹禺同志的《雷雨》,剧作家总是在激烈的高潮中写上雷雨交加的气氛。原来这是有生活依据的,老天爷可能为受迫害的人们不平而迸发出振聋发聩的巨响。那天,因为天气,揪斗被迫停止了。这是北影有名的"八·一三"事件。

厂长汪洋与田方早被关进了"牛棚",而我们社会主义学院这些人在招待所分男女两室居住,男室门楣上贴着"魔窟"二字,女室则是"妖洞"二字。此后,每天有成千上万的北京市或是外地来的红卫兵前来批斗,将我们示众。每天我们"牛鬼蛇神"排成长长的队伍,等着那些红卫兵点到自己的名字,就要站到前边小凳子上,弯着九十度的腰,交代自己的罪行。有的"牛鬼蛇神"太"谦虚"了,从头到尾,没完没了地、仔仔细细地交代自己的罪行(其实就是背诵一下自己的历史和工作),这样后边的"牛鬼蛇神"就要在烈日下站得很久很久,大家心中好不耐烦。我就不愿多说,只愿快快地听到红卫兵对我喊"滚蛋"二字,这样就可以早些结束对自己的批斗。这时北京市及全国已形成任意批斗的高潮。幸好我的编制在创作集体,而不是演员剧团。演员剧团地处新街口,是电影演员集中的场所,更吸引了各地的红卫兵。听说陈强、张平、谢芳都被红卫兵剃了阴阳头,多次被斗。

我们关在厂内一段时间之后,宣布星期六、日可以回家去住。看管我们的工人师傅十分关心田方和我,他说:"街上的红卫兵看到你们演员,就会剃阴阳头或是围观,你俩最好叫辆出租车直接回家。"我们感谢了工人师傅,坐了出租车回家,果然平安无事。星期一我俩又坐了出租车到厂,谁知就在当天上午,因坐了出租车,罪名更大了。那天,我们这些"牛鬼蛇神"被集中在宿舍楼的广场上,每个人都要弯着九十度的腰等待接受呼叫与批斗。这时我发现导演成荫双脚附近有黄豆大的水点滴下,我误认为是他的泪珠,正在想干什么要哭呢?太软弱了!后来,我再仔细看,原来是他不堪这九十度的大弯腰,头上冒出豆大的汗珠,不断地落在土地上。我正在为成荫难过,忽然听见红卫兵喊:"田方、于蓝!你们为什么坚持资产阶级的臭毛病?为什么还要坐出租车?"我们当然不能分辩,只能听凭红卫兵的各种指控!由于弯腰九十度的时间太久了,突然间我晕倒了,什么也不知道,批斗会怎样结束的,我也不知道。后来,听说许多在场的同志都落了泪。再一次回家时,儿子已经听到我在批斗中晕倒的事,他哭了。看到我,他问:"妈妈,为什么不去找周总理?"我没有办法回答,这是毛主席发动的"群众运动",我怎能去找总理?

还有一次,在回"妖洞"的路上,有几个十几岁的小男孩,手里拿着树条要抽我。我真难过极了,孩子们什么都还不懂,却学会随便打人。我愤怒地大声高喊:"你们敢打?只有日本人打过我!"这一吆喝,把他们吓回去了。他们似乎听明白了:他们不是日本人,不应打!我感觉到孩子们心中还存在着良知,我的心稍稍平静了,慢慢地走回"妖洞"。

当时,北影厂由"革委会"和第一批军宣队管理。历经许多天的揪斗后,我被宣布为"区别对待",但仍不是革命群众。我不再住在"妖洞"

内,可以回家,天天来厂接受批斗。那天大家正集中在"魔窟"内做"天天读"(集体读毛主席语录),我悄悄告诉崔鬼同志:"我要回家住了,'区别对待',你对家里有话吗?(我们同住宝禅寺16号。)"他摇摇头,却紧紧地攥着我的手说:"好极了!好极了!"我看出他对我能得到"区别对待"高兴极了。多么善良的好同志呀!当我离开"魔窟"和"妖洞"走到食堂时,有许多的外地红卫兵马上围住了我,知道我被"区别对待",向我祝贺,不断地说:"太好了,太好了!"此时,我看出群众真实的心灵,他们并不愿意我们被批斗,群众心底深处是关爱我们的。这个"群众运动",并不是群众的愿望。但是,运动竟将群众的心灵也给扭曲了,多么可悲!

第一批军宣队突然撤走了,全厂由"革委会"负责,揪斗的情形逐渐减少,更多的是参加劳动。一位看管我们的工人,对我表示"友好"的样子,经常告诉我一些信息,比如:"军宣队撤走了"、"你们可以回家了"等等。这一天是周六,他宣布收工之后,悄悄对我说:"今天你回家时,我在后山等你,和你谈点事!"天哪!这可把我吓坏了!他要干什么?我觉得必须马上向"革委会"汇报,不管出了什么事,"革委会"应该负责。我找到了革委会主任郭胜明同志,他是一个复员军人,又是个真正的工人。他听后很吃惊,但答应保护我。他叫我大胆地去后山,他会安排人保护我。下午,我只好从后山回家,远远看见那个工人在树林中等我。我心跳得很厉害,却装着平静的样子走向他。他引我到树林深处,我有些迟疑。他说:"你害怕吗?"我说:"不怕!就是急着回家。你有什么事,快说吧!"我不肯走了。他吞吞吐吐地说:"我知道你是个好人……我现在有些困难……想向你借点钱。"原来他要借钱,我稍稍放心,但是告诉他:"田方和我都不发全薪,我们也没有钱。"他却说:"你们马上就发全薪了。"我说:"现在真的没有,只好以后再说了。"我向他表示歉意,然后急急奔向电车站。当我回到家中不久,郭胜明派出保护我的同志也到了我的家中,告诉我,他们一直在周围观察,直到我上了电车。我此时真是很感谢他们,并说明那个工人是要借钱。他说:"不要理他!我们会注意他的行动。"我真没有想到,日后,那位借钱的工人,竟是一个大的盗窃犯,案发后,他自杀了。原来,工人阶级的队伍,也不是纯而又纯,其中也有这样那样的坏人!这件事再一次告诉我生活的复杂性。

不久,宣布要有工宣队进厂。同时,第二批军宣队也随同工宣队进厂。工宣队进厂后,果然不一般,他们首先分片召开了党员大会,让我们说说心里话。"文革"之后,党的会议早就取消了,有人甚至说"党员都是红纸包着的烂肉",根本不承认这些共产党员。现在让党员说说心里话,大家寄以真诚的希望。很多人发言,希望能早些把革命搞好,把问题弄清楚。我自然也不例外,开完党的会议,我舒畅地睡在食堂的楼上,等待着新的气象。

第二天大清早,早餐后排着队伍准备向摄影棚(大会会场)走去。刚刚迈出食堂的大门口,看到地上用红色写着一米见方的几个大字标语,竟是:打倒田方、张水华、于蓝(在田方和张水华的名字上都打了×)!在这之前,因为汪洋是厂长(田方是副厂长),所以每次批判的大字报都是:打倒汪洋、崔嵬……(他们的名字也都打上×),而今天却变成了田方、张水华和我。我真是倒吸了一口气,全厂批判的矛头转向了我们。昨天党员会上,工宣队负责人还那样蔼然可亲地和我谈话,今天转过脸就是打倒?在会上,我努力地听,才知道说我是漏网的"反革命",因为汪、田、崔、张都早已住进牛棚,是明确的"反革命"(我仍和一些"有问题"的人集体住在食堂),像我这样漏网的人,大有人在,希望我们自己出来交代问题。会后又强迫我们去看新贴出的大字报。大字报上又点了好几个人。我的罪名就是"黑线代表人物",也有的大字报把我写成是从"狗洞中爬出来的人"。我明白这是指我曾被抓进日本宪兵队。我冷笑了,我参加革命28个年头,有什么问题早该发现了。此时,我心中既灰冷又极为平静。这样,我戴着"文艺黑线代表人物"的反革命罪名,又不许回家了。我担心家中的妹妹和孩子会害怕,在上厕所时,看到了亲爱的熊塞声大姐,托她给家中送去一张纸条,上面写着:"我们没有问题,放心。"从此,每天除了繁重劳动还要接受全厂的大会批判和小会的"攻心"。我很担心自己的体力应付不了这沉重的车轮般的战术——疲劳轰炸,每天中午都用小手绢蒙上眼睛,强迫休息;每晚必服两粒眠尔通,强迫入睡,养精蓄锐去迎接"战斗"。这一阵的恐怖气氛十分严重,有的同志自杀了,有的同志自杀未遂,有的神情恍惚……我为死去的同志真是难过极了。我不希望延安时代的"抢救"再现,但是,我除尽力向遇到疑难不能自拔的同志私下悄悄交谈,尽量解释党的政策外,又能做些什么呢!当时吴祖廉同志为了个人成分被诬陷而陷于苦痛,听了我的劝慰,总算放弃了自尽的想法。我成为他可以信赖的好同志。日后他为我们儿童电影厂建立了图书资料室,是一个极为敬业而又朴实可靠的同志。

我们有好多日子不能回家了。毛主席发表了"五七"指示以后,1968年冬各学校号召学生们上山下乡。我们的两个孩子也要走了,他们得到批准可以和我见一面。孩子们提出到东北去,需要购置一件布面的皮大衣和一双大头棉皮鞋。我估计两个孩子各需200元。我向革委会写了报告,请求从扣发的薪金中拿出400元钱。没有想到,第二天清晨,天还没有亮(5时左右),我们被哨音和喊叫声吵醒,要大家迅速集合,召开批判大会。我站好队,抬头一看,食堂墙壁上都是大字报,而且全是点我的名,"于蓝,你要干什么?"或是"于蓝,你要把孩子带到哪里?",内容都是批判我的资产阶级思想腐蚀了孩子。大家坐好后,首先喊着:"于蓝,站起来!"叫我背诵毛主席的"五七"指示。接着许多人发言批判我,我不能做任何说明,只能听之任之。钱没有拿到,孩子们在亲友的帮助下买了必需的衣物。大儿子田新新在1969年的2月和女友吴晶同去陕北。二儿子田壮壮本是十三中的初中一年级学生,因是走资派的儿子,在学校经常受到歧视,他不肯和十三中的同学下乡,而随着哥哥的同学们(高中二年级的学生)走向东北,在吉林的白城插队。新新的同学对待壮壮就像自己的亲弟兄一样给予百般爱护。出发那天,我竟额外得到批准可以去车站送行。送别的气氛十分壮观,家长们围着火车的门窗,絮絮不已地嘱咐着。我和妹妹站到远处,看着这动人的场景。火车鸣笛了,壮壮站在车门的踏板处向妈妈和小姨招手。这时为壮壮送行的同学们一下子把人群冲开,而把我和妹妹推到壮壮的面前。我顾不得流泪,紧紧抓住壮壮的手和他握别。壮壮不断地说:"放心吧!""回去吧!"火车缓缓地动起来,此时突然出现陈凯歌(孩子们的伙伴,现在的著名导演),他随着车厢跑动递给壮壮两包香烟。当时我十分生凯歌的气,但是,我却明白了,自己的孩子在社会的影响下已学会了吸烟!而我却什么也不知道,真是一个极不称职的妈妈。我在自己的心底流泪了。

我背着文艺黑线的罪名,被工宣队和军宣队认定是"反革命分子"。我很不服气。在一次"攻心"的车轮战中,我说:"我没做过任何坏事。"这时,一个工宣队员说:"你十七年执行的是文艺黑线,你越好,罪过越大!"我觉得他们十分好笑,这算什么逻辑?强词夺理!我相信他们自己根本也说不清楚什么是"革命"与"反革命",就任其批斗吧!他们本想通过车轮攻心"轰炸",我必然供出反革命的罪恶。没想到,我是亲身经过延安"抢救"运动的,怎会再自投罗网?他们毫无办法,也觉得自己很累、很困,批斗就只好没有任何战果而告结束了。

那还是在第一批军宣队撤走之后,厂内外的揪斗减少了,我们都被放回家中居住,后来连走资派也可以回家住了。当时厂里出现了两派革命群众组织,一是"毛泽东大学"(简称"大学"),一是"毛泽东主义公社"(简称"公社")。两派矛盾的焦点是崔嵬要不要打倒。"大学"多是工人参加,是受到"革委会"支持的一派。他们认为要打倒崔嵬,因崔嵬执行了文艺黑线,是文艺黑线的干将。而"公社"参加者多是普通干部,也有部分工人。他们认为崔嵬是老革命,革命的干部不应打倒。但也有一个可笑的原因,就是因为崔嵬是江青介绍入党的,所以他是革命派(当时极为流行的是以人画线)。不久,又出现一个"遵义"派,他们的队伍自认纯而又纯。令人瞩目的是一个以"干部串联会"为名义的革命组织也出现了。这个组织认为绝大多数干部是好的,是革命的。我当然拥护这一观点,但是自己的丈夫田方还戴着"走资派"的帽子,我不好参加。可是许多未被划为黑线的老同志都跑来劝我参加干部串联会:"你不能因为田方的问题而自己不革命!""你要支持革命群众!"当时每天的报纸上,也刊登着毛主席指示:干部要站好队,要支持革命群众……不能做逍遥派。我终归自认为是革命干部,不该逍遥。有一次,我悄悄地问田方:"我该怎么办?"

他只说:"不要因为我影响你。"他并没有阻拦我。我决心不当逍遥派而参加了"干部串联会"。这一下可糟了,"干部串联会"在很多观点上是和"公社"一致的,而且常常联合行动。记得我们参加了"公社"和"大学"派的斗争,我的任务是在门外站岗放哨。此时,我心中的滋味很不好受。我是一个老共产党员,共产党是工人阶级的先锋队,我怎能参加这样冲击工人组织("大学")的活动?我恨不得钻进地缝去。可是我又是"干部串联会"的成员,必须和"公社"统一战斗行动,我的"组织性"又决定我必须站在这里。日后,我参加冲击"大学"的活动,自然是一个严重的"罪行"。这种内心的矛盾持续了很长时间。在工宣队和第二批军宣队进厂,又经过"打倒田方、张水华、于蓝"的大会之后,"干部串联会"竟然贴出大字报,写着:"于蓝是一双黑手,伸进了干串会。"在大会上竟有一位同志说:"于蓝经常从城里带来炸油饼,收买干串会的同志。"他的发言把我气蒙了,当时厂址在小关,靠近城郊,我的宿舍在宝禅寺,属于市内。就是这位同志,他要求我给他们住在小关的人带点油饼。而现在他竟红口白牙颠倒黑白地说是我收买他们。我想不通,他也是一个老同志,难道"干部串联会"竟如此无耻的廉价,几个油饼就可以收买吗?我去找了"干部串联会"的一位发起人,问他为什么有人要这样说。他悄悄说:"因为工宣队要把干部串联会打成反革命组织,所以这位同志和他人商量,先把你抛出去,干部串联会就打不成反革命组织了!"我听后,好辛酸呀!政治斗争原来如此,翻手为云,覆手为雨。此时我才明白工宣队进厂后为什么要召开"打倒田方、张水华、于蓝"的批斗大会,说我是一个漏网的"反革命"。我心中反而轻松了,也不再怪"干串会"的干部了。我自动地退出了"干部串联会",请他们(工宣队和军宣队)去审查我这个漏网的"反革命"。

第二批军宣队又从厂内撤走了,风言风语,他们又犯了什么错误。我们当然一点也不明白,只知道新的部队又要进厂了,这又给广大群众带来新的希望。新的军宣队进厂不久召开了一次宽严大会,会前有一位同志的妻子问我,她丈夫会不会隐瞒重大历史问题。我认为建国后经过了好几次运动,怎么还会隐瞒问题呢。我安慰了她,叫她相信自己的丈夫。宽严大会按时召开了,谁知那位同志竟然上台坦白自己隐瞒了"三青团"的书记职务。这样,我又相信了,认为这个军宣队真有水平,一定做了大量的调查研究和细致的工作,才使他这次做了彻底的交代。我经过了延安的"抢救运动"还如此深信不疑,那么那些未经过多少运动的人们就更信以为真了。至此,在以后的日子里,包括在五七干校的学习与劳动,那位同志就是"左派"了,参加革命多年的老同志,像田方、崔嵬、张水华……都是排着队,被他"领导"去参加各种审判会议,或是由他监督着去劳动。往往看到这些真正的老共产党员却被"三青团"出身的"左派"监督着,我的心(一切老同志的心)都被深深地刺痛着。此后还发生了戏剧性的变化。

那是在1972年,毛主席发表了要解放干部的指示:除了已定的地、富、反、坏、特、右是反革命以外,不能再冠以任何新的反革命名目。为此,我这个"黑线代表人物"就不能以反革命论处,因此第一批解放回厂。那位同志也因"坦白"有功,享受了第一批回厂工作的待遇。谁知第二天桑同志(他是未受审查的老干部,早已回厂工作的老同志)告给我一个惊人的消息：那位同志回厂报到时，就交了一份报告，报告中说他在宽严大会上的"坦白"是假的，他没有"三青团"的历史问题。这样一个戏剧性的政治玩笑，使驻厂的军宣队领导气疯了，他们想把他再送回五七干校，以示教训他，但又怕暴露自己的错误，左右为难，最后不光彩地吃下这颗苦果，把那位同志仍留在厂内工作了。当初，我只怪那位同志太狡猾，但事后，我为我们的党感到悲哀！自己捉弄自己，才有这样的戏剧性的玩笑！这是错误的路线的结果，会给党带来严重的恶果。当然那位同志也可以说是受害者。

这里，我想起一个人，他就是著名的老演员谢添同志。"文革"中。他一直在厂内关押着。据说他是中电三厂原厂长徐昂千留下潜伏的头号特务头子，但是他拒不"交代"，是最顽固的"敌人"（这当然是在斗争大会上听到的言辞）。直到我被落实政策，回厂工作许久，他还被关押着，还未露面。可能是这一年冬天，一个星期天的早晨，我站在宝产胡同口的桂香村门前，准备去买点心。忽然背后似乎有人拍了我一下。我以为是什么无聊的人，很不高兴，一回头，却惊呆了，原来是"大特务头子"谢添！我叫了起来："怎么把你放出来了？"他也笑了起来："我什么问题也没有，当然得放我出来！"我拉着他的双手又跳又笑："太好了！太好了！"本来，我以为他只是一个老演员，不懂政治，怎经得起"文革"的动乱？一下子，他高大的形象站在我的面前，我几乎落下了眼泪。他没有为了任何目的去出卖自己，毫不违心地顶住那些腥风苦雨。这确实不容易做到。还有著名导演成荫同志，也是"文艺黑线的干将"，江青为拍样板戏早已将他调回厂内。在我回厂工作后，我曾问他："我应怎样工作？"我们老同志间都是互相信任的。他懂得我的疑问，平静地说："不卑、不亢、不冷、不热！按照八个字去做吧!"是他教给了我怎样度过"文革"的最后几年。他比我年长几岁,也是我极尊敬的老同志之一。

1969年的年尾,我被指定为赴五七干校的先遣队。听说江青为了能随时抽调北影的干部,不让北影干部去湖北咸宁干校(那里是文化部干校),而留在北京附近的大兴县天堂河的劳改农场。那天到了干校,已是夜晚,这个先遣队只有三个女同志,其他都是工人。三个女同志(我和文馨萍、齐锡宝)同住一间简易平房,周围空荡,夜间狂风击打着门窗,风声鹤唳令人惊恐不安。第二天清晨,房门打不开了,三个女同志齐心合力才推开一条门缝,原来是厚厚的沙土把房门顶住了。再抬眼望去,周围一片黄色沙土,鱼鳞般的纹路十分壮观地展现在眼前。我心中在想:啊,这不是西伯利亚吗?心中惊喜起来,如果再拍摄沙漠地带的电影就不用去找外景了,北京的近郊就有那么大的沙漠地带!那个时候我一心想的还是拍电影,还没有认识到沙化逼近北京的危害,好在后来这些沙土都是经过劳动用卡车运往外地了。

我和文馨萍的任务是搅拌水泥和沙子。我们是第一次搅拌水泥,看起来好像不太重的劳动,谁知搞基建要搅拌的水泥,数量是巨大的。我们的双臂,相比之下,显得太稚嫩了,十分吃力,腰也直不起来,几乎趴在地上。我心想工人师傅的心太狠了,为什么把这么重的活交给我们?后来我才明白,搅拌水泥对他们来说是轻松的劳动,所以分配给我们了。慢慢地我们习惯了这种吃力的劳动。通过先遣队的劳动,工人师傅和我们也建立起比较深厚的友情。文馨萍更成了我的挚友,她在帮我创建儿童电影制片厂时,做出极大贡献。

不久,全厂大批队伍到来,共编了四个连队,先遣队解散,我被编在四连（以编导为主），文馨萍在一连（以行政干部为主），齐锡宝在三连（以演员剧团为主）。我们开始插秧种稻，这对我来说也是第一次尝试。过去在延安是开荒、种谷、收割。进城后在农村多是割麦、锄草、翻白薯秧。由于我参加了先遣队，表现不错，可以监督使用，竟分配我在四连当一个排长。这个排长的滋味很不好受，一排有三个班，大家都是革命群众，根本不愿听我这个"黑线人物"的指挥。只有一个汪宜婉，她曾和我同在第一创作集体工作。"文革"前，我曾担任过第一创作集体的支部委员，她积极要求入党，支部由我与她联系和谈话。因此，她可能始终认为我是共产党人，而不是什么"黑线人物"。我每次布置任务，她都肯去认真完成。大片的稻田，插秧前需要用耙把地面拉平，这是十分吃力的劳动。汪宜婉经常自告奋勇去拉耙平整土地，我自然在内心深处感激她。插秧时，水漫腿肚，女同志如有月经，也不宜下水。而她却义无反顾地完成任务，谁知过重的劳动，使她小产了。当时她只有一个女儿，很希望有一个儿子，可是小产了。她休养后再归来，也没有任何抱怨，又继续劳动，我对她始终有一种歉疚和感激的心情。"文革"后，她和我共同参加影片《萨里玛珂》的拍摄工作，80 年代她又为儿童电影制片厂拍摄了几部优秀儿童故事片。只要我去找她，她总是呼之即来。这种友情是在苦难中建立起来的。北影曾有一位在"文革"中表现极"左"的同志，他问我："汪也在'文革'中极左呀，你为什么对她这样好？"我笑了，告诉他："'文革'中许多年轻人由于无知，犯了极'左'的毛病，但她有一颗善良的心！"我还举了汪宜婉在外国旅游者面前抢救孩子的故事。他不再责问了。这都是"文革"后的趣事。

当时，天堂河的老百姓看到我们，互相传说劳改场来了一批新犯人，每个人都穿得很破旧,手上却都戴着大洋表。我们听了,感到十分可笑,但也确实是我们的写照。而军宣队在队前却大声斥责剧团的赵子岳同志:"你们不要装象!"稍不注意,不管年纪多大,身体多么不好,都要受到责骂,他们真是像对犯人一样。插秧之后,又要为冬季修筑储粮米囤。各队都要到很远的地方去背砖。很多人都是用自己的背去驮砖。我记得每块砖约 2.7 斤,我一般背十七八块,有时廿块,走不动的时候,要找到齐腰的石墩或矮墙,从背后把砖靠在上面,使自己喘息片刻,如果找不到暂放砖头的台阶,就只能背着砖靠着电线杆或墙壁站一会儿。也有的同志在基建中传递砖时,学会了扔砖与接砖,总之,大家都在苦中找乐。我的力气和身体都不行,但也绝不自甘落后,好像是自找苦吃。这是为什么呢?我们这些带着各种各样罪名的人,"文革"后,从未过过党的生活,人们不承认我们是共产党员。当我看到某些得到信任的人去过组织生活,我心中感到极大的失落。我觉得自己无所事事,是在浪费人民的粮食,很心疼,只有去做些繁重的劳动,才能补偿对人民的损失。

在 1971 年的夏季,四连翻盖厨房,我也是怀着弥补心灵失落的感情,去做重活、累活。

那是夏季最热的天气,我和几个同志站在屋脊上,掀掉旧瓦。这房子不高,最多也只有三米多高。我是排长,一方面要照顾其他同志防止危险,一方面自己也要小心翼翼地去拆瓦。谁知就在这个时候,我毫无感觉的,像做梦一样从屋脊上滑落下去,一点也没有疼痛的感觉,就失去了知觉。据同志们说,我的脸摔歪了,流了很多的血,许多同志哭了起来。军宣队很快用卡车把我送到了黄村医院,嘴摔破了,门牙也摔掉了,当医生给我的嘴唇缝了五针时,我才苏醒过来。至今,我感谢黄村那位不知姓名的医生,他可能知道我是演员,他那样细细地为我缝合,事后一点也看不出缝的痕迹。之后,我又被送往宣武医院进行检查与治疗,诊断为脑挫伤和腰椎滑脱,打了止血针。在宣武医院的过道里住了几天,脱离危险后回到家中,边治疗边休养两个月。后来腰椎滑脱竟使我在77岁的高龄时又动了一次大手术。而脸挫伤却使我终止了热爱的表演生涯。当我失去知觉时,很多同志看我血肉模糊的样子,担心我活不过来。亲爱的熊塞声大姐不管田方是否为"走资派",她迅速跑到田里。高声喊叫着告诉田方,"于蓝摔伤了"。田方也不管自己罪名在身,不顾一切地跑到现场去看我。田方和我深深感谢熊塞声大姐的同志情与战友爱!田方说最不能容忍的是他听到另一位同志竟说:"于蓝真会表演(意思是说我装死)。"他想这位同志为了表现自己的"革命",怎么会发表如此残忍的议论?这时,军宣队也很后怕,竟然批准田方这个"走资派"可以回家照顾我。整整两个月,田方无微不至地照看我。后来,1974年在他病危时,我日夜照顾他,也是两个多月。好像是上天故意安排我对他的回报!我们平时都各自奔忙,而在各自最苦难的时候,却享受到了亲人的抚慰,难道不是上天的赐予吗?

两个月后,我能够站起来走动,就又回到了干校。为了照顾我伤后体弱只能参加轻劳动,我被分配到养猪场当饲养员。对于我来说,猪场的劳动一点也不轻松。因为腰部的摔伤,难以长时间弯腰,在打扫猪圈的时候,我只能跪着一点一点去清扫,有时痛得含着泪去打扫,也不愿请求减免。

这时也是追查"五一六分子"的高潮之际,天天晚上或不劳动的时候召开会议,动员"五一六分子"自动坦白交代。在声讨与批判发言中,他们暗示组织上也掌握"五一六分子"的材料,就看这些人是否能主动承认。有些发言中,竟说"干部串联会"的陈燕嬉同志已经交代了自己的问题,影影绰绰是在点我的名(陈系录音师,"文革"中我们都在录音车间接受批判,我和她关系很好)。我当然并不知道陈燕嬉是否承认与交代问题,但我十分清楚这是诱导我出来承认自己是"五一六分子"。我觉得好笑,什么是"五一六分子"？我一点也不明白,反正我不是,丝毫不能含糊,绝对不能承认。延安"抢救"那一套还在重复,我绝不会上当。可是,有一些没有经验的善良人,经不住这样反复的诱导,站起来要做一些解释。恰恰她这一解释,就被戴上了"五一六"的帽子。然后她就失去了自由,被单独看管,接受夜以继日的围攻。看到她上当,我心中也极为难过,但又不能为她说些什么。"文革"之后,猪场的头儿黄建中同志(现在著名导演)曾问我："当时你怎会那么沉着？我们都听出来就是点你,你却一点不动。我要是你,早就站起来了。"事实上,陈燕嬉同志一点也没有胡说,没有交代任何罪名。这些军宣队竟然如此拙劣地重复历史上的错误经验,如果党继续推行这些错误路线,只有亡党亡国。我们党的错误路线就会培养出执行错误路线的干部。像军宣队中很多都是年轻的好军人,他们没有任何经验,出于对党和毛主席的信任,当某些高层领导人叫他们怎样做,他们就会怎样做,结果,害了别人,也害了自己。

历史是无情的,但也是公正的。我们的党是光荣、伟大的党,也是经过了无数次挫折而成功的党,中国共产党终于在久经考验的老一辈无产阶级革命家叶剑英、李先念等同志的努力下,挽狂澜于既倒,粉碎了"四人帮",把中国革命引向光明。我自己有如第二次获得解放和新生,愿再次贡献出自己的一切,为人民的利益和自己的理想去奋斗。多少同志、多少亲人在"四人帮"的暴政下,含冤逝世。为了他们未竟的事业,我们也要擦干了眼泪,继续前进!

难忘的大姐情与母亲爱

1976年的1月8日,我和编导室的赵绍义、李宝元乘火车赴山西,准备到红旗渠深入生活。火车缓缓地启动了,车开动不久,广播声中传来哀乐,真是晴天霹雳!我们敬爱的周总理逝世了!我禁不住大声恸哭,全车的同志都在呜咽、流泪,就这样我哭了一路,止不住自己的哀伤。当然,我们早已看到"四人帮"不断地攻击与迫害敬爱的周总理。但是,我们不顾一切可能遇到的政治威胁,下车后就跑到邮局向敬爱的邓妈妈致了唁电。这份唁电的底稿至今保留在我的身边。在红旗渠整个的生活期间里,我们每个有良心的同志,都深深地沉浸在最大的悲哀里。当我回到北京,清明的祭日和四月五日那场镇压虽已过去,但我仍然默默地站立在天安门的纪念碑前,悄悄地放下了自制的白色花朵,深情悼念关爱我成长的敬爱的周恩来总理,他永远活在我们人民的心中。

总理逝世后,人们更加思念邓大姐了。粉碎"四人帮"之后,1978年五届全国政协会议上,我们才见到了日夜思念的邓大姐。她接见了文艺工作者,并拉着我的手说:"我多么思念你们……'文革'中,我和总理总是默默地坐着……最痛苦的是有话不能说出来……"她真是说不尽十年的苦难。

第二年,我患了乳腺癌,在肿瘤医院开刀。邓妈妈知道后,给我写来了长长的一封信:

亲爱的于蓝同志:

我满怀希望你出差回京后,我们见面(注:我为电影《陈毅出山》深入生活),哪知我从朝鲜回京后,打听到的消息,你却已住院动了手术,使我非常悬念。我不仅对你的病悬念,更为悬念的是你是否能正确对待你的病。你是被疾病所压倒,还是用坚强的革命毅力和乐观主义战胜它呢?我想你在艺术生活锻炼中和革命及个人生活的经历考验中,应该是采取后者的立场和态度。祝愿你重视对疾病的治疗,早日痊愈出院。那时我会和你相见,面叙衷情。

我在赴朝访问前,从电视上又看了《革命家庭》的放映,看到了女主角是如何坚强斗争的。后来又在报上看到陶承妈妈给读者的诗和她的照片,还是那样坚强和乐观!我深受感动,深受鼓舞,深为欣慰。希望你也能在与病的斗争中给我带来欣慰。

现在,托张佐良医生同志去看望你,代表我向你致以亲切的慰问,望你坚决地、坚持地对疾病做斗争,取得胜利!匆匆草此,对你致以良好的祝愿!

1979 年 6 月 4 日

被维世称作妈妈的人手书。

另有少许水果请哂纳。

这封信充满了革命母亲的关爱与期望,尤其是信尾署着"被维世称作妈妈的人手书",这是多么耐人寻味的签名啊!维世是我们实验话剧院的创始人,也是我和田方的好友。"文革"中她被"四人帮"迫害致死,她的死给总理和邓大姐以极大的悲痛!这封手书透露出她对维世母亲般的思念和对我的殷切希望。我出院后,她真的用车接我到西花厅,并在总理的遗像前拍了照片!临别时,她送给我一个精致的工艺品——日本小女孩。我童年失去母亲,她给了我极大的母爱,而且是革命的母亲的关爱。我在心中暗暗承诺:您就是我的母亲,我一定要像维世一样,像女儿一样侍奉您!

更使我难忘的是,在我接受党的嘱托创建儿童电影制片厂时,她两次为我们书写厂标。她的秘书赵炜同志告诉我们,老人家是在病中,尽力控制手的颤抖,为我们书写的。她那质朴有力的大字,深深地体现了她对为儿童创作精神食粮的关怀。这字不仅铸刻在中国儿童电影制片厂大门旁红色的大理石上,而且将永远镌刻在亿万孩子的心中。儿影厂建成后拍了电影,我们也送到西花厅,请她和工作人员共同观赏审阅。记得儿童电影京剧《岳云》深得她的赞赏,她还叮嘱我们送到香港,她说那里的同胞定会喜欢。

在她病重期间,赵炜同志知道老人家思念我们,也知道大家牵挂着老人的健康,在可能会客的情况下,她让我们去看望了老人家。老人家的身体虽然已十分的虚弱,但她的头脑还是那样清醒。她微声地说:"于蓝,我想念你们!你们的电影怎么样了?"我用脸去贴吻她的手背,告诉她:"大家都想念您,都祝愿您早日康复。"我脑中萦绕着昔日的话语和欢乐的笑声。谁料,最好的医疗也挽回不了邓妈妈的生命,她和我们永别了！老人家洒向人间的全是博大的爱。这高尚的情怀和对革命的忠诚与奉献，都是留给我们取之不尽的财富。老人家对人民、对党、对革命事业的无限爱心，深深留在亿万人民的心中，亿万人民敬爱着她，她犹如人民敬爱的母亲。

八 彩虹事业

六十岁当厂长

在1972年落实政策时，我得到第一批回厂的待遇。通过电影《侦察兵》的拍摄，我发现在干校摔伤后，面颊内部有伤疤，已不能自如地控制面部表情，从此告别银幕，不再从事演员工作，决心去学习导演。1976年和李伟同志联合导演了以马背小学为题材的《萨里玛珂》。1978年又和武兆堤同志（影片《英雄儿女》的导演）共同筹备拍摄《陈毅出山》。

谁知突发乳腺癌使我未能参加《陈毅出山》的拍摄。历经两次大手术，1980年才算痊愈。1981年3月，中共中央书记处召开中央工作会议，发出"全党、全社会都要重视少年儿童的健康成长"的号召，要求在我们这一代人的手里，把下一代培养好，使共产主义事业后继有人。大约在 4 月份的时候,电影局局长陈播同志突然找我谈话,告诉我:文化部党组根据中央工作会议的精神,决定成立儿童电影制片厂。

电影局推荐我做厂长,也得到中央与会同志的赞同。将来准备在北影,一个厂挂两块牌子,每年生产两部儿童片等等。陈播同志似乎怕我有顾虑,马上说:你只是挂厂长的名字,仍然可以继续做导演工作。其实,我当时并未多想,只想到粉碎"四人帮"之后,我得到了第二次政治生命,党需要我干什么,我就干什么,赴汤蹈火在所不惜。这是当时真真实实的思想活动,我马上点头认可了。这一年,我已 60 岁了,我也没有想到,从此投身儿童电影事业,一干就是 20 年。同志们说这是我的晚霞工程,刘白羽同志则说,我所从事的事业是为下一个世纪工作,它就像一道彩虹腾空而起。我感谢同志们对我的鼓励,但我也确实从为孩子们的事业中,获得了晚年的幸福与美好的时光。

"六月一日"是儿影厂的生日

电影局和北影的领导决定把即将到来的国际儿童节"六月一日"作为儿童电影制片厂的生日。那天,由文化部主办,北影协助,在北影的礼堂隆重举行北京儿童电影制片厂成立的典礼。到会祝贺的有康克清、贺敬之、林默涵等领导同志和一批文艺界、电影界的老艺术家,将近四百人。原文化部副部长陈荒煤、全国妇联董边、团中央韩英、北影汪洋和我,还有儿童剧作家姚云都在大会上充满激情地讲了话。由文化部副部长周巍峙同志向我授以"北京儿童电影制片厂"的厂牌。在少先队的鼓乐队伴送下,又由儿童影片导演王君正、琪琴高娃、汪宜婉和演员任申将这块牌子悬挂在北京电影制片厂的大门上。儿影厂成立之后,全国各地纷纷寄来贺电、贺信,还有的孩子寄来了他们节省下来的零花钱,令人十分激动。广大人民群众热烈支持儿童电影制片厂的建立,并寄予很大希望和无限热爱。

1982年,于蓝在云南瑞丽和小演员们一起过春节。

在悬挂厂牌的鼓乐声中,曾和我共同在北影五七干校先遣队中劳动过的文馨萍,附在我的耳边悄悄说:"我愿意到你那儿,搞儿童电影。"在成立大会上,只宣布我是厂长。那么除了我,还有谁呢?我真是一个光杆司令!文馨萍第一个报了名,令我高兴!她是我国首批由国家统一分配的大学生,又由电影局调干到电影学院制片专修班进修后,调到北影搞计划管理工作。1961年她从财会工作调到厂长办公室任秘书,参加了《影片生产管理制度》的制定,后又从事过影片宣传发行工作,有丰富的经验。特别在干校期间,我和她同住同劳动,对她的干劲和为人很了解。我欢迎她为建立儿童电影制片厂做出贡献!事实上她以后真的成了我的左膀右臂,做了大量的工作。

我参加革命不久,就从事演员工作,将近40年,没想到竟在60岁的时候,当上了厂长。我该怎么做?真有点犯愁,现在文馨萍主动要求来厂,太好了!她可以帮助我在行政与生产方面出力了。而电影厂最最需要的是剧本,"一剧之本"嘛!那么我还必须找到这方面的人才,我决定去找宋曰勋同志。他是"文革"前北影第一创作集体的编辑骨干,《烈火中永生》的诞生,他这位编辑是功不可没的。我找到宋曰勋,他也慨然允诺。这样,儿影厂的第一个小领导班子就搭起来了——三人小组。我们三个人,首先向北影借了两间房子开始办公。从建厂方针、规划、任务到设计书……开始了艰难的建厂之路。

儿影厂的方针任务,上级还没有明确的指示和要求,需要自己先动手写出来再争取领导的指示。我们也曾设想不要单独成立一个厂,可以附设在北影。但北影厂不同意,认为两个性质不同的厂,互相影响,矛盾很多。看来只有依靠自己,建立一个儿童电影制片厂了。根据改革的形势,只想搞一个"小而精"的电影厂。我们把"小而精"解释为"皮包公司"式的厂,领导很不同意"皮包公司"的提法。在当年的7月3日,电影局召开了会议。陈荒煤同志明确指示:"儿影现在已经打出牌子,党中央也重视,要下决心建一个像样的厂……不是'皮包公司'。儿影要有最基本的生产条件,采取积极的步骤,建立自己的队伍。先在北影过渡,充实领导班子,优先抓编辑工作,抓剧本工作。同时搞厂的筹建,要积极扶持儿影尽早独立。"

10月份,文化部副部长司徒慧敏又召开会议,做出重要指示:"儿影是特殊问题,要作特殊处理,儿影非建不可。儿童少年正当娱乐的确很少,儿影担负的任务很重要。一般认为儿影厂和故事片厂一样,不!是不一样的。要有儿童的特点,应该说在我国建儿影厂是创举。从人口看,儿影要有一定的规模(不是特大),有一定数量,有它的特点,在今天是很重要的创建工作。当前国家投资有困难,需要考虑,既然中央支持,就应作特殊问题解决。是应保证的厂,从文化部讲是重点项目,儿影本身是作为开办重点学校一样来搞,是智力投资。文化部党组成立儿影,已是肯定的。"领导的决心如此坚定,又三番五次的关照,我们没有任何理由推托,这是党的需要,人民的需要……我们决不辜负领导的期望,老骥伏枥无须扬鞭,马儿就会不停蹄地去跑、去办!

我们在干中学,学中干,确实尝到了无限艰辛的苦味。有一位老朋友对我说:"于蓝,你怎么接受这个任务?你跑到死,也难以完成。"他曾为电影学院跑地皮,耗尽了一切心力,地皮跑好了,人也病倒了。幸好文化部党组明确地告诉我们,就在电影学院购置的地皮内,拿出一块刀把地2.5亩,给我们使用。这块刀把地恰恰是在这位老朋友费尽心力购买的地皮之内,我内心深处感谢他的劳动。地皮有了,就该到北京市规划局去申报基建计划了。我们更没有想到还要申报户口!当市规划局要下达基建命令时,发现我们的申报计划上没有国务院的盖章,他们去询问时,国务院回答:不知此事。原来,我们的建制在国务院还没有户口,那么属于黑户了?我们是中宣部、文化部亲自来挂牌的,当然是合法的了,怎么会没有户口？我们马上询问电影局,原来是当时国务院没有分管文教的副总理,电影局将申报送到国务院又被退了回来！那电影局以后又报向何处？真是文人办事,漏洞百出。我们只有马上再请示电影局将报告转呈国务院,同时又决定由我亲自去找了国务院副总理姚依林同志。直到1983年的2月底,我们才得到通知：国务院已表示同意儿影厂为国家的正式建制。到这一年的12月,北京市规划局才正式批发建筑地照。以后又经过实际可行的规划与设计,直到1984年的11月27日才在海淀区黄亭子举行了奠基典礼,共历时三年半。文化部副部长丁峤和北京市副市长张百发以及妇联、团中央等领导、著名人士和儿童教育家孙敬修等二百余人参加了破土奠基仪式。仪式隆重而热闹！基建中有许多故事说也说不完,在其他的项目中也有很多难题,当时有人形容我们的干劲是："橡皮的脑袋,八哥的嘴,青蛙的肚子,兔子的腿。"嘴能把人说活,肚子能装下千难万苦的责骂,腿能跑断都在所不惜地去争取克服一切困难,为了早日建成儿影厂。

　　这样苦干了一年,眼看就要架梁了,可是由于资金不足,基建又面临停工！怎么可以停工呢？我们真急了！文馨萍经过多方面的了解,决定去找国家计委副主任干志坚同志。干志坚是文馨萍在之江大学的前后同学,虽然并不相识,也硬着头皮去找了他,问他该怎么办。干主任叫我们到投资司去商谈。我们并不认识投资司陈海峰副司长,在计委院内,我碰到他,他和我同住南沙沟宿舍,我问他投资司在哪,他说："我就是。"我把干主任的批条给他,他二话没说,就签字批准戴帽下达350万元,即直接拨给儿影基建用款。原来他早就知道建立儿童电影制片厂,并由我负责。他关注并希望早日建成,所以他不用我们多说什么,就签字拨款。我们从他那感受到了全国人民对儿童电影的希望,也看到了他对我的信任。儿影厂没有停工,继续进行业务楼和专业车间的施工。在各方面的努力下,儿影厂的新楼在1986年年底竣工了。

1987年3月份,儿童电影制片厂正式从北影的"一条街"迁入新厂,并更名中国儿童电影制片厂(原名北京儿童电影制片厂)。建厂工程在验收时受到北京市城建部门的表扬,并获得了广电部当年基建工程先进集体的表彰。这里需要特别记住文馨萍和孙德元率领的基建小组全体成员,在五年当中废寝忘食,夜以继日地奔波,儿影厂的一切基建,饱含着他们的汗水和心血。当年文馨萍同志的丈夫逝世,都没有影响她的工程进展。她和基建小组得到表彰是受之无愧的!

我也要说说一条街的故事。那是建厂的第二年年初,我们的队伍扩大了,由三人小组发展到十八棵"青松",继之又有了几十个新人。两间房住不下了,由张青山同志与北影洽谈,借用北影大门内东边墙角的一块空地盖了五间简易平房,很快队伍又在扩大,又由宋炳振同志带领一些人扩建十余间简易平房。一切拍摄、生活和基建的准备工作都在这里筹划运作!当时日子很苦,酷暑严寒没有任何取暖乘凉的电气设备,给大家带来很多困难。但是,没有人发出任何怨言,反而亲昵地称为"一条街"或者是"一条穷街"。

记得那年冬天特别寒冷,我们的简易房极为简易,确切地说很像抗震棚。门窗粗陋,大家为防寒,把窗户钉死,把门用弹簧牢牢地拴住,这样才能勉强保住蜂窝煤炉的热气。一天清晨,我去上班,伸手去拉门的把手,谁知门刚刚拉开,猛地又弹了回去,我只觉得手有些疼,抽回手来,右手的无名指端流了许多血。仔细一看,无名指的指尖却黏在门的把手上，原来无名指已断。在我身旁的陈锦俶同志心痛得浑身抖了起来，好在我还冷静，一边叫她马上要车送我去医院，一边把那截断下来的手指尖取下来，包在手巾内，准备再植。我握着断了的手指乘车来到了医院。医生仔细清洗受伤的无名指后说："不要再植了吧！再植的手术很大，容易感染。"当时建厂刚刚半年多，工作十分紧张，我确实不愿意耽误时间，也就只好把那截断下来的指尖扔进废弃桶内。医生将伤口消毒后缝了几针，我就回厂了。同志们为我难过，而我却认为医生说得对："你又不弹钢琴，何苦再植！"至今，我的右手无名指缺了一小截，也算是珍贵的纪念吧！

这时，我们已有六七十人的队伍。就在这条街上，我们完成了基建的筹备工作和组织独立投资、投产的训练和实际操作。就在这条街上，上级委任了张青山和陈锦俶为我厂的两位副厂长。整个的领导框架也已形成，我们有厂务会议和艺委会，大小事分别由两个会议研究后才去操作。至今，许多同志怀念这一条街。这一条街留下了全体职工建厂的心血和汗水。这一条街也留下了对新生的儿童电影事业无私的奉献。

《红象》与《应声阿哥》

我们遵循边建厂边生产的原则，基建工程抓上去了，在影片的生产方面又是怎样的呢？

1981年6月1日建厂的时候，北影就将当时出品的《四个小伙伴》挂上"北京儿童电影制片厂"的名字上映了，得到了极大的好评。第二部影片《苏小三》也以儿影的品牌在年底上映。很快1982年即将到来，我们拿出什么影片呢？绝不能再坐等北影的援助了！尽管北影已有导演王君正和编剧严婷婷在下边写剧本，但尚无任何信息。虽然我没有当过厂长，但是我很明白，一个厂家必须拿出自己的拳头产品，也就是要有质量好的产品，才能站住脚跟。这时管剧本的宋曰勋发现了一篇儿童文学作品《红象的秘密》，是青年作家王端阳所写。宋曰勋征求我的意见，我看过作品后，认为符合儿童品味，有探险精神，同意他立即着手去办。他请王端阳改编成电影剧本，很快本子出来了。这是写西南边陲的大森林中，两个傣族孩子和一个爱尼族的小朋友一块去寻找红象的故事，很有儿童情趣，但是拍摄工作非常艰苦，也有危险。当时北影的导演都有任务了，个别的体弱有病的导演则难以胜任。我正在发愁的时候，又是宋曰勋提出：是否可让正在电影学院学习的田壮壮来导演？田壮壮是我的二儿子，当时已拍过两个电视剧，拍摄能力是有的，但是，我不愿意让自己的儿子来做这件事。不过，宋的建议还是启发了我。他使我想到电影学院82届导演系还有很多学生，为什么不去找他们？于是，我马上找到电影学院副院长兼导演系主任张客请教：是否可请毕业班部分同学前来儿影实习并完成这部影片？张客十分高兴，他说正好有几位同学还没有分配任务，可以让他们去儿影实习。我好高兴呀！他给我的名单是导演系张建亚、谢小晶、田壮壮，摄影系张艺谋、吕乐、侯咏，美术系冯小宁这七个学生，由摄影系教师曾念平带队并任影片摄影师。这些学生就是一支生力军，带来许多新的观念和开拓的思想。他们会同北影的同志，在当年12月份出发到了云南景洪地区。第二年3月，胜利地完成外景拍摄任务。4月30日送审对白双片，片名《红象》。在审片过程中，有同志顾虑说："孩子们看过影片，会不会也想出走到大森林中去？"我并不同意这种意见。但是刚刚粉碎"四人帮"，人们的思想还不够解放，我需要寻找更高层领导的支持。这样在5月18日晚，我亲自把影片送到玉泉山胡耀邦同志处。他邀请胡乔木、胡绳等同志共同审看，他们认为不错。耀邦同志说："儿童片还算不错（当时还有北影的成人片在请他审看），《红象》很有些浪漫色彩。"这样，儿影自己组稿的第一部影片《红象》顺利通过，并得到肯定。

在《红象》诞生的同时，还有北影导演王君正拍摄的《应声阿哥》，他们是北影编辑部组的稿，剧本开拍的时间比较晚。导演王君正带着摄制组和小演员们在隆冬腊月赶到云南瑞丽，为了在第二年的六一节上映，他们准

由儿童电影制片厂组稿摄制的第一部影片《红象》。

备在外景地度过春节。我们和北京的同志们心中实在不忍，大家决定我和文馨萍代表在京人员去慰问他们，并和他们一起过春节。除夕和

春节都在拍戏,那些小演员看见我和文馨萍也和他们在一起,他们不仅没有想家,而且高兴得满地打滚。我的内心深处十分自豪,北京儿童电影制片厂的第一个春节是和孩子们一起度过的!多么令人难忘的春节啊!这部影片在 1982 年的六一节前也赶制出来。《应声阿哥》充满了大自然的环境美,和孩子们纯真的心灵美。它表现了北京儿童在景颇山一段难忘的生活,团结、友爱、互助和大自然的神秘给他留下永远的记忆。我们选择了这部优美的影片作为 1982 年为六一国际儿童节的献礼,在人民大会堂和北京市少年儿童见了面,得到妇联和孩子们的热烈欢迎。这部影片还获得文化部 1983 年的优秀儿童故事片奖。我们在建厂一周年的时候,上映了两部优秀儿童故事片,得到了好评。

也就在这个时候,中央的纪律检查组来到北影审查我,因为有人上告中央,说我为自己的儿子开后门。审查组在北影经过各方面的调查,最后的结论是:"无可非议。"这时我才感到:你要做些事,比不做事难多了!好在我问心无愧,心底无私天地宽,"无可非议"既符合事实,也是党的认定!

我很庆幸的是从电影学院来到儿影实习的张艺谋、冯小宁、张建亚、谢小晶、田壮壮都是后来极有成就的第五代导演。我感谢张客同志对儿童电影事业的厚爱,他派给我们那么多的好学生。在拍摄中,他还亲自到云南帮助解决这些年轻同学在拍摄中遇到的疑难问题。我想这些年轻同志也不会忘记他们曾在儿童电影这块绿洲上,开始走进电影事业的美好时光。

在摄制《红象》和《应声阿哥》的同时,我们更有副厂长陈锦俶带领一支年轻队伍,在寻找自力更生的道路。那是在全国妇联和中国少年基金会捐赠给北京儿童电影制片厂10万元人民币之后,副厂长陈锦俶建议并亲自奔波,决定再向社会争取部分资助,完全由儿影厂自己投资,自己组织拍摄两部短故事片。用国产机器、国产镜头、国产胶片,采取先赊欠和减缓支付器材与劳务费用的办法(先拍摄后付款),得到了中国电影器材公司、甘肃光学仪器厂、长春第二光学仪器厂、中国电影发行放映总公司、化工部第一胶片厂和科影、北影的支持与帮助,再经过陈锦俶任摄影师(她也是我国第一批女摄影师之一)和导演汪宜婉、史林的努力,影片当年完成,片名为《马加和凌飞》、《敞开的窗户》。影片是成功的,还欠款后还盈利30万元,奠定了儿影厂独立投资拍片的经济基础、人员基础(其中很多人都是第一次参加电影的拍摄工作)。

在这一年的8月份,我们又听到王澍同志介绍前苏联为低幼儿童拍摄"叶拉拉"的做法。"叶拉拉"是极为短小的片断,可以培养低幼儿童的素质。受到"叶拉拉"的启发,我们根据中国的情况,拍摄了电视系列片《小龙和小丽》,由罗小玲任导演,在两年内共拍摄了十四集,其中第六至第十集获得第四届电视飞天奖。日后,我们厂每年都会为孩子拍摄一两集的电视剧。像《病毒・金牌・星期天》、《亲亲我,老师》、《好爸爸、坏爸爸》、《盐丁儿》……都是获奖的优秀电视剧,到1997年共拍摄百余部集。电视剧的拍摄,为我厂影视创作的体裁样式的多样化,打下了很好的基础。

《"下次开船"港游记》对童话片的探索

为孩子服务,就要拍摄他们喜爱的故事。我深知孩子们喜爱童话作品,童话会在他们成长的道路上,架起飞翔的翅膀,可以使他们的想象力任意驰骋。1983年,秦志钰拿来严文井同志的童话小说《"下次开船"港游记》。严文井同志是著名的文学家和童话作家,他写过许多美丽的童话作品,这篇作品是写一个玩不够的孩子,总希望"下次再做"应该做的事,耽误了宝贵的时间。拍一个童话片不仅需要选择美好有意境的自然环境,还需要搭上好几堂富有幻觉色彩的场景,需要极大的投资。但是,为了孩子,我们坚持拍摄这部影片。秦志钰亲自改编,电影学院摄影系毕业的吕乐和孙诚担任摄影,北影优秀美工师杨玉和担任美术设计。化妆师白桂君为剧中人物设计了有趣的造型(他在首届童牛奖上获得了化妆装的单项奖)。1984年的春节,我和文馨萍(她已任办公室主任)亲自到外景地为他们鼓劲、加油!影片完成后,受到孩子们的欢迎,并获首届童牛奖的鼓励奖。只可惜,由于我们大家对童话的把握没有经验,对低幼儿童心理理解不够,节奏比较缓慢,恐怖气氛过分渲染,而缺乏对幽默和喜剧气氛的夸大与突出,致使低幼儿童观看时有恐怖心理,未发挥出童话影片的应有魅力。同时,又因投资较大,以后没有人再敢问津童话片了,这是我的极大遗憾!后来,秦志钰拍摄了许多优秀影片,如《杨开慧》和《北京人》,她是一个勤奋而又敢于探索的女导演,也是我们厂的好朋友!

儿童京剧也要搬上银幕

1984年,我们应戏剧学院教师奎生的邀请,观看了该院78级毕业班小学员的演出,感到十分兴奋!京剧是我们民族的瑰宝,而大多数青少年却很少看京剧,令人遗憾。这批小演员学习六年,能达到如此纯熟精湛的演技,令人喜爱。其中《岳云》一戏中的小岳云有秉承岳飞爱国主义的凛然大气,小牛皋精灵好胜。通过两个小演员唱念做打,塑造了极为可爱的形象。我们决心将它搬上银幕。可是我们也深知京剧模式化的东西太多,又节奏缓慢,如不解决这些弱点是难以受到孩子们喜爱的。此时我们去求教北影曾与崔嵬同志共同拍摄著名戏曲片《杨门女将》的导演陈怀恺,请他做该片的艺术指导。导演汪宜婉与编剧奎生认真克服京剧中不必要的模式与重复的缺点,使故事流畅自如。结果不负有心人,这部影片在大师们的关怀下,脱颖而出,不仅拍得简洁流畅而且人物形象生动,使孩子们能够坐在那里一口气看完。我怀着兴奋的心情和陈锦俶、文馨萍将影片送到中南海,给当时健在的邓颖超妈妈审看,老人家和工作人员一同观赏,影片受到邓妈妈和工作人员的交口称赞。影片在首届童牛奖上获得了优秀戏曲片奖。汪宜婉日后又为儿影拍摄了儿童喜爱的体育片《五虎将》,获得了德黑兰(伊朗)国际教育电影节和意大利国际体育电影节的体育片奖。

传记片《少年彭德怀》

1985年,为了影片《少年彭德怀》的诞生与完成,我做了执著的努力。剧本由丁隆炎同志根据他所写彭德怀回忆录改编。中国广大人民群众和共产党人深记彭老总一生为人民立下的诸多军功。毛泽东曾赋诗"谁敢横刀立马,唯我彭大将军",赞美他威武不可挡。我们为了让后来人铭记彭德怀同志的丰功伟绩,决心拍摄这部表现彭德怀少年生活的影片。

剧本写了彭德怀的少年时代是怎样生活在水深火热的旧中国,在贫困之中他不吃嗟来之食,能吃苦肯负重,坚韧不拔,帮助朋友,热爱家庭,是一个品格优秀的好少年。但是,却有人不赞成丁隆炎的作品,认为他是根据彭总后来的伟大业绩而写出彭总的少年时代,不是真实的生活。实不知丁隆炎同志从档案馆及彭总家乡亲属中调查了几十万字的材料,其中就有这许多少年时代的动人故事。幸好我们的艺委会并未受到这些人的影响,坚持拍摄《少年彭德怀》。

我们聘请了北影的青年导演马炳煜执导,水华同志给予热情的指导关怀。水华同志为了使马炳煜拍好这部影片,每次看完样片,都是用录音带把自己的意见录下来带给外景地组的同志。水华还对马炳煜要求:"搞艺术一定要狠,要咬住牙,要像榨油机一样不停地榨自己!"这是要他不能满足已有的成绩,要努力再努力。马炳煜没有辜负水华同志和大家的要求,认真而努力地探索着如何把扮演少年彭德怀的两位儿童演员引向那个时代的生活真实感。两个少年饰演彭德怀的不同年龄阶段,都十分协调,两人都极为稚朴、倔强。老演员邸力同志饰演的奶奶,以朴素无华的表演真情带动并融会了两个小演员的表演,使他们之间的亲情逼真可信,催人泪下。影片的描述,也为小彭德怀从家乡出走后的广阔远景铺垫了可信的必由之路。摄影师孙昌一对人物与环境的处理,朴实隽永,有历史的沉重感。录音剪接也表达了彭总家乡特有的真实风味,使影片代表了儿影厂的艺术水平,首次获得金鸡奖的最佳儿童片奖。同年这部影片也获得了葡萄牙第15届菲格拉福兹儿童电影节的一等奖。更让我高兴的是:小演员富大龙后来就读北京电影学院的表演系,将来会成长为一名优秀的青年演员。

至今《少年彭德怀》的画面依然留在我的心中。我喜爱它,质朴动人,影片使孩子们和彭德怀将军更加靠近,并能使他们永远渴望去学习与理解彭德怀将军。

两对夫妇

儿童电影制片厂建立的第二年,于彦夫同志从长影打来电话,除了祝贺之外,还表示他们夫妇愿意参加儿童电影事业。这既是好事也是难事。当时我们十分缺乏有经验的导演,于彦夫是长影有名的老导演之一,他的夫人张园也是导演,我当然高兴并且由衷欢迎。可是,他们是长影厂的导演,户口在长春,要想调到儿影确是难上加难。为了儿童电影事业的需要,我想只有先借调他们来拍片,以后才能谈到其他问题。我请他和我共同物色剧本,我将请他先来拍片,他同意了。两年时间过去了,他来了电话,说将要带来一个可拍的剧本,与我商谈。不久后他们夫妇带来了《鸽子迷奇遇》。这不是一个纯儿童片,但却是一个充满革命人道主义思想感情,关怀一个被弃女婴的故事,也是一个老少咸宜的有关儿童题材的影片。我们顺利地通过了拍摄令。于彦夫和张园这一对夫妇都是演员出身,从事导演工作后也都有优异成绩。像他们联合执导的《十六号病房》和《黄山姑娘》都是获奖影片。这次拍摄《鸽子迷奇遇》与著名演员张丰毅、申军谊、王苏娅、张祥等合作,影片表现青年工人杜安(张丰毅饰演)抚养一个弃婴,充满生活的真实情趣,他经历了令人啼笑皆非的艰难却赢得了工友和同志们的情谊。影片把女婴杜天天成长中天真可爱的状态和杜安一家人的感情,刻画得细致到位。这部影片不仅获得1987年第二届童牛奖的特别奖,还在印度国际儿童电影节上使我获得了殊荣。

那是1987年冬,我参加印度第五届国际儿童电影节,并担任该电影节的成人评委。在成人评委会上,这部影片被否认是儿童片,未获奖。出人意料的是在颁奖大会上,这部影片竟使我两次上台领奖,原来电影节的儿童评委都一致呼吁并通过选票将《鸽子迷奇遇》评选为金章奖(电影节上最高的儿童奖)。当时参加印度国际儿童电影节的还有一个国际儿童少年影视中心(CIFEJ),它是被联合国教科文组织所承认的,是由二十几个国家组成的儿童影视组织。这个组织在一些重大的国际儿童电影节上,也评选该电影节参赛影片的优秀作品。因此,我们的《鸽子迷奇遇》又得到了国际儿童少年影视中心的评委奖。那次我国参赛的动画片《夹子救鹿》也获得了动画片的优秀奖。这样,我作为中国代表三次上台领奖,轰动印度第五届国际儿童电影节。

由于《鸽子迷奇遇》的拍摄,于彦夫夫妇使我们认识了该片的作者——王兴东与王浙滨这对夫妇。他们是年轻的剧作家,曾经合作写过《飞来的仙鹤》《白桦林哨所》等剧本,他们答应专门为我厂写一个儿童电影剧本。那时是1985年,我国刚刚结束对越自卫反击战,他们在深入生活时,已经积累了这方面很多的素材。当时又正是我国在粉碎"四人帮"之后,从计划经济转为市场经济的初级阶段,社会上某些人们对为保卫祖国和平建设、对越进行反击战做出奉献的战士和家属,在意识深处并不重视。作者想通过一个军人的儿子去反映当时的现实生活。我对革命战争有着深厚的感情,很同意这个构想,但也知道这是一个很难写的剧本。对这个战争应怎样描写?对因丈夫参战而离异的母亲又应怎样表述?还有许多……作者开始并未跳出旧的窠臼,致使第一稿很不理想。为了介绍主人公十岁的马悦当父亲到前线作战后独自去找母亲,与离异的母亲有将近十场戏,令人感到烦琐、拖沓、陈旧,毫无新意。

正好那年我和副厂长陈锦俶到长春参加活动,趁工作之便,我们在一个星期日的早晨,爬上了高高的五层楼,敲开了他们的家门,使他们意外的惊喜,也使他们十分不安。因为他们还没有起床,这有趣的拜访给他们带来了一点尴尬。但他们未想到这次拜访却也给他们带来了创作上的新要求。我们两个是那样的不拘小节,坦荡无遗地把剧本不足之处都说了出来,并希望他们跳出旧的窠臼,用冲破常规的表现手法再修改。这样一个难题留给了他们,却也促使他们苦苦去思索。修改后他们又和我们的艺术顾问水华同志仔细切磋。水华同志请他们紧紧抓住父子情这一条线索,他俩真的闯过了难关。再一次送剧本到北京时,剧名为《我只流三次泪》。我们发现,战争和父母离异都推到后景,根本不在银幕上展现。剧本是从马悦离开母亲家的日记开始,他告诉爸爸"我又回到了军营"。影片用小主人公和父亲的画外音回忆他和父亲做最后的一次早操……当他在影片中回到军营自己的家中,看到桌上玻璃板下的"全家福"照片,他把妈妈那边撕掉了……当他在军营中看到父亲从前线的来信时,他遵从了父亲的嘱托决定去找姑姑。到姑姑家后,经营饭馆的姑姑家和周围的生活,使他感到那样陌生与孤独……他又离开了姑姑家,到前线去寻找爸爸。在前线的路上,他成长了,他看到野战医院,看到受伤的战士……他也看到牺牲的烈士……他知道爸爸在做什么……他不需要再去找爸爸了……通过孩子的眼睛多方面地反映了战时生活。剧情感人而又毫不颓丧,从中也看到了孩子的成长。《我只流三次泪》不仅获了政府奖、童牛奖、小红花奖、七色杯奖,还获得编剧、摄影、表演等多个单项奖。当国际儿童少年影视中心的主席格鲁勃维奇和秘书长莫尼克来中国访问时,他们对此片也赞不绝口。

从此,这对年轻夫妇对我厂有了深厚的感情,他们又为我厂继续写出《没有爸爸的村庄》、《少年战俘》和《来吧!用脚说话》等剧本。剧本拍出后,都得到好评。像《来吧!用脚说话》写出了我国足球健将和他们的后代,怎样执著追求"踢出亚洲,走向世界"的豪迈气概,也塑造出两代足球运动员的形象。荣高棠同志看过影片紧紧握着我的手,眼睛红红地向我道谢:"为足球拍出了好片子。"袁伟民同志也说:"看过许多电影,从未激动,而这部电影使我激动得落泪。"我也认为这是一部很好的影片,剧情的发展也很有新意。当然一部影片是综合艺术,是由导演、摄影、美术和演员等各个部门的创造性劳动,才会达到较高的艺术水平。导演萧锋是个足球迷，使影片拍得生动有趣，而编剧确实起到了"一剧之本"的作用。可惜这么好的体育片，由于发行机遇不利，使它未能发挥出应有的作用，只获得了童牛奖。

这对年轻作家，不仅继续为儿影写本子，令人惊喜的是他们又写出了许多高质量剧本，像《蒋筑英》、《离开雷锋的日子》、《留村察看》、《背着爸爸上学》等等，不仅获奖还都为广大观众所喜爱。我想他们不会忘记在儿影厂的耕耘，这应是他们创作历程中的重要阶段。我个人对他俩也怀着深深的友情，他们的才能和对艺术的执著追求，也是我十分敬重的！祝愿他们有更美好的作品和人民见面。

两只并列飞来的金鸡

在我担任厂长半年之后，1982年2月，党中央作出了《关于建立老干部离休制度的决定》，废除实际上存在的干部终身制。这是好事，符合历史的发展。不断有许多老干部响应中央号召，主动离休或退居二线。儿影厂刚刚起步半年，我该怎么办？当然不能打退堂鼓，因为我这个厂长不只是坐在一个官位上，而是要创建一个电影制片厂，必须有个厂的模样后，我才能考虑离开的问题。到了1984年年底，儿影厂已初具规模，并有许多产品，只等着搬进新楼了。我自己认为应该提出离退的问题考虑后继的人选了。当时负责领导我们的文化部副部长丁峤同志，对后继人选提出三个要求：除年龄和学历要考虑外，还要做过导演工作。当时有好几位同志可以推荐，但由于种种原因不能落实。上影厂的宋崇同志是我们选择的对象之一。他是接近中年的导演，电影学院毕业，拍摄过《闪光的彩球》(儿童片)和《快乐的单身汉》。他完全符合条件，我们担心他不肯来，1985年秋季，我就把他请到儿影的建筑工地，使他看到儿影厂的前景，他欣然允诺了，又经上海市电影局的同意，1986年11月29日，他正式调任儿影厂厂长。我改任艺术指导。全厂同志热烈欢迎他，和他见了面。两位副厂长虽然年纪比他大，但都愿大力相助。

宋崇同志富有朝气与干劲，来厂后做了许多工作，但不到两年，1988年的9月他又被委以重任，调到北京电影制片厂任厂长。他走后，陈锦俶任代厂长。宋崇同志的调来给我们带来了喜悦，可惜新官上任三把火，不到两年就走了，他的调走，也给我们留下了许多许多困难。宋崇同志带走了一些人，引起一些人的思想波动，又有流言蜚语，使厂形成了小小的曲折。

幸好宋崇带走的都不是主创人员，我很感谢建厂初期形成的基本队伍。那是以文学部为首的宋曰勋、张之路、郭玲玲、林阿绵、杜小鸥等同志，导演组的罗小玲、卢刚、张郁强同志，摄影组的孙永田、李廷铮、王久文等同志以及制片部门的年轻同志们，他们在代厂长陈锦俶的领导下，仍坚持儿童电影这块阵地，努力奋斗，并没有使儿影厂的生产受到影响而停滞，相反是得到新的发展。经过一年的奋斗，1989年年底我们完成了五部优秀影片，那是《普莱维梯彻公司》、《豆蔻年华》、《少年战俘》、《走进象群》、《哦！香雪》。其中前两部并列获得1990年金鸡奖优秀儿童片奖，这是各种奖项都少有的现象，更何况是金鸡奖呢！

《豆蔻年华》。1987年年初，文学部编辑林阿绵推荐青年女作家程玮的小说《走进十八岁》。第一稿出来后，几乎被否定。林阿绵是个执著的年轻人，因为我是艺术指导，他向我表示，愿意继续努力，坚持把它改好。我当然支持他，因为我也喜欢这部小说。

后来，林阿绵几下江南与作者程玮商榷，作家终于跳出了小说的结构，刻画了两位女中学生的形象，使人感到富有时代气息。剧本通过后，在1988年与南京电影制片厂合作，由该厂邱忠义和年轻导演徐耿共同执导，片名定为《豆蔻年华》。两位导演出色地完成了拍摄任务，送审后得到各方面的首肯，中宣部还向江泽民总书记做了推荐。江泽民同志在1989年10月8日看完影片，接见了厂领导和创作人员。第二天又在儿影厂送去的报告《有关儿童电影事业情况的报告》上，作了重要批示："昨晚看了电影《豆蔻年华》，总的来说，给人以高尚情操的教育。小平同志曾说：这几年最大的失误是教育。我理解特别指的是政治思想教育。对培养下一代来说，究竟是造就我们的接班人，还是培养我们的掘墓人，这是摆在我们面前的一个非常尖锐的现实问题。儿童教育至关重要，童年时代所受教育的好坏，往往影响一个人的一生。热诚希望有关部门大力支持，齐心协力搞好儿童教育。"江总书记对影片的喜爱和批示给了我们以巨大的鼓舞。以后年轻导演徐耿还为我厂拍摄了《魔表》、《风雨故园》，和儿童电影事业结下了深深的情谊。他后来拍摄的儿童影片《红发卡》和《草房子》都是获奖的好影片。

《普莱维梯彻公司》的导演，是北京电影制片厂的琪琴高娃（蒙古族）同志，她是一个优秀的导演，更是孩子们喜爱的儿童片导演。她为儿童电影制片厂献上的第一部影片，就是《四个小伙伴》。这部影片在1982年意大利季福尼国际儿童电影节获得共和国总统银质奖章，1983年又在法国里昂市获青年观众奖，1986年再获伊朗第十六届国际教育电影节荣誉奖。她为我厂拍摄的第二部影片是《小刺猬奏鸣曲》，获得首届童牛奖的优秀影片奖。她为我厂拍摄的第三部影片是《我只流三次泪》，获1987年文化部优秀影片奖、北京电视台优秀影片奖、第三届童牛奖和小红花奖。《普莱维梯彻公司》是她为我厂拍摄的第四部影片，不仅获得第四届童牛奖的优秀影片奖，她还因此获得了优秀导演奖。这部影片是她和我厂摄影师孙永田继《我只流三次泪》之后的再度精心合作。影片制作新颖，富有超前意识，通过色彩的不同，渲染人物与环境，具有现代的都市风格和美好的艺术品位，令人久久回味。这两位艺术家多次友好合作，充满对电影艺术的追求和创作热情。他们所拍摄的影片多次获奖，为我厂多次赢得殊荣。令人惋惜的是他们都英年早逝，1996年琪琴高娃因患乳腺癌离开了我们。1999年孙永田又因肝癌逝世。高娃为我厂拍摄四部优秀影片，孙永田为我厂十部影片担任摄影师，他们的心血、汗水浇灌了儿影的绿洲，这块绿洲也永远贮藏着他们耕耘的足迹！安息吧！敬爱的同志！我永远怀念你们！

1990年《豆蔻年华》和《普莱维梯彻公司》在第十届金鸡奖评选中并列获优秀儿童片奖。这是金鸡奖评选中极难获得的并列奖，也是极难出现的并列结局。必须是仅有一票之差，并经三分之二的评委再举手表决才可以并列。当年我正是该届的评委，亲自参与并目睹这场评选。我当然希望这两部影片都能获奖，但我只有一票的权利，需要认真考虑把这一票投给谁，由于《豆蔻年华》已经得到领导赞扬，而《普莱维梯彻公司》则没有这个优势,于是我投了《普莱维梯彻公司》一票。果然,《普莱维梯彻公司》仅少于《豆蔻年华》一票,又经评委再次讨论,再表决,终于得到了"并列"的结局。这使我太高兴了!

儿童电影制片厂摄制的《哦,香雪》。

更令我惊喜的是《哦!香雪》也得到了这届评委们的交口称赞,它竟能够和《开国大典》并肩争夺大奖,最后获得了大奖的最佳影片提名奖。《哦!香雪》是著名女作家铁凝的获奖作品。当时北影导演王好为和摄影师李晨生两同志(他们夫妇共同拍摄过《迷人的乐队》、《夕照街》等)特别喜爱铁凝的原作以及改编的剧本,但由于文学性强而观众面很少,北影并未决定投产。王好为委托编辑部将剧本交当时儿影代厂长陈锦俶同志。陈厂长首先被铁凝浓郁的文学品位和农村少女们对亲情、友情的珍视所感染,认为这是对青少年儿童最好的精神食粮。陈厂长又与我商谈,我赞同她的观点。1974年我曾到白洋淀探望部队,当时就看到铁凝与父亲(画家)在白洋淀居住,有生活积累和文学禀赋。"文革"后,读到她的好几篇作品,特别是获奖作品《哦,香雪》,感到她不仅生活底蕴丰厚,创作上还充满新意。我们很快决定了投产,陈锦俶为了保证影片的艺术质量,还采用由导演负责的艺术经济责任制。由导演负责掌握经济,要保证拍摄的周期和影片的艺术质量。因而这部影片达到了艺术上的要求,既有浓郁的文学品位又使农村新人的色彩丰富亮丽;既有可看性,又有较高的审美品位,受到了第十届金鸡奖评委的厚爱,获得该届金鸡奖大片的唯一优秀影片提名奖。这部影片还获得1991年童牛奖的艺术成就奖和导演、摄影、美术、成人表演等多个单项奖。特别值得一提的是,1991年的柏林第十四届国际儿童电影节上,这部影片获得了国际儿童少年影视中心的艺术大奖。第二年德国汉堡电视台准备收购为中学生必读节目,但由于中国影片技术不过关,未能达成他们收购的目的。我之列举这些奖项,是说明《哦,香雪》的艺术质量具有极高的水平。

从以上三部影片的成就来看,虽然1988年由于宋崇厂长的调离,给儿影厂带来了一时的波动,但儿影厂的基本队伍没有动摇,在全厂职工的努力和社会的支持下,仍然保持了产品的质量,并得到领导和全社会的赞扬。儿影经历了这个小小的曲折,又回升出强劲的生命力,我感到欣慰!

编织彩虹的人们

当宋崇调离我厂时,有人扬言不会有人再来我厂了。谁知就在这个时候,梁晓声在一个会议上,悄声问我:"我到儿影去,你们欢迎吗?"我当然很高兴,问他:"真的吗?"他说真的,首先他愿意到儿影搞儿童电影,其次儿影是否可以替他解决住房。我马上向代厂长陈锦俶说了梁晓声的意愿,陈锦俶和领导班子都欢迎这位名作家的到来。梁晓声首先被委以艺委会副主任的职务(我是艺委会主任),我们的惯例是剧本和影片的质量都要通过艺委会把关。当时在创作和生产上确实有许多困难。梁晓声起了极大的作用,在制作人员和领导之间做了大量的协调工作。同时他自己也带来了《那一年的冬天》和《吾家有女》两个剧本。这两个剧本拍摄后都获得童牛奖和政府奖。

当时艺委会的另一位副主任张郁强,来我厂之前曾拍摄了《月光下的小屋》并在国内外获奖。1986年他就为我厂拍摄《战争插曲》,1987年调进我厂又拍摄了《虾仔擒盗记》和他自己参加编剧的《别哭,妈妈》。《别哭,妈妈》是根据全国十佳少先队员之一的边荣棠事迹,由万方、程世鉴和他共同写成电影文学本。他导演的这部影片充满了对社会主义新人的挚爱,把我国城市中人民之间美好善良的感情,通过对孩子彤彤的关爱与彤彤自己的成长表达出来,尤其影片中的母子情、邻里情,展示得丝丝入扣,感人至深。这部影片也是我所喜爱的影片之一。它在1991年获得"童牛奖"、"盐童奖"的优秀影片奖及首届奋发文明奖。饰演彤彤的田野和饰演母亲的张嬿都获得表演奖。

于蓝在拍摄现场边吃饭边谈工作。

张郁强同志在任艺委会副主任和主任期间,有高度的责任感,为我厂影片的健康方向和艺术质量做了大量工作。卢刚和罗小玲更是我厂的主力军,为建厂出了大力。罗小玲为我厂拍摄电视剧开了先锋,在1982年就开始拍摄《小龙和小丽》系列片,其中的6—10集获飞天奖。以后她拍摄了多部受孩子欢迎的影片,有反映校园生活的《少男少女们》,有反映孩子们和动物的影片《走进象群》,喜剧色彩的《幸运搜索》,教育改革的《世纪桥下》等,为题材式样的多样化,做了不少的探索。

卢刚是一位勤于耕耘的电影艺术家,他不仅能做导演工作,还是一位优秀的剧作家。他为我厂拍摄的影片很多,电视剧也不少,像《小法官证词》、中华英杰的少年故事《郑成功》、《林则徐》等多部集的电视片;拍摄的影片有《清亮的小溪》、《飞飞从影记》、《小骑兵历险记》、《荧屏奇遇》、《万元惊梦》、《实习生》、《我的扎年琴》,其中有四部都是他自己编剧。还为我厂编写了《孙文少年行》这部获奖影片(政府奖和童牛奖)。卢刚同志创作的出发点就是要让孩子们喜欢看,所以他导演的影片销售拷贝是最多的,他是一位受到孩子们欢迎的导演。

还有在当年82届电影学院分配来的两位美术系学生冯小宁与尹力,由于他们热爱导演工作,厂领导核心愿意发挥青年人的创作热情,放手让他们先去拍摄电视剧。冯小宁拍摄了《病毒·金牌·星期天》(获飞天奖导演奖)、《大风警报》(获飞天奖三等奖),尹力拍摄了《好爸爸、坏爸爸》(获飞天奖优秀儿童电视一等奖),都展示出他们的导演才能。后来冯小宁为厂拍摄了为环境遭受污染而忧虑的《大气层消失》(获童牛奖及国内外多个奖项);尹力为厂拍摄了《我的九月》,塑造了安建军和高老师两个生动的银幕形象,镜头从北京普通市民的生活角度落到恢宏的亚运会场景,捕捉了一个当代少年儿童成长的轨迹,《我的九月》获得金鸡奖的最佳儿童片奖。他们都为我厂的作品增添了鲜亮的色彩,目前他们已成为著名导演,拍摄了许多经典作品,相信他们还会为儿童电影做出新的贡献。

我们厂到1992年共拍摄50部影片,其中有25部获得影片奖(不包括单项奖),这些成绩的取得,我厂文学部的编辑们是功不可没的。像张之路、郭玲玲、林阿绵、杜小鸥都是从建厂开始,就为组织儿童剧本与作家交朋友,深入生活,辛勤耕耘甚至自己动笔。他们自己也都创作出优秀剧本。像张之路的《霹雳贝贝》、《疯狂的兔子》、《魔表》都是他自己创作的剧本,带有科幻性的儿童片,给孩子们很多有益的启迪(前两部影片都是获奖影片)。林阿绵为厂组织扶持了《豆蔻年华》、《哦!香雪》、《我只流三次泪》、《火焰山来的鼓手》等多部优秀影片的剧本。杜小鸥则扶持了获奖影片《我的九月》、《别哭,妈妈》等剧本,她自己所写的儿童电影文学剧本《最长的彩虹》虽然未在我厂拍摄,但也是一个角度新颖的铁路职工子弟在火车上上学的故事,获得政府奖。郭玲玲则是为我厂组织与扶持电影剧本最多的编辑之一,她扶持了《岳云》、《多梦时书》、《来吧,用脚说话》等共有九部之多。她自己还创作了《猴娃》(电视剧)、《我也有爸爸》、《红西服》等获奖影片剧本。根据这些剧本拍出的影视片也都分别获了奖。郭跃进来厂稍晚于前边几位,但他扶持了《普莱维梯彻公司》、《那年的冬天》、《杂嘴子》、《孙文少年行》、《疯狂的兔子》、《成长》等剧本,而且这些剧本拍摄的影片全部获得各种奖项。张延继、李欧等同志也都做出了成绩。他们的名字都在中国儿童电影制片厂的历史进程中,留下了熠熠有光的痕迹!

此外,我们的朋友很多,他们都支持了儿童电影事业,像电影学院的郑洞天教授为我们拍摄了根据作家谷应的《从滇池飞出来的旋律》改编的电影《人之初》,林洪桐教授拍摄了《多梦时节》,南影厂的萧锋拍摄了《来吧!用脚说话》,刘苗苗拍摄了《杂嘴子》,广春兰拍摄了《火焰山来的鼓手》,王学新拍摄了《白山英雄汉》……这些影片都具有极高的艺术品位,并为孩子们喜爱,也获得了各种奖项。当然都为我厂赢得了荣誉!

我也想说说以张青山副厂长为首的厂办、人保、财务部门,他们是幕后的英雄。厂是白手起家,有了人才能办事,要办事又必须有制度与原则以规范与引导人们的行为。他们在实践中根据儿童电影事业的规律,制定可行的规章制度。在改革的大潮下,儿影厂被划为企业单位。由于儿童影片的特殊性,使之很难盈利,因而投产与事业的支出就十分困难。以张青山为首的厂办、人保与财会部门,费尽心思,增加收入节约开支。

于蓝与小评委们在一起。

再有原副厂长陈锦俶同志,从 1988 年宋崇同志离厂,她就是代理厂长。代理厂长工作了两个年头之后,才为正式厂长。这期间,她没有任何怨言,一往直前,紧紧抓住生产管理的要害,克服原有小承包制带来的缺陷(只图快,不求质量的毛病),实行艺术承包责任制。由导演负责经济的总规划,要求保证艺术质量和生产周期。这个措施虽然得罪了少数人,但是保证了影片的质量。到 1991 年的 5 月,陈锦俶才被任命为正式厂长。她为了团结艺术家和保证艺术家应有的职称待遇,自己做出牺牲。我们厂小,高级职称的指标也极少。她为了导演张郁强和摄影师孙永田俩人都能获得应有的一级职称,让出了自己的指标。我为她的精神所感动,要求人事部门能在陈厂长离休时再给以补上。谁知 1993 年 4 月陈厂长离休了,我的诺言至今不能实现。为此,我深感遗憾,而陈锦俶却并不在意,潇洒而离。她为了儿影厂的事业发展和艺术质量的提高，做了大量工作，由于性格直爽，办事较真儿，可能也伤害了个别同志。我想，人无完人，从她的开拓精神和勤奋过人的劳动能量，以及事业上的成就，凡是不斤斤计较的人，都会十分谅解她，并承认她的为人与奉献精神。我更珍惜她多年与我共同合作，为儿童电影事业的开拓与耕耘！我个人最为满意的是她为儿影厂攀登艺术高峰付出了心血！

最后，我还想说说我永远感谢的老师们，他们就是我厂的艺术顾问团。像汪洋、水华、朱今明、谢添、陈怀恺、谢铁骊、于彦夫等同志都是我们厂的艺术顾问。他们以自己的多年创作经验，站在历史的新高度，使儿童电影得到了"润物细无声"的春雨，春雨浇灌着绿洲，绿洲才得以欣欣茂盛。

我之所以列举这么多的人和事，以及众多影片的成功，就是说扬起了儿童电影事业的彩虹，正是由于这些同志对孩子们的爱和奉献。在各级领导的扶爱下，我们全厂职工都尽职尽力，用心血和汗水书写了中国儿童电影制片厂的历史，就像刘白羽同志说的：一道彩虹一样辉煌而起。这道彩虹也照亮了我晚年的余晖！我的任何工作和成绩都离不开这些人们的奉献与劳动！我深深地爱着这些人们！

要有一支拉拉队

1984 年年底，儿童电影制片厂经过两三年的努力，拍摄出影片十二三部，队伍也逐渐形成，形势很好。这一年，邓小平同志在党的"十二大"上提出"建设有中国特色的社会主义"的战略号召，更鼓舞我们要为广大少年儿童拍摄更多更好的影片。但仅有一个儿童电影制片厂，年产五部儿童影片远远满足不了孩子们的需要，需要有更多的电影工作者，自觉自愿地投身到儿童电影事业中来。于是一些热心儿童影视工作的同志，像当时《电影艺术》副主编秦裕权，著名儿童片导演王君正，影协编审朱小鸥和儿影厂的陈锦俶、王澍、张青山、宋曰勋、文馨萍以及我共同倡议成立一个"中国儿童少年电影学会"的组织。它可以促进信息的交流，开展有关的学术讨论，壮大儿童电影队伍，以繁荣儿童电影事业的发展。1984年的11月2日我们举行了预备会，讨论与确定学会的性质、宗旨，并协商通过了章程和人员名单。会后报请中国电影家协会批准，11月中旬影协就批准成立中国儿童少年电影学会，并吸收为团体会员。1997年又根据民政部社管司的要求，学会离开电影家协会，挂靠在广电总局，现又挂靠中国电影集团公司。

当年12月中旬，在中国儿童活动中心隆重地举行了儿童少年电影学会的成立大会。荣高棠、丁峤、袁鹰、金近、姬君式、罗英等许多领导和儿童工作的著名人士前来祝贺。姬君式同志代表教育部老部长张文松同志倡议，设立一个儿童电影奖励基金会，并代表教育部率先赞助人民币五万元。文化部副部长丁峤当场也表示赞助五万元。张文松部长的倡议激励了我们，学会决定设立一个评选优秀儿童影片的奖项，以鼓励更多的人士为拍好儿童电影而努力。经过多次研究，决定设立少年儿童电影奖，两年评选一次。这个奖项叫个什么名字？有人提出蓓蕾象征祖国的花朵，可名蓓蕾奖。但是大家觉得，寓意过于直接简单。当年是牛年,有人建议命名"童牛"。童牛在辞海中解释为未长角的乳牛,大家认为儿童电影就像一只童牛,可以激励儿童发扬初生牛犊不怕虎的勇敢精神,同时号召电影工作者以鲁迅先生倡导的俯首甘为孺子牛的奉献精神为小观众服务。最后得到全体理事们的拥护和教育、文化、广电、妇联、团中央五个部委的支持,并接受五部委的委托,正式创立了中国儿童少年电影童牛奖。这一奖项的设立,在繁荣儿童电影事业上,起到了意想不到的极大作用(基本上达到全国年产 12 部之多的儿童片)。

1985 年我们在首届童牛奖评选时,感到优秀影片太少,评选起来比较困难。但是,童牛奖颁发的消息一发表,上海电影制片厂的青年导演彭小莲马上就说:"我一定要争取第二届童牛奖榜上有名。"在两年后,第二届童牛奖评选时,意想不到的是好片子竟那么多,不评上哪一部,又成为我们的难题了。彭小莲也果然以她的处女作《我和我的同学们》获得该届的优秀影片奖。以后的各届童牛奖好片子很多,甚至要为它们设立一些特别的奖项。像第三届就增设了儿童少年电影艺术特别奖、儿童喜剧特别奖;第四届童牛奖就增设了艺术成就特别奖、艺术创新特别奖、保护儿童特别奖……总之,童牛奖像磁石一样吸引着、凝聚着电影人为孩子奉献的爱心。

童牛奖一设立,当时文化部少儿司罗英同志就叮嘱:要发奖金,而且不能比政府奖少。

奖金上哪去找?没有办法,到妇联呼吁。妇联为我们的精神感动,将首届童牛奖的用款全部报销了。第二届时,人们建议去三大油田放映儿童影片,请他们资助。谁知各油田的工人们异口同声地称赞我们的影片好，应该给油田的孩子看。可是他们的赢利不能自己支出，必须通过石油部才能动用。我们几个老太太跑完三大油田，一个钱也没有拿到。没有办法，硬着头皮去找石油部部长康世恩同志。可是我们不认识他，从哪个门去找也不知道。幸好我想起了抗大时期，为纪念"一二·九"共同演出《先锋》时的同学许良图同志，他曾在石油部工作。我找了他，打问如何能见到康部长。真是凑巧，这位同学离休后负责石油部一个开发公司，他说："你把报告交给我吧！他批了，也得我出钱！"就这样，第二届童牛奖奖金及全部费用就由石油部赞助了。

第三届又怎么办？我为此曾在政协会议期间和委员们交谈中谈到自己的困难。真是得道多助，妇女组的委员夏风臻（江苏省民主党派的代表）听到后，马上向省长顾秀莲（现任妇联副主席）反映，希望她能给以支持。果然顾秀莲同志没有拒绝，和我们交谈后，慨然允诺。其时江苏刚办完全运会，经济并不富裕，但为了孩子，她让秘书长许静安亲自操办，动员七个县市的企业支援，在江苏省的苏州、无锡、扬州、镇江、南通、南京、常州七个市放映儿童电影吸引十万学生观看，引起轰动。苏北的某个县市未被安排任务，还十分不满，认为把他们看做二等公民了！可见儿童电影在江苏受到多么热烈的欢迎。

从第二届童牛奖起，我们学习了国外儿童参与电影节的做法，开始请三大油田选出优秀学生担任小评委，命名"油娃奖"。第三届由七个县市选出小评委，命名"小红花奖"。同时又发给广大观看电影的孩子们以选票，以了解儿童少年的喜好，供给成人评委及小评委参考，而后再投票选出优秀影片。这些举措受到举办地区的领导与学校师生的热烈拥护，孩子们通过优秀影片的观赏，活跃与丰富了学校的第二课堂，提高了孩子们的文化思想素养。"小评委"的工作,使这些孩子更健康地成长,他们之中许多人都已踏上了建设祖国的岗位,像浙江的小评委马莉,今天已是浙江省电视台文艺部的主持人了。

这两届办下来以后,我感到争取奖金实在太困难。为此我给国务委员李铁映同志写了报告,讲明我已年近七十,再为奖金奔跑,实在太难。尊敬的李铁映同志将信转给广电部的艾知生部长,艾部长二话没说,批示:每年拨给童牛奖奖金十万元,作为专项用款不得挪用。我们深深感谢艾知生同志对儿童电影的重视与关怀!以后我们再不为奖金四方奔跑求告了!奖金以外的费用,则请协办地区给以支持,也都得到了解决。每两年一届,用不完的奖金就用在研讨会上,这都是繁荣儿童电影的有力保障。至今童牛奖已经成功地举办了八届。协办地区有三大油田(大庆、大港、胜利)、江苏、四川自贡、山东德州、浙江杭州、上海、福建长乐等省市。参赛影片已超过100部,获奖与受到鼓励的影片中,故事片就有49部之多(不算单项奖)。其他科教、纪录、美术、译制等片共有26部集获奖。两年一届童牛奖,两年一次研讨会,儿童电影学会经过了十五六年的跋涉与奉献,道路虽有坎坷,但充满了朝气与绚丽的色彩,我感到十分自豪!

我曾在学会成立十周年时,把它比喻为小小拉拉队。因为中国儿童电影在长长的征程中,十分稚嫩,它们像年轻的战士一样,需要支持鼓劲。"学会"这支小小的拉拉队,真的建立起来了。它充满爱心,至真至诚地为儿童电影事业的兴盛发展而呼喊助威!通过鼓励、研讨、交流……这支拉拉队虽小,却是广大儿童电影工作者的挚友。

"五朵金花"和两位"政委"

写到这里我禁不住要介绍一下一起为学会奔波跋涉的挚友,那就是人们称为"五朵金花"的五位女性和两位"政委"的男同志。他们是这支拉拉队的常务骨干。"政委"之一是秦裕权同志,我把他看做是我个人的理论顾问。他擅长写儿童故事,懂得儿童心理。他来自部队文艺工作团体,经过深造,年轻时就在《中国电影》、《电影艺术》两个刊物中任编辑,后为副主编与主编。但是,与众不同的是,他年轻时,心中就有儿童。50年代他就开始儿童文学的创作,并出版成集。当时,他是一个不肯荒废时间的年轻人,白天做编辑与翻译工作,晚上自己煮挂面,啃书本,写作品,他自称是白天、黑夜两股道。他确实知识丰富,淡泊名利,是个心地纯净的知识分子。他在学会担任中国儿童少年电影学会的常务副会长,以前每届"童牛奖"的影片评语,几乎都是他亲自执笔与定稿。有关各种规章、条例的制定、改善,也由他执笔挥成。在研讨与争论中,他很有点儒将之风,很能倾听八面来风,又能从善如流,是我们的主将之一。

"政委"之二,是原北影《电影创作》的编辑陈澈老头,后来也是学会的副会长。他是一个老电影文学工作者,由于和孩子们接触多,自称"老顽童"。他貌不惊人,是一个和顺平凡的老同志。但他的内心却有如风雷激荡,对事业、对同志、对儿童都充满爱心与激情。事无巨细,他总不厌其烦地用心去做。每届"童牛奖"评选时,他负责与小评委们联系,他不用成人评委的思想去影响孩子,而是充分尊重孩子们的评定与选择。孩子们喜爱他,昵称"陈爷爷"。"陈爷爷"成了他的官名,我们大家都这样称呼他。令人难忘的是陈爷爷是绍兴人,他为家乡儿童能看到优秀的儿童电影,亲自回到家乡,向领导介绍。1990年的5月5日至12日,绍兴文联邀请我们去参加他们举办的"儿童电影周"。鲁迅故居,江南水乡,景色迷人不用多说,而令我最感动的是电影周上,几百个孩子骑着自行车,从远郊骑到绍兴县(有的骑50里路)来看电影。电影散场之后,广场上留下了许多湿湿的水印,原来是电影紧紧地吸引着孩子,孩子们憋不住尿,也不肯离开,只好"就近方便"了。虽然孩子们没有关爱环境卫生,但是,他们多年看不到电影,难道不能谅解他们的精神饥渴吗?陈爷爷想到了他们,使他们如愿以偿。

《五朵金花》原是著名导演王家乙同志拍摄的电影,影片中刻画了云南大理白族姑娘在"三月街"盛会中发生的故事。五个姑娘都是漂亮能干又都名叫"金花"。因此"五朵金花"在中国老百姓心中留下了美好印象。1997年第七届"童牛奖"和儿童评委的"永乐杯"在上海评选与颁奖。参加评选的影片质量高,数量也不少,同志们看到儿童电影事业如此兴旺,大家很为激动。像上海的导演吴贻弓、黄蜀芹、石晓华、庄红胜等都极为赞扬和鼓励,不知是哪一位导演忽然说:"于蓝,你们真不错,听田部长说你们有'五朵金花'呀!"从此,"五朵金花"传开了。

这"五朵金花"是哪些人呢?她们是参加学会工作的。第一朵"金花"就是儿童电影学会的秘书长,后选为副会长兼秘书长的文馨萍,她是第一位报名参加儿童电影工作的,又在建厂工作中立下功绩。她年轻时喜好运动,身体健壮,年纪老了还蛮有派头,穿着打扮都很得体,其实并非贵重衣料,因为当今的摩登时装都为年轻人设计,她的个头大,很难买到合体的衣服,她只能去买外贸出口又转内销的衣服,再经过自己巧手改做,就十分大方美观了。她在各个方面都是能手,有时你觉得办不到的事,或是十分麻烦的事,她都能"神奇"地完成。例如1992年中宣部向92个边远贫困县赠送百部爱国主义影视录像带,录像带制作过程和邮寄过程是十分繁杂的,她和办公室的几个同志发扬艰苦创业的优良传统感动了邮局,使我们节约了许多成本,将万盘录像带发给近百个贫困县,受到了中宣部的表扬和奖励。还有一次,我要找一个外地的医生,地址和电话都没有,而她却真的就找到了这位医生。我不能不佩服她的办事能量。

第二朵"金花",虽然小我一轮,但也年近七十,从她的相貌、形体和干劲来看都和年轻人一样惊人。她皮肤白皙亮丽,身材匀称健美,又善于打扮,衣着入时,人们有时戏称她不愧为一个"靓女"。她是我国的第一代女摄影师,能摄、能导,又善于发现人才、使用人才。她原是中央新闻电影纪录片厂的摄影兼编导,后为我厂副厂长、厂长及学会副会长,现为学会的会长兼法人代表。她就是陈锦俶。工作中她能苦干又极为勇敢。一次在影协大楼前的马路上,汽车司机们打起群架。她和这些司机相比,可以说是弱女子了,可是她冲进人群,三言两语竟把这场纠纷给疏解了。她胆大、镇静,有许多见义勇为的事迹。还有一次,她在上海拍摄影片《姣姣小姐》,有许多镜头是要在杂技团正式演出时拍摄。那一天,由于演出剧场电源的线路陈旧,舞台的顶棚嗞嗞地冒出了火花,下边正在演出,杂技团的领导十分紧张。陈锦俶则嘱咐团长不要惊慌紧张,一边使演出正常进行(拍摄也正常进行),一边积极组织人员救火,查清火源,扑灭火灾。为此杂技团的领导对她极为敬重。她是一个敢于做事、敢于负责的人。在建厂的业绩中,我最感谢的是她领导与组织儿童电影的生产,使影片的艺术质量达到了一个新的高度(改变了过去简单说教的水平和简单划一的题材样式)。现在,她仍然奋战在儿童少年影视教育战线,不仅为学校输送优秀影片,还在开辟与建立中小学影视教育院线的网络,甚至还不忘记为失足青少年放映优秀影片,以求逐渐净化他们的心灵,唤醒他们的良知,使他们早日回到社会,成为有用之才。

第三朵"金花"则是原中央电视台少儿部和动画部的创始人徐家察同志。她大学毕业后分配到中央电视台文艺部工作,经验丰富,魄力惊人,我曾亲眼看到她如何指挥银河歌舞团的现场排练,近百个儿童认真地接受她的指挥。1991年的"六一"晚会,是全国各民族的儿童舞蹈现场直播,真是有如彩蝶缤纷,舞姿婀娜,童趣盎然,十几个外宾看得瞠目结舌。他们回国后还来信说这场演出让他们学到了应该怎样为孩子工作。我和徐家察是从中国国际儿童影视中心成立时就在一起,为国际儿童影视交流进行活动。后来,她又参加了中华爱子影视教育促进会,为常务副会长。她和朱小鸥为1995年及1996年的儿童电影、电视、动画剧本评选活动做了不少工作。她快人快语,衣着漂亮,却充满着儿童情趣。最近,她来看望我,打扮得漂亮极了,色调宜人,大家称赞她漂亮,她高兴地说:"我要给你们带来些青春气息呀!"她和陈锦俶都是热爱儿童,永远年轻漂亮的女性。

再一朵"金花"就是学会的副会长,中华爱子影视教育促进会如今的会长兼法人代表朱小鸥。她又是我个人的文学顾问(老师),她是正规的科班出身。我因战争年代没有上过正规的科班大学,不论文字与语法都经常不通,幸亏有小鸥助我一臂之力。自从和她相识之后每篇稿件几乎都要请她斧正。她又是一位温善美好、才学出众的女性,工作上不怕麻烦,多么杂乱无绪的事,只要求她动笔,她从不拒绝,而且马上梳理头绪,埋头写作。她为人感情真挚、细微,你有什么想不通的烦事,她可以和你并肩娓娓细谈,使你感到既体贴又温暖,你很快就会心平气和,不再烦躁了。她和影视界的创作人员关系和谐,因为是记者出身,她懂得如何放下架子,如何去理解与体谅别人,所以她的朋友很多。我们有些活动,需要一些名人参加,都是让她去邀请,人们没有特殊原因也很少拒绝,多是欣然而至。像陆柱国、祝希娟、方舒、谢芳、张良、冯小宁、徐耿等都参加过我们的活动。小鸥也是一个感情内向的女性,当她看到我和田方1940年在延安结婚时的照片(吴印咸摄)与1961年我们在莫斯科红场上的照片,那么相似地伴依着,她说:"你们俩一同走着革命和电影的道路。"为此,她不惜麻烦地把田方和我的照片整理出集《于蓝和田方》,并用充满感情的文字串联起来。我相信不只是我和家人们深深感谢她,而且那么多的影迷也会深深地感谢她。

再有一朵"金花",那就是著名电影导演王君正同志了,她导演的影片《苗苗》曾经在全国引起轰动。那时儿童电影制片厂还没有成立,所以她可以被称作是搞儿童电影的"老兵",资格比我要老得多。她因为导演任务重,除了《苗苗》外,她还导演过《应声阿哥》、《山林中头一个女人》、《大侦探》、《女人TAXI女人》及《天堂回信》,相对地说学会工作做得少一些,但是只要她不拍电影,我们的任何活动,她都会前来参加。最近,她被正式批准为学会的法人代表。她对事业执著追求,为人纯真,艺术求精,善于思考也善于关怀。她敬重母亲,关心同志,使你几乎不相信她本是一个大大咧咧的现代女性,而对于老人却像农村妇女一样淳厚。我相信只要有她在从事电影创作,儿童电影不会消失,也相信儿童电影的事业有她这样的好心人,定会后继有人。

我们的事业,哪能说只有"五朵金花"呀!我们还有一个工作班子,是多大的一朵"金花"啊!他们比真正在岗的工作人员还忙,常常是全厂和各公司(在儿影租住的)都已经下班,他们还在忙着。这些人包括李瑞(著名演员王澍的夫人)、陈淤秀、秦培昌、官自均、田文英(田方的侄女),其中有两位是已经离开班子的人员。她们的工作令人瞩目。由于我们学会全体工作人员既精明能干又全心全意地工作,所以教育部坚持把全国中小学影视教育协调委员会的办公室放在学会里。

其实,支持儿童电影事业,为儿童电影事业做出贡献的人都是"金花"!像田华同志,她在上海为"童牛奖"评审和颁奖的活动中,极为感动,她说:"你们真好!我也愿意加入到你们'五朵金花'的行列中,我也应该是其中的一朵'金花'呀!"田华同志对我们的赞赏是多么高的荣誉呀!像《红色娘子军》中的主演祝希娟同志为我们在1996年全国儿童电影、电视、动画剧本征集评选活动中做了大量的工作,从经济的提供和组织计划的安排都做出了贡献,她听了田华同志的话以后说:"那也一定要算我是一朵'金花'啊!"真的,关心与支持我们的领导和朋友们太多了,我们希望有更多的"金花"和"政委"来关心我们国家的儿童电影事业!

现在已是2001年,我已整整八十岁了。回头看看"中国少年儿童电影学会"走过的十五六个年头,大家多么热情而认真地工作着,有时为某件工作或是某个意见,竟会争论得面红耳赤,拍桌顿足,而后却又烟消云散,毫无芥蒂。那些生动、活泼、充满激情的声音和形象,历历在目,难以忘怀!我默默地衷心祝愿在祖国繁荣发展的新世纪来到之时,我们中国儿童电影学会更加壮大,更加勇往直前,中国儿童电影事业蒸蒸日上,蓬勃发展!

"中国与世界一起前进"

(一)第十四届吉福尼国际儿童电影节

中国儿童电影制片厂成立的时候,是隶属于文化部领导。文化部少儿司对我们是十分关爱的。

1984年5月间,文化部少儿司罗英司长曾郑重地告诉我:"你将要率团去意大利参加国际儿童电影节。"并说这个团的主要任务除展映中国儿童影片之外,还要率中国杂技团的小演员与擅长书画的儿童同往电影节去表演。谁知过了许久,我没有得到任何通知,原来电影局接受任务之后,另外派了一位领导前去。在罗英同志和我追问之后,文化部副部长丁峤同志表示抱歉。后来由我任团长,中影公司国际部陈汝英同志任副团长,团员有王君正及文化部负责演出的同志以及小演员六人,一同参加了第十四届吉福尼国际儿童电影节。走出国门,向世界学习,确实和足不出户闭关自守大不一样!

吉福尼国际儿童电影节的前身是威尼斯国际电影节的一部分,

1971年开始在吉福尼举办。每年一次,已举办了十三届。我厂故事片《四个小伙伴》和上影的《泉水叮咚》,先后参加了吉福尼电影节,分别获得"意大利共和国总统奖"。当届(十四届)电影节对中国倍加重视,把这一年定为"中国年",并举办中国儿童电影回顾展。

这是"文革"后我第一次走出国门,为孩子们的电影事业去学习,充满喜悦心情。这次我是以一个儿童电影工作者的身份,无须考虑如何梳妆打扮去和国外明星"接轨",坦然自如。7月24日离开北京,飞经巴黎、罗马,然后乘汽车,26日抵达意大利南部地中海沿岸的一个小镇吉福尼。这是一个只有九千人口的小城,街道虽然狭窄,但充满了节日气氛,大街小巷都挂着中国和意大利的小国旗,还有中国特色的风筝。小镇里有日夜流淌着的泉水,市中心有一个喷水池,四位女神抱着鱼,泉水从鱼的口中喷出,城市虽小,风味古老。会场设在学校和教堂的交叉路口,广场用布景的小房子围住,很有儿童情趣。舞台很大,除开幕式在此举行,每晚都有歌舞、音乐演出。在影院附近,都张贴着电影的标志,那是卓别林的帽子戴在胶片和手上。这个古朴与现代相结合的小镇充满了文化气息。

这个城市居民百分之七八十是农民,每年暑假都有在外地工作的人士回家度假。1971年银行家安德里阿(现在的电影节主席)和一些人士建议,在这里为孩子们搞一个国际性的电影节,可以使孩子们与外界接触学习,提高孩子们和城市本身的文化素养。经费由地方长官、市长出资,名流赞助以及联合国教科文组织资助,工作人员则是在休假期间义务服务。他们的思路使我大开眼界,电影节给吉福尼带来了声誉。

本届电影节有34个国家参加,代表有一百多位,记者上千位,参展影片70余部,参赛片20部,真是国际儿童电影的绚丽橱窗。最使我感兴趣的是有150位小评委,他们参加评选影片,是本届电影节的主人。这150位小评委来自意大利各地,由各地区聘请与挑选小评委,并负责他们的往返路费。吉福尼市的居民,每家负担接待一至两个小评委的食宿。这些小评委,谈吐自如,彬彬有礼,文化素质较高。开幕式当晚给我印象最深的是,一个儿童在发言中呼吁:"儿童电影不要失踪。"他的呼声代表了全世界的孩子!大会的主席在讲话中也再次和孩子一样地呼吁"儿童电影不要失踪"!这是震动人心的呼吁!这个呼吁的孩子是前苏联的孩子,他根本没有想到,在90年代里,他的祖国发生了意想不到的变化,而他们在世界上曾引为自豪的、专为青少年拍摄影片的高尔基青少年电影制片厂却消失了!现在在世界上唯有我们中国还有儿童电影制片厂,但是由于市场经济的"规律"也被中国电影集团公司"重组"。但愿"重组"真的是"加强而不是削弱"。我自己已经离开岗位了,只在心中默默祝愿这个孩子们的呼吁能留在电影工作者的心中。

1991年,于蓝在北京召开的国际儿童少年影视中心年会上。

本届电影节获大奖的是委内瑞拉的《巧格力之战》,故事是孩子们在大商店内发现盗窃犯,经过孩子们的战斗抓获了盗窃犯。影片节奏紧张,动作性强,受到孩子们的喜爱,获银鸟奖。最佳故事片《沉默的孩子》(新西兰)、最佳动画片《白如雪》(匈牙利)两部获铜鸟奖。我国共带去六部故事片、六部动画片、九部短片。参赛片《天书传奇》虽未单独获奖,但中国儿童片的回顾展影响与贡献极大,因此中国儿童电影回顾展获金牌奖。电影节还奖给中国儿童片导演一块有浇水灌溉者像的铜牌奖。这个奖牌由导演王君正上台领接(回国后由儿影复制三块,分别赠送北京、长春、上海三个电影制片厂)。国际少年儿童影视中心(CIFEJ)还给中国儿童电影以"高艺术质量"的奖牌。电影节期间,杂技团的小演员和书法少年不仅在大会上和吉福尼市内表演,还在附近各城市表演,完成任务而且引起了轰动。

8月14日,中国电影代表团还举行了记者招待会,与会者将近百人。参加这样的记者会对于我来说也是第一次,心情比较紧张,担心有人会提出不友好的难题。幸好,出国前了解到国际上对中国电影的一些问题,做了充分准备。这次会上不友好的问题可以说极少,更多的记者是想了解中国电影的状况。例如:有多少片种?发行情况怎样?电影院有无儿童专场?有没有少年宫?有多少种电影杂志?中国电影向哪些国家输出?有无培养电影技术、艺术的学校?根据我国的实际情况回答没有任何困难。比较突出的一个问题是:中国拍摄影片由谁决定?西方是自由的,中国是怎样的?这个问题并不难回答,因为我当时正是中国儿童电影制片厂的厂长,可以现身说法。我说:"在国家宪法规定范围内,我们的剧本由艺术家提出,艺委会讨论通过,最后厂长拍板决定是否投入拍摄。"整个记者招待会充满友好与活跃的气氛,我们充分地宣传了自己电影的成就。会上一个有影响的意大利老记者说:"感谢你们!中国与世界一起前进!"

我国驻意大利大使馆林中大使十分关心我们代表团,不仅在开幕式上代表中国作了发言,还多次偕夫人前来看望我们,并在使馆为我们宴请电影节主持者表示感谢。同时,要我们在罗马、巴黎转机空隙中去参观展览馆、艺术馆和城市的主要建筑,使我们大开眼界,对意大利、法国文艺复兴的艺术传统与宝藏有了具体而生动的观瞻与感受,这些当然是对我美学上的补课。

(二)国际儿童影视中心成立 30 周年代表大会

在吉福尼第十四届国际儿童电影节上认识了一位老太太。莫尼克(Gregoire Monique)女士,她是国际儿童影视中心(法文简写 CIFEJ)的秘书长。这个组织是联合国教科文组织承认的国际组织。这位老太太邀请我代表中国儿童电影组织,作为特别邀请的代表,参加 1985 年在洛杉矶召开的国际儿童少年影视中心的代表大会。1985 年 4 月至 5 月间,我先后收到了美国儿童影视中心的副主席米兰·赫林和秘书长香塔·赫林的邀请函。于是,我和电影局外事处副处长郭忠同志一同飞往洛杉矶。

美国儿童影视中心是这次代表大会的东道主,由副主席米兰和秘书长香塔(他们是夫妇)带领五位男女青年,承担了大会的全部工作,包括代表的食宿、车辆、会议、文件的打印、参观游览……应有尽有。他们工作极细,使我受到感动。在我们飞往洛杉矶之前这五位工作人员就先后写来五封信之多,日程、费用、日夜温差的度数都写在信上了。最后的一封信说洛杉矶的日夜温差较大,嘱我们带上一件长袖夹衣或是大围巾之类衣物,还有他们将举着什么样的标志来迎接。当我们飞抵洛杉矶时,果然看见一位举着会标的男青年,会标把他和不相识的我们联系在一起了,彼此用充满友谊的目光在交流着。

我们住在南加州大学电影电视学校的学生宿舍(7月份学生放假回家了)。当我们走进宿舍时,他们已把第二天早点冷饮放在厅内的冰箱里了。晚饭是在离住处不远的小饭馆内。晚餐时没有任何仪式,大家自动地把桌子拼在一起。主人香塔·赫林(米兰的妻子)说:"你们可以自己随便点菜。"我想这倒不错,丰俭由你自己决定了。但是,主人马上大声说:"朋友们,你们每天不能超过七元钱(美元),酒钱要自己付!"多么坦直呀!一天两餐只有七美元(一道像样的菜就要七美元),很简朴,但是所有的代表并不惊奇,依然谈兴很浓。大概他们很习惯这种请客方式,而我却在内心深处感到有点奇怪了,他们毫不铺张排场,似乎比我们出手"小气"多了!过了两天,又在会上宣布:"我们的大会准备了一些纪念性的物品。但是,因为我们的国家是商品社会,所以不能送给大家。请大家到旁边教室去看样品,可以自己花钱选购。"一语说透,商品社会迫使他们不能赠送纪念品,而我们是不是也太"大方"了?我们有些会议讲排场,比阔气,是否也该深思一下呢?

大会开始以后,每天都在用教室布置的餐厅吃饭,每日三餐各由一家公司赞助。赞助者都在第一餐出面讲话,介绍自己公司经营的业务,并表示愿意和国外建立业务关系。这里充满了商业气息,我们好像在吃百家饭,吃各个老板的饭。我的心情有些不一样,更感到美国朋友从事儿童电影工作的艰巨。这次是国际儿童少年影视中心成立30周年的代表大会，共有奥地利、比利时、联邦德国、匈牙利、意大利、中国、哥伦比亚、印度、挪威、美国、苏联、南斯拉夫等17个国家参加。我是被特殊邀请的代表，但享受代表的待遇。会议的议程是改选主席和交流各国情况及今后的活动计划。主席格鲁勃维奇是南斯拉夫电影大学教授，经过改选表决继续连任。中国、乌拉圭、哥伦比亚三个非成员国的代表，也在会上介绍了各自国家的儿童电影情况。中国还把首届童牛奖的童牛赠送给国际儿童少年影视中心，受到与会者的热烈欢迎。各国代表发言中都表示希望中国能成为会员国，并希望1989年能在中国召开国际儿童少年影视中心的年会。

于蓝在儿童电影制片厂接待来访的伊文思夫妇。

这次会议讨论的内容比较简单，而活动的内容比较丰富。其中之一是他们把少年儿童自己制作的动画或是片段介绍给代表，保加利亚、奥地利都有这项介绍。美国好莱坞少年电影协会把比赛中成人评委与青年评委一致选中的作品给我们放映。作者是个不满二十岁的青年，思维能力及表现力给我留下难忘印象——简洁、美好,富有表达力。他用山上石头的造型,不断变化山石的线条,线条不断变化,石头逐渐变成了人。原始的人,真正的人,然后活起来。这个人在行动,观看、跳跃。人看到一块石头,他俯身用手抚摸着,石头在他手中被抚摸,这石头的线条变成花的造型。他欢乐,跳跃。另一块石头变成女的原始人的造型。线条又像画家的笔,在画面上不断地变化着,一个窈窕少女的造型形成了。两个男女青年相遇了,互相注视。眼神特写的变化,知道他们相爱了,他们拥抱了!然后又是万山千壑的造型,两个人伫立在山巅,望着群山。万山千壑的线条不断变化,一层又一层,出现了城市的高层建筑,然后又是城市中高低不同的万家灯火在闪烁。两个欢快的目光,久久凝视着高低不同的楼群,两个背影在望着灯火闪耀的城市。几分钟的动画,用石头象征人类的变化,既给人以造型美的享受,又令人感到无穷的韵味。

还有两个十四岁以下儿童摄制的片段也很简练,富有情趣,反映了他们所关心的问题。比如:考试的失败,迪斯科音乐的迷恋,古典音乐的魅力……我感到这些孩子不是去学习成人的做法,更多的是发挥了自己的想象力、创造力和表现力。这是很有可为的活动!

还有一项活动是参观好莱坞环球影城的片场(拍摄场地)和迪斯尼乐园。我感到他们为使旅游者能游而不倦的服务精神值得学习。例如:不管是影城片场还是迪斯尼乐园,他们的科技效果、惊险气氛那样逼真可信,对游客的服务细致周到;成千上万人的排队挤而不乱等等。

我们在洛杉矶逗留的时间不到一周,美国是个发达的资本主义国家,我们不可能看到美国社会全貌。但是,从东鳞西爪之中也确实感到与我们不同,有许多值得学习与借鉴的东西。但是,从早到美国的侨胞口中,又听到他们不断述说美国的种族歧视和对共产主义的排斥。我想这是资本主义社会的必然。

(三) 第 35 届年会在中国举行

在洛杉矶的国际儿童少年影视中心代表大会上,他们希望中国能是这个组织的一个成员,并希望 1989 年能在中国召开第 34 届年会。国际儿童少年影视中心的宗旨是通过电影、电视积极支持联合国教科文组织对世界各地青少年在科学、教育、文化等领域的关注,收集与传播有关的资料,定期出版各国儿童影片的精选目录,促进少年儿童影视的制作与交流,鼓励人们能积极参与这些活动(媒介教育)。最多也最生动的活动形式是促进各国举办国际性儿童少年电影节,并在这些电影节期间进行每年一次的年会活动,这样既起到了各国影视传播交流的作用,同时也可研讨这些影片对青少年的影响以及他们的爱好与需要。中国的儿童电影起步并不晚,但与国际上有组织的交流尚属首次,现在国际儿童少年影视中心如此殷切地希望与中国交流,这是多么好的时机啊!我回国后,向有关领导作了汇报。我个人提出,从世界发展的趋势看,影视必将合流,我建议由中国儿童电影制片厂与中央电视台少儿部共同组成中国国际儿童影视中心参加这个国际组织。1986 年 3 月 25 日经国务院批准以中国儿童影视中心的名义参加了 CIFEJ。中心不另设机构,由于蓝任主席,徐家察、张青山、陈锦俶为副主席,王澍、文馨萍任正副秘书长。

1988 年在保加利亚的第 33 届国际儿童少年影视中心的年会上,国际儿童少年影视中心主席宣布了 1989 年在中国召开第 34 届年会。

这是对我国的信任与重视。我们自然要加倍努力去迎接这届年会的召开。同时，我们也想借这股东风促成我国能举行首届国际儿童电影节。当时的文化部副部长陈昊苏同志十分重视，他亲自挂帅组成了北京国际儿童电影节组委会并任主任。

我们在莫斯科、保加利亚的年会上，都作了详细的调查：能有多少国家参加，与会代表的待遇规格如何，会议内容、程序，怎样发出邀请函，等等。应该说，我们心中比较有数，各项工作准备基本就绪，并在1989年的5月6日召开了有关国际儿童少年影视中心年会、北京国际儿童电影节以及第三届童牛奖（含江苏省"小红花奖"）颁奖大会的新闻发布会。谁知由于国内发生政治风波，不得已我们征得江苏省政府的同意，将原拟6月1日颁发童牛奖和小红花奖的日期后移。与国际儿童少年影视中心秘书长莫尼克夫人联系，决定年会也延期举行（后来是在挪威举行的第34届年会）。只有首届北京国际儿童电影节如期于6月1日在首都电影院隆重举行开幕式，但也只进行了两天，6月3日影展即停映了。

后来，在1990年挪威召开的国际儿童少年影视中心年会上，执委会成员一致决定，1991年在中国北京召开CIFEJ的第35届年会。好艰难的年会呀！

我们的准备工作重新开始。首先在物质基础上要有保证。在全国妇联协调委员会、中国少年基金会、吉林石化总公司的财力支持下，又得到国务院的同意，决定在1991年的"六一"前夕。即5月27日至6月2日召开第二届北京国际儿童电影节和国际儿童少年影视中心的第35届年会。这一年，对于我和中国儿童电影制片厂太不寻常了！因为这一年的"六一"又是我们建厂的十周年纪念日,同时也是第四届童牛奖颁奖大会的日子。四件大事在同一时间进行,这不仅对我个人,也是对儿影厂的考验。从1990年开始,全厂同志就都动员起来了。我们三个厂长兵分两路,儿影十周年纪念会和童牛奖的颁发,也就是国内会议部分由陈锦俶同志负责,副厂长张青山和我则负责国际方面的两个活动。

第35届年会的具体筹备工作于1991年年初开始进行,5月中旬准备完毕。5月24日,组委会主要接待成员及翻译同志在五洲大酒店集中,驻会迎接到会的外宾。5月24日至26日外宾陆续到齐。

5月28日,"1991年国际儿童少年影视中心年会"正式开幕,到会的有17个国家的37位外宾,加上电影节的外宾共有四十多位。

CIFEJ的会议是有成效的。会议首先选举了国际儿童少年影视中心新的执委会。执委会由六人组成,分别是:于蓝(中国)、热纳维埃夫·勒热纳(瑞士)、伊丽莎白·莱桑德(瑞典)、加雅(印度)、贝亚特·汉斯巴赫(德国)、玛丽亚·蒙特罗(巴西)。其次,新的执委会在中心主席雷纳特支持下酝酿修改章程,并讨论本年度的财政状况及1992年的财政预算。最后对1990—1991年各国儿童少年影视中心的活动作了报告。研讨会上徐家察同志介绍了中国少儿电视的情况,我国哈尔滨儿童电影院经理唱凌励在会议上作了如何进行放映发行儿童影视工作的发言,深受各国代表的重视。会议期间均有英、法、中文同声翻译。

31日下午闭幕式上,我作为会议举办国代表将国际儿童影视中心的会旗交给下届年会的主办国加拿大的代表,全场情绪热烈。在掌声中,主席宣告这次年会圆满、胜利地闭幕了。会场的气氛达到了高潮。

各国代表对本届年会给予了极高的评价。印度代表纳拉西穆罕及毛里求斯代表哈叶·马得侯说:"我们从未料想到中国能将年会举办得这么好。"印度代表多次表示:两个月后,他一定要再来中国。

加拿大代表罗伯特·罗伊认为:"我参加了二十多次年会,这次是最好的。"

瑞士代表热纳维埃夫·勒热纳说:"这次年会组织得无可挑剔,毫无疑问是成功的。我是第一次来北京,我所遇到的全是一张张灿烂的笑脸,每个人都那么友好、可亲。中国是一个微笑的国家。"

中国儿童精彩的演出也给年会增添了无限的光彩,将年会欢快的气氛推向高潮。蓝天幼儿园的孩子们演出的"小摔跤"、"大蒲扇",北京市少年宫的小朋友们表演的京剧《孙悟空三打白骨精》以及"六一"直播晚会上各民族的儿童舞蹈,让全体来宾惊叹不已,外宾异口同声地夸奖中国的儿童聪明、活泼、可爱。

法国代表莫尼克·格里高里说:"我已经历了80个风雨春秋,但今天真的很受感动,因为于蓝给了我那么多的关怀!我们不仅在年龄上是好朋友,在友谊上也是好朋友。我们的语言虽无法沟通,但我们的心是相通的。"

波兰代表玛丽亚说:"于蓝,你白天要出席会议,晚上要开会布置第二天的任务,其间还要来抽空看我,关心我,你让我很感动,很感动,谢谢你。"

通过举办"1991年国际儿童少年影视中心年会",加强了我国与各国儿童少年影视中心的联系,提高了我国在国际儿童少年影视工作中的地位,树立了中国人民友好、热情、有能力的形象,体现了我国党和政府对儿童工作的重视及对儿童影视工作的关怀,特别是提高了中国在世界各国人民心中的地位。可以说这次年会在中国的召开,是有必要的,有益的,成功的。

(四)成功举办第二届北京国际少年儿童电影节

第二届北京国际儿童电影节则于6月1日至6月7日顺利进行。

这一届电影节是配合"1991年国际儿童影视中心年会"的召开而筹办的。从亚、欧、美三大洲几十部影片中选出几个国家的11部影片展映。

开幕式上放映的是挪威影片《卡米拉和贼》。未想到挪威影片的片轴与我们的不同,无法放映,我和张青山马上向中影公司的胡健同志求援,同时电影节工作人员林阿绵同志连夜赶到市电影公司,经理白安丹和两位师傅立即赶到现场,用人工手摇的方法调换片轴,终于使得影片《卡米拉》顺利地在开幕式上放映了。挪威导演感动得流下了眼泪。6月3日《人民日报》海外版又以《节日的特别礼物》发表了一篇短文,文中专门介绍了挪威导演的拍摄工作。我们将报纸赠送给对方。并请译员做了翻译,挪威导演十分激动,声称:"这是一份最好的礼物。"

这届电影节共来了三位导演,除了挪威的一对夫妇外,还有一位日本友人,即曾在我国上映过的影片《我的老师》的导演武田毅诚。武田先生来后,提出两点要求:一是希望和中国小朋友共同欣赏他的影片并座谈,二是参观电影学院的教学楼。我们经过积极努力,满足了客人的要求。前进小学的十几位小学生在老师的带领下兴趣盎然地观看了影片,同时在座谈中落落大方的发言给对方留下了良好而深刻的印象。

事后他兴奋地对翻译说：想不到中国的孩子能这么好地理解我的影片。在电影学院外事处的支持下，由导演林洪桐陪同，让武田先生满意地参观了教学楼。

总之，这次电影节的外宾虽然来得不多，但我方工作细致、周到，使来访者对我国留下了良好的印象，满意离去。

六一国际儿童电影周上映了九部影片，观众反映此次电影周的影片质量较好，小朋友们非常喜欢看，《小歌星》不但小孩喜欢看，大人也喜欢看。另外《小脚板走天涯》、《圣诞节儿童奇遇记》，观众反映也比较好，但有的影片如《孩子和鳄鱼》、《约色芬的梦》，观众反映沉闷、冗长、孩子坐不住。

看过影片的电影工作者普遍反映，此次影展的影片，总体水平都比较高，观赏性强，很有收益，希望今后坚持把这样的电影节办下去。有了这两届国际儿童电影节的经验，我们至今已经举办了五届（两年一届）国际儿童电影节。在第三届国际儿童电影节时，我们还在天津增办了日本亲子电影展，使中日两国的电影界和教育界进行了影视教育的交流。1999年，我们还为加拿大著名电影事业家洛克·迭更斯举办了他个人的电影回顾展，在上海、江苏等地巡回展映并召开了他的专题座谈会，他说这是他一生中最大的光荣。在第二届国际儿童电影节上放映的《约瑟芬的梦》、《达芙妮和她的朋友》都是由洛克·迭更斯先生组织生产的，他为孩子们拍摄了许多优秀而美好的影片，给我们以极大的启迪。为儿童少年举办电影展或是电影节不仅是极好的国际交流，而且在国内也是一种可以借鉴的好方式。多办儿童电影周、电影展和电影节最受孩子们的欢迎！

（五）美好的友谊

儿影厂十周年的纪念活动和第四届童牛奖的颁奖大会，都隆重而热烈，令人难忘。在我厂小礼堂举行的纪念会上，座无虚席，来宾个个引颈而望，注视着舞台上动人心弦的演出。著名芭蕾舞演员白淑湘在"文革"中受到冲击，十余年未曾演出的《天鹅湖》中的白天鹅，在我厂小舞台上翩翩起舞，引起掌声雷动，大家为她复苏的艺术青春叫好！著名女高音歌唱家马玉涛，也多年未曾上台演出，这次她那嘹亮的歌声——"马儿马儿……你慢些跑……"在飘扬激荡！还有蓝天幼儿园为我们的演出等等，这些都给儿童电影制片厂的同志们以及他们的朋友们（包括外宾在内）留下了难忘的、满足的真情享受！

在童牛奖的颁奖会上，奖台上陈列的金属小童牛闪闪发光的两大排，为此，美国的米兰先生激动不已，他说："这么多的奖品，这么多的礼物，真让人难以置信，很少有国家能像中国这样关心儿童事业，重视儿童影视工作。中国的儿童真幸福，有父母的疼爱，老师的关怀，全社会的爱护！"他们夫妇回国之后又写来热情的信："我们满载中国之行的伟大经验而归……最重要的是我们看到了数以千计的孩子，聚集在艺术大厅之外，他们那么可爱无比，带着迫切的心情想看电影。"

国际儿童影视中心主席瑞娜塔发来传真："借此，再一次感谢，感谢您对 CIFEJ 全会代表的圆满接待和出色的组织工作，请您向这次会议的全体工作人员，给予直接帮助和赞助这次会议的有关人士和组织者，转达我们的感谢！"瑞士国际儿童中心主席勒热纳女士，也寄来同样的感谢信。

瑞典的伊丽莎白女士来信："……我欣赏你们能使会议进行顺利，

谢谢你们能安排我们与你们国家有创造力和成就的艺术家、作家见面交谈……"意大利儿童影视中心主席是著名的诗人马里奥·韦尔多纳先生,写了三首诗,表达他对中国儿童影视工作者的感谢,充满热情的、寓意深刻的颂扬。他熟知中国人的习俗,把我们比做春蚕、蜘蛛,无私地默默地为社会做贡献;他把欢快的中国儿童比作自由飞舞的小鸟,说千万儿童的欢呼,犹如鸟儿鸣唱在蓝天的云间。

田聪明部长在电影节的开幕式上曾讲:"我衷心希望各国朋友能在北京五月、六月这个最富有生机的季节里度过愉快而美好的一段时光,也希望美丽的北京能给你们留下难忘的印象。"他的美好祝愿通过年会、电影节、童牛奖、儿影的十周年庆典四项活动变成了现实。通过代表们的反映,说明短短的一周活动十分成功,不仅是在儿童影视方面有了很好的交流,也使社会主义中国的美好形象,在各国代表的心中有了更正确的更真实的了解与认识。他们由衷地感到中国和世界一同前进,我国的人民和政府关心少年儿童的健康成长。

十年过去了,现在我已年满八十,当年和我一同工作的同志们,如今也都两鬓增添了缕缕银丝。他们为儿童影视事业奉献了自己的青春,为儿童电影绘制了彩虹!今后他们的道路还很长,还要经过许多考验,我再次深深地感谢他们!正是由于他们的劳动,中国的儿童影视事业才真的像一道彩虹一样,腾空升起!